古典文獻研究輯刊

三七編

潘美月・杜潔祥 主編

第57冊

國故新評（下）

司馬朝軍 著

國家圖書館出版品預行編目資料

國故新評（下）／司馬朝軍 著 -- 初版 -- 新北市：花木蘭文
化事業有限公司，2023〔民112〕
目 2+176 面；19×26 公分
（古典文獻研究輯刊 三七編；第 57 冊）
ISBN 978-626-344-520-8（精裝）
1.CST：漢學 2.CST：文集
011.08   112010541

ISBN-978-626-344-520-8

古典文獻研究輯刊
三七編　第五七冊   ISBN：978-626-344-520-8

國故新評(下)

作　　者　司馬朝軍
主　　編　潘美月、杜潔祥
總 編 輯　杜潔祥
副總編輯　楊嘉樂
編輯主任　許郁翎
編　　輯　張雅淋、潘玟靜　美術編輯　陳逸婷
出　　版　花木蘭文化事業有限公司
發 行 人　高小娟
聯絡地址　235 新北市中和區中安街七二號十三樓
　　　　　電話：02-2923-1455 ／傳真：02-2923-1452
網　　址　http://www.huamulan.tw 信箱 service@huamulans.com
印　　刷　普羅文化出版廣告事業
初　　版　2023 年 9 月
定　　價　三七編 58 冊（精裝）新台幣 150,000 元
版權所有 · 請勿翻印

國故新評(下)

司馬朝軍 著

目

次

第三輯　綜　述

20世紀版本學研究綜述^{〔註1〕}

　　版本學是一門古老而年輕的學科，它經受了世紀的風風雨雨，走過了崎嶇而又漫長的里程。現在，我們站在跨世紀的立交橋頭，對20世紀的版本學研究進行回顧和總結，是一件很有意義的事情。

一、20世紀前半期的版本學

　　以新中國成立作為界碑，可以把本世紀的版本學研究分為前後兩個時期。20世紀前半期，天下多故，戰火紛飛。然而，由於近代機械印刷術（包括凸版、平版、凹版等）傳入中國，大大提高了圖書製作的效率，各類圖書版本反而大量增加，從而促進了版本學研究的進展。

（一）版本學著作

　　我國版本學的歷史雖然最早可追溯到先秦，但是版本學專著的出現，還是本世紀初期的事情。一般認為，葉德輝著《書林清話》是我國最早的版本學專著〔註2〕。

　　葉德輝（1864～1927），字煥彬，號直山，一號郋園，祖籍蘇州吳縣，寄籍湖南湘潭。光賭十八年（1892）進士，授吏部主事。對於中國近代以來思想、

〔註1〕原載《圖書與情報》1999年第5期。此文是第一篇關於版本學的大型綜述文章，是在曹之先生的指導下完成的，由我完成初稿，後經過曹先生修飾潤色。此次收入本書時我又做了較大幅度的修改補充。今按：李明傑《20世紀中國古籍版本學史研究綜述》、劉佳《20世紀版本學史研究》、杜少霞《民國時期古籍版本學研究》等文皆與此文有著或近或遠的關係。

〔註2〕關於《書林清話》的研究成果有任莉莉《書林清話箋證》（華東師範大學2009年博士學位論文）。

文化、學術發展演進的潮流，人們常將其分成激進主義、保守主義兩大派別，而葉德輝又被公認為極端保守主義的代表人物，因為反對革命，最後慘遭殺害，死於非命。其人固不足論，但葉氏熱心古書收藏、校勘和出版，也是清末民初知名藏書家和版本學家。〔註3〕《書林清話》寫於清代末年。該書採用筆記體裁，共十卷，分為126小節，以官刻、私刻、坊刻三大部分，分不同朝代來展開敘述，全面論述了版本學領域的諸多問題，包括歷代書籍制度、歷代抄書和刻書、版本鑒定等。在廣泛羅列史料的基礎上，間有考辨，頗有條理，該書在版本學歷史上具有開創意義。〔註4〕誠如葉啟崟在《書林清話》的跋語中所說：「（此書）於刻本之得失、抄本之異同，撮其要領，補其網遺，推而及於宋元明官刻書前碟文、校勘諸人姓名、版刻名稱，或一版而轉鬻數人，雖至坊估之微，如有涉於掌故者，援引舊記，按語益以加強，凡來自藏書家所未措意者，靡不博考周稽，條分縷析，此在東漢劉、班，南宋晁、陳以外，別自開一蹊徑也。」除了《書林清話》之外，葉德輝尚有《書林餘話》、《四庫全書版本考》、《郎園讀書志》、《藏書十約》等著作。

錢基博（1887～1957），字子泉，別號潛廬，江蘇無錫人。錢鍾書之父。著有《現代中國文學史》等書，今人整理有《錢基博集》〔註5〕。譽之者稱其博通四部，貶之者則譏其遊談無根。總體而論，錢基博也是一位具有鮮明保守特色的舊派人物。〔註6〕他在其所著《現代中國文學史》的「四版增訂識語」中如是說：「時迫事近，其在今日，溺於風尚，中於意氣，必有以餘論列為不然者。吾知百年以後，世移勢變，是非經久而論定，意氣闃世而平心，事過境遷，痛定思痛，必有沉吟反覆於吾書，而致戒於天下神器之不可為，國於天地之必有與立者。」這番話一方面表明了作者對其所著《現代中國文學史》一書的自信，另一方面也預計到了自己著作的意義價值，恐怕要在很久以後，「是

〔註3〕關於葉德輝的研究成果，主要有：（1）杜邁之、張承宗合撰《葉德輝評傳》（嶽麓書社1986年版）。該書寫得過於簡略，需要重寫。（2）王逸明、李璞合撰《葉德輝年譜》（學苑出版社2012年版），該書三個部分，一為年譜，二為《葉德輝集佚文》，三為《相關資料傳記》。

〔註4〕曹之：中國古籍版本學，武漢：武漢大學出版社，1992。

〔註5〕《錢基博集》共分五輯，由華中師範大學出版社出版。

〔註6〕關於錢基博的研究，有傅宏星《錢基博年譜》（華中師範大學出版社2007版）。2007年在華中師範大學召開了「錢基博與國學研討會」，研討會的論文後來結集為《錢基博學術研究》一書出版。此外，據不完全統計，近三十年中，以錢基博作為研究對象的論文已有100餘篇、博士論文1部。

非經久而論定，意氣閡世而平心」，才會被人們所認識。《現代中國文學史》是如此，對《版本通義》一書亦可作如是觀。《版本通義》是繼《書林清話》之後又一部版本學專著，該書寫於 1930 年，1933 年由上海商務印書館出版。全書分為四個部分：「原始第一」記上古至五代版本；「歷史第二」記宋、元、明、清版本沿革；「讀本第三」記四部要籍善本；「餘記第四」雜記治版本之心得，指示治學門徑。〔註7〕其《敘目》稱「余讀官私藏書之錄，而籀其所以論版本者，觀於會通，發凡起例」，「籀誦諸家，刪次其要，參互鉤稽，積久成帙，董而理之，以著為篇」。錢基博發凡起例，點鐵成金，自具卓識，首次以「版本」為書名，將「版本」作為獨立的研究對象加以界定。從「書林」到「版本」的轉變，不僅是著述主題詞的「偷樑換柱」，更體現了版本學由目錄學、校勘學的附庸走向獨立的嬗變歷程，應該說這是版本學史上的一大拐點。〔註8〕

孫毓修（1871～1922），字星如，一字恂如，號留庵，自署小淥天主人，江蘇無錫人。清末秀才。因屢試不中，放棄科舉，學習英文和各種西學，並決心從事著譯。早年在南菁書院執教，得到繆荃孫指教，留意目錄之學。光緒三十三年（1907）入上海商務印書館編譯所，得到張元濟賞識，委任其籌建圖書室。次年，商務印書館購得紹興徐氏、太倉顧氏、長洲蔣氏之書，設圖書館（即「涵芬樓」）於其編譯所，出任涵芬樓負責人。著有《永樂大典考》、《江南閱書記》、《四部叢刊書錄》、《中英文字比較論》等。被茅盾贊為「中國童話開山祖師」。《中國雕版源流考》考證了刻本源流，重點考證了官本、坊刻本、活字印書法和裝訂等問題。〔註9〕

（二）版本目錄和善本書影

本世紀前半期，有關圖書館和藏書家編制了大量版本目錄，這些版本目錄彙集了古籍版本鑒定的豐碩成果。舉舉大者如繆荃孫編《藝風藏書記》、《藝風藏書續記》、《藝風藏書再續記》、《江南圖書館善本書目》、《清學部圖書館善本書目》等；故宮博物院編《故宮所藏殿本書目》；張允亮編《故宮善本書目》；王文進編《文祿堂訪書記》；趙萬里編《北平圖書館善本書目》；趙錄綽編《北平圖書館善本書目乙編》；孫殿起編《販書偶記》及其《續編》等。

〔註7〕錢基博：版本通義，上海：商務印書館，1933。
〔註8〕參見劉佳《20世紀版本學史研究》（河北大學文學碩士學位論文）第6頁。
〔註9〕孫毓修：中國雕版源流考，上海：商務印書館，1941。按：此書係孫氏翻譯美國漢學家卡特所著《中國雕版源流考》。本書是較早系統講述中國古代印刷史的研究著作，扼要論述了雕版印刷術的發明和發展。

　　隨著西方攝影技術的傳入和普及，繼楊守敬刻《留真譜》之後，本世紀前半期用照相製版技術編印了不少善本書影，例如瞿啟甲《鐵琴銅劍樓宋金元本書影》、張允亮《故宮善本書影初編》、柳詒徵《鉢山書影》、劉承幹《嘉業堂善本書影》、故宮博物院文獻館《重整內閣大庫殘本書影》、王文進《文祿堂書影》、陶湘《涉園所見宋版書影》、顧廷龍和潘景鄭合編《明代版本圖錄初編》，等等。其中《明代版本圖錄初編》開始把目光由宋元本轉嚮明代版本，其遠見卓識遠在同類版本目錄著作之上。該書對於擴大版本學的研究領域，一改沿習已久的「佞宋」之風，產生了積極影響。〔註10〕名家題跋是版本學家考訂古籍版本的結晶，對於後人鑒定版本有其重要的借鑒價值。本世紀前半期，名人題跋匯輯成冊者有：繆荃孫輯《士禮居藏書題跋續錄》、《蕘圃藏書題識》、《蕘圃刻書題識》、《紅雨樓題跋》等；王大隆輯《蕘圃藏書題識續錄》、《蕘圃藏書題識再續錄》、《思適齋書跋》等；羅繼祖編《大雲書庫藏書題識》等。

（三）版本學家

　　20 世紀前半期湧現出繆荃孫、葉德輝、羅振玉、王國維、錢基博、傅增湘、陶湘、鄭振鐸、張元濟、孫毓修、向達、趙萬里、王重民等一批版本學家。這些版本學家大多是國學名家，他們的學術成就與版本學密不可分。羅振玉撰《流沙墜簡考釋》、《宋元釋藏刊本考》等；王國維撰《五代兩宋監本考》、《兩浙古刊本考》等；陶湘撰《明吳興閔版書目》等；胡適利用各種版本研究《水經注》，成績斐然。下面重點介紹傅增湘、張元濟、王重民等人在版本學方面的成就。

　　傅增湘（1872～1949），字叔和，號沅叔，別署雙鑒樓主人、藏園居士〔註11〕，四川江安（今屬宜賓）人。20 年代末，傅增湘曾赴日本搜集流失的中國古籍。他熱心於收書，猶如「蟻之集膻，蛾之撲火」，一生所藏總計達 20 餘萬冊。其中多有宋、元、明精刊及抄本。傅的收藏在當時獨步天下，僅宋、金刊本就有 150 餘種，後來編制的《北京圖書館善本書目》就著錄傅氏藏善本 280 多種。他酷愛校書，如寒之索衣，饑之思食，無日或間，校勘文字異同是他鑒定版本的主要方法。《藏園群書題記》中的許多篇章的版本考證都與校書有關。

〔註10〕顧廷龍、潘景鄭：明代版本圖錄初編，上海：開明書店，1941。

〔註11〕傅增湘藏有一部南宋本《資治通鑒》，一部元刻本《資治通鑒音注》（後來以南宋寫本《洪範政鑒》來代替），別署「雙鑒樓主人」。又由於其在北京西城西四石老娘胡同建有「藏園」（取自取蘇軾「萬人如海一身藏」之句）作書庫，自號「藏園老人」。

他終生校書 1600 餘卷，鑒定古籍 4500 餘種。主要著作有《雙鑒樓善本書目》、《藏園群書題記》、《藏園群書經眼錄》等。又有《藏園續收善本書目》四卷、《雙鑒樓珍藏宋金無秘本書目》四卷、《藏園校書錄》四卷、《藏圖詩稿》四卷，稿藏於家，尚待出版。生平事蹟見傅增湘自撰《藏園居士七十自述》。關於傅增湘研究的成果主要有：孫榮耒《近代藏書大家傅增湘研究》（山東大學 2007年博士論文）〔註12〕、孫英愛《傅增湘年譜》（河北大學 2012 年碩士論文）。

張元濟（1867～1959），字筱齋，號菊生，浙江海鹽人。他是商務印書館的奠基人，被譽為「中國現代出版第一人」。1936 年，由蔡元培、胡適、王雲五等人發起，收錄當時二十多位文化界名人學者在各自領域的學術論文，編印了《張菊生先生七十生日紀念論文集》，以此特殊方式為這位出版界前輩祝壽。張元濟被友人稱為是「富於新思想的舊學家，也是能實踐新道德的老紳士」。1948 年 8 月被選為中央研究院第一屆院士。著有《校史隨筆》、《涵芬樓燼餘書錄》、《寶禮堂宋本書錄》、《涉園序跋集錄》、《張元濟日記》、《張元濟書札》、《張元濟傅增湘論書尺牘》等書，現已彙編成十卷本《張元濟全集》（商務印書館 2009 年版）〔註13〕。生平事蹟見張樹年所撰《我的父親張元濟》（東方出版中心 1997 年版）、張人鳳與柳和城合編《張元濟年譜長編》（上海交通大學出版社 2011 年版）。此外，學界對於張元濟的生平與學術的研究相當火爆，代表性的成果有：王紹曾《近代出版家張元濟》（商務印書館 1984 年版、1995 年增訂本）、葉宋曼瑛《從翰林到出版家——張元濟的生平和事業》（英文版 1985 年 4 月由北京商務印書館出版，後由張人鳳、鄒振環譯成中文，1992年香港商務印書館出書）、汪家熔《大變動時代的建設者——張元濟傳》（四川人民出版社 1985 年版）、王英《一代名人張元濟》（濟南出版社 1992 年版）、吳方《仁智的山水：張元濟傳》（上海文藝出版社 1994 年版）、陳建民《智民之夢——張元濟傳》（四川人民出版社 1995 年版）、柳和城《張元濟傳》（南京大學出版社 1996 年版）、張榮華《張元濟評傳》（百花洲文藝出版社 1997 年版）、張人鳳《智民之師：張元濟》（山東畫報出版社 1998 年版）、李西寧《人淡如菊：張元濟》（山東畫報出版社 1998 年版）、周武《張元濟：書卷人生》

〔註12〕 該論文第三章從鑒定版本、校勘群書、撰寫題記三節加以總結。書後附錄《傅增湘簡譜》。今按：此文寫得還比較簡略。
〔註13〕 全集約 550 萬字，按體裁分類編輯，包括書信、詩、文、日記以及古籍研究五類。詳細情況參見孫魯燕《張元濟全集的出版價值及研究價值》（《出版發行研究》2011 年第期）。

（上海教育出版社 1999 年版）、汪凌《張元濟：書卷中歲月悠長》（大象出版社 2002 年版）、張學繼《出版巨擘——張元濟傳》（浙江人民出版社 2003 年版）、張人鳳《張元濟研究文集》（上海辭書出版社 2007 年版）。張元濟故里浙江海鹽舉行過 3 次全國性的張元濟學術討論會。第一次 1987 年 10 月，第二次 1992 年 4 月，第三次 2007 年 9 月。第一、第二次討論會論文的合集《出版大家張元濟》由學林出版社於 2006 年出版，第三屆學術討論會提交的論文以《張元濟研究論文集》為名於 2009 年由中國文史出版社推出。我們相信，隨著《張元濟全集》、《張元濟年譜長編》的出版，新的一波張元濟研究熱必將到來。值得注意的是，《涉園序跋集錄》是他的序跋彙編。每篇序跋都是精心考證版本寫成的。在選擇《四部叢刊》、《百衲本二十四史》底本的過程中，張元濟嘔心瀝血，不遺餘力，為後人提供了大量古籍善本書影。

王重民（1903～1975），字友三，號冷廬主人，河北高陽人。1924 年考入北京師範大學。1930 年任北海圖書館（今國家圖書館）編纂委員會委員兼索引組組長。1934 年被派往國外，先後在法、英、德、意、美等國著名圖書館，刻意搜求流散於國外的珍貴文獻。1937 年 4 月，在法國巴黎與劉修業女士結婚。1939 年受聘於美國國會圖書館，整理館藏中國善本古籍。1947 年回國後，仍任職於北平圖書館，兼任北京大學中文系教授，主持該系圖書館學組的教學。1947 年在北京大學中國文學系創辦圖書館學專科（後改本科，他任系主任）。1949 年北平和平解放後，兼任北京圖書館副館長。於 1952 年辭去北京圖書館職務，專事教學，除主持系務外，並擔任目錄學等課程的講授，為新中國培養出一大批專業人才。1956 年任北京大學圖書館系主任。1957 年，王重民只因給當年北京圖書館的軍代表，主管文化工作的個別領導人提意見，也被打成右派，與黃現璠、向達、雷海宗、陳夢家等人並稱「史學界五大右派」。著有《老子考》、《敦煌古籍敘錄》、《中國善本書提要》等。生平事蹟見劉修業《王重民教授生平及學術活動編年》與《王重民年譜》初稿、傅振倫親撰了王《王重民教授別傳》（北京圖書館《文獻叢刊》編輯部編《中國當代社會科學家》總傳第一輯）、李墨《王重民年譜》（河北大學 2008 年碩士論文）。關於王重民研究的成果主要有《王重民先生百年誕辰紀念文集》（北京圖書館出版社 2003 年版）〔註 14〕。楊殿珣《略論王重民同志對於版本學

〔註 14〕詳參孟昭晉、王錦貴《二十年來的王重民研究》（《中國圖書館學報》1999 年第 2 期）。

的研究》(《圖書館學通訊》1982 年第 3 期)一文對王重民的版本學成就進行了總結,包括據刻工、版框、序跋牌記、考證版本、用校勘方法解決版本問題、對套版書發明的研究、對異本和孤本的研究六個方面。《中國善本書提要》著錄了他親自鑒定的 4300 餘種古籍善本,在版本學歷史上具有比較重要的價值。〔註 15〕

人們注意到,20 世紀 30 年代前後,北京圖書館曾是古籍版本學家的搖籃。當時王重民、向達、趙萬里〔註 16〕、謝國楨、孫楷第、張秀民等人雲集北京圖書館。他們在這座神聖的殿堂裏,朝夕相處,切磋學問,後來大多成為版本學的巨擘。這段書林佳話,將永遠載入史冊。

(四)版本學研究的評價

儘管 20 世紀前半期在版本學研究方面取得以上成績,但是,總的來說,版本學理論還是一片空白。儘管在當時條件下,《書林清話》的出現已屬難能可貴,但它畢竟只是史料的排比和堆積,缺乏理論色彩。一些版本學家以編製版本目錄為己任,耗費了大量青春年華,卻沒有認真坐下來把版本學作為一門學科加以研究和總結。最後撒手而去,僅僅留下一冊冊帳簿式的版本目錄。造成以上情況的主要原因是——直到 20 世界前半期,版本學還是作為目錄學、校勘學的附庸而存在,還不是一門獨立的學問。

二、20 世紀後半期的版本學

20 世紀後半期正是中華人民共和國成立後的 50 年。50 年來,版本學研究有了長足的進展。具體來說,可分三個階段。

(一)第一階段(1949~1965)

1949 年新中國成立後,百端待舉,年輕的共和國還拿不出更多的人力、物力和財力從事古籍版本的研究工作。儘管如此,版本學研究還是取得了一定成績。

1. 版本學家及其專著

這個階段的版本學專著有陳國慶《古籍版本淺說》、毛春翔《古書版本常談》、張秀民《中國印刷術的發明及其影響》等。

〔註 15〕沈津先生在寫給顧廷龍先生的信中對王重民的研究頗有微詞。
〔註 16〕參見趙深《著名版本目錄學家趙萬里小傳》(《文獻》1985 年第 4 期)、鄭炳純《趙萬里談古籍版本》(《中國典籍與文化》1994 年第 1 期)。

　　陳國慶事蹟不詳。其《古籍版本淺說》對 220 多個版本學術語作了簡明扼要的解釋，對普及版本學常識和推動版本學術語規範化起了一定作用。〔註 17〕

　　毛春翔（1898～1973），筆名乘雲、夷白、童生，浙江江山人。1924 年畢業於浙江法政專門學校。1927 年 2 月北伐軍抵達江山，被推選為「人民審判土豪劣紳委員會」主席，曾加入中國共產黨。蔣介石發動「四‧一二」政變後，毛春翔被捕，關押於杭州陸軍監獄。兩年後，由毛彥文等營救出獄，去江西省上饒中學任教員。1932 年，毛春翔到北京圖書館工作，從此專心研究圖書古籍。次年他轉到杭州，在浙江省立圖書館任善本編目員兼孤山分館主任幹事。抗戰爆發後，他隨圖書館遷走。1941 年，毛春翔到重慶負責保管館藏文瀾閣《四庫全書》。抗日戰爭勝利後，其在時任國民黨中央政府教育部主管文博事業的徐伯璞率領下，將《四庫全書》運回杭州。回杭州後，毛春翔任圖書館特藏部主任，直至 1965 年退休。著有《論語類編通義》、《齊物論校讀記》、《浙江先哲遺書目錄》、《文瀾閣書目》、《古書版本常談》、《浙江省大事記》等。《古書版本常談》是作者長期從事圖書館古籍整理工作的經驗總結，全書文字簡略，重點論述了古籍版本源流和古籍版本的鑒定問題。〔註 18〕

　　張秀民（1908～2006），譜名榮章，字滌瞻，浙江嵊州人。南宋名相張知白第 28 代玄孫。1931 年畢業於廈門大學國學系，同年進入國立北平圖書館（今北京圖書館），直到 1971 年，從事圖書館工作 40 年。曾任北平圖書館索引股股長。中華人民共和國成立後，歷任北京圖書館參考研究組組長、副研究員。著有《中國印刷術的發明及其影響》（人民出版社 1958 年版、1978 年再版；臺灣文史哲出版社 1988 年版；1960 年日文版）、《中國印刷史》（上海人民出版社 1989 年版）。《中國印刷術的發明及其影響》的內容分兩個部分：第一部分探討印刷術的起源，提出了印刷術起源於唐代的「貞觀說」；第二部分論述了中國印刷術對亞洲、非洲和歐洲的影響。該書的價值有二：一是標誌圖書製作方式演變源流的研究有了重大突破；二是詳細論證了印刷術的發明權屬於中國，功莫大焉。前此同類著作有美國人卡特〔註 19〕著《中國印刷術的發

〔註 17〕陳國慶：古籍版本淺說，瀋陽：遼寧人民出版社，1957。

〔註 18〕毛春翔：古書版本常談，北京：中華書局，1965。

〔註 19〕托馬斯‧弗朗西斯‧卡特（Thomas Francis carter，1882 年 10 月 26 日～1925 年 8 月 6 日），美國學者和傳教士。生於新澤西布頓。父親托馬斯‧卡特（Rev. Thomas Carter）是神職人員，母親 Hattie Dodd Carter。卡特 1904 年畢業於普林斯頓大學，獲得學士學位，後於 1910 年畢業於紐約協和神學院，成為神職人

明和它的西傳》（商務印書館 1957 年版，據美國哥倫比亞大學出版社 1925 年英文版譯出），該書徵引了中國、朝鮮、日本等國的大量文獻，對於印刷術的發明及其向世界各地的傳播作了簡要而又全面的論述。但張書在許多方面可補卡特著作之不足。〔註 20〕

2. 版本目錄和書跋彙編

這個階段還編印了大量版本目錄，例如《北京圖書館善本書目》、《北京大學圖書館善本書目》、《上海圖書館善本書目》、《復旦大學圖書館善本書目》、《南京大學圖書館善本書目》、《廣東中山圖書館藏善本書目》、《天津市人民圖書館善本書目》、《增訂四庫簡明目錄標注》、《中國地方志綜錄》、《中國叢書綜錄》等。其中《增訂四庫簡明目錄標注》原名《四庫簡明目錄標注》，為《四庫全書》所收各書的版本目錄，清邵懿辰撰，宣統三年（1911 年）板行。後來遞經繆荃孫、王懿榮等名家批註，邵懿辰之孫邵章、曾孫邵友誠增訂，1959 年由中華書局改易今名印行。

《中國地方志綜錄》是一部方志版本目錄，由方志學家朱士嘉先生編撰，1958 年由商務印書館出版。上海圖書館在特殊歷史時期集合眾力編纂而成的《中國叢書綜錄》是一部大型叢書版本目錄，該書共著錄叢書 2797 部，附有《子目書名索引》、《子目著者索引》和《全國主要圖書館收藏情況表》，使用起來非常方便。〔註 21〕

這個階段編印的古籍名家題跋有：顧廷龍輯、葉景葵撰《卷盦書跋》，潘景鄭校訂、毛晉撰《汲古閣書跋》，等等。

1960 年北京圖書館編《中國版刻圖錄》是一部規模空前的善本書影彙編，該書收錄古籍善本 550 種，圖版 724 幅。內容分刻版、活字版、版畫三個大類，卷首有序文一篇，簡述我國版刻的歷史。〔註 22〕該書雖然已經注意到傳世最多的明清刻本，但還遠遠不夠。

員，並於同年與神職人員 Rev. Ole Olsen 之女 Dagny Oslen 結婚。婚後，卡特攜夫人前往中國，在安徽宿州從事教育和宗教活動長達十二年，其間與同在當地的賽珍珠結為至交。1923 年，卡特受哥倫比亞大學之邀，從歐洲返回美國擔任該校中國語言系主任、教授。1925 年 6 月，卡特在哥倫比亞大學獲得博士學位，他的名作「The Invention of Printing in China and its Spread Westward」也由該校出版。同年 8 月 6 日，飽受病痛折磨的卡特於紐約曼哈頓家中去世。

〔註 20〕曹之：中國印刷術的起源，武漢：武漢大學出版社，1994：8～9。
〔註 21〕上海圖書館：中國叢書綜錄，上海：中華書局，1962。
〔註 22〕北京圖書館：中國版刻圖錄，北京：文物出版社，1960。

3. 版本學研究的評價

長期以來，給人們造成這樣如此錯覺：版本學好像是少數行家的事情，與己無關；版本學就是研究宋元版本，而宋元版本被少數機構的少數專家壟斷，沒有宋元版本，就別幹這一行；版本學是一門「玄學」，只可意會，不可言傳。為什麼會出現這種情況呢？主要原因就是版本學理論研究嚴重滯後。儘管版本學的實踐活動從未停止，但是直到文化大革命前，始終沒有出現過一本闡述版本學理論的著作。在版本源流的研究方面，《中國印刷術的發明及其影響》雖然功不可沒，但也有明顯不足：一是研究方法簡單，甚至抓住片言隻語，就匆忙去作結論；二是把印刷術的發明時間同普及時間混為一談。

（二）第二階段（1966～1977）

1966 年，「文革」開始，幾乎所有的學術活動和科學研究遭受滅頂之災，版本學研究亦未能幸免於難。不僅如此，文革中大量古籍版本被當成封建主義「黑貨」付之一炬，也是版本學研究的重大損失。

不過，70 年代初期，考古工作者先後在山東臨沂銀雀山、甘肅武威旱灘坡和長沙馬王堆發掘出了一批竹簡、帛書，如銀雀山西漢竹簡本《孫子兵法》和《孫臏兵法》、甘肅武威漢代醫簡、長沙馬王堆帛書《老子》甲乙本、《戰國縱橫家書》和《治法》等，為寫本研究提供了實物，為研究漢代簡策制度和帛本提供了方便。

（三）第三階段（1978～1998）

1978 年十年動亂結束之後，撥亂反正，百廢俱興，版本學研究突飛猛進，令人刮目相看。

1. 版本學著作如林

1978 年以來，出版了許多版本學專著、版本目錄、索引和書影。版本學專著如吳則虞《版本通論》（1978 年、1979 年連載於《四川圖書館學報》）、魏隱儒《中國古籍印刷史》和《古籍版本鑒定叢談》（印刷工業出版社 1984 年版）、邱陵《書籍裝幀藝術簡史》（黑龍江人民出版社 1984 年版）、瞿冕良《版刻質疑》（齊魯書社 1987 年版）、張秀民《中國印刷史》（上海人民出版社 1989 年版）、嚴佐之《古籍版本學概論》（上海華東師範大學出版社 1989 年版）、李致忠《歷代刻書考述》（巴蜀書社 1990 年版）和《古書版本學概論》（書目文獻出版社 1990 年版）、陳宏天《古籍版本概要》（遼寧教育出版社 1991 年版）、

程千帆與徐有富合著《校讎廣義·版本編》（齊魯書社 1991 年版）、曹之《中國古籍版本學》（武漢大學出版社 1992 年版）和《中國印刷術的起源》（武漢大學出版社 1994 年版）、姚伯岳《版本學》（北京大學出版社 1993 年版）、盧賢中《古代刻書與古籍版本》（安徽大學出版社 1995 年版）、謝水順《福建歷代刻書》（福建人民出版社 1997 年版）等。版本目錄、索引和書影有《中國古籍善本書總目》（上海古籍出版社已出版經、史、叢等部）、杜信孚《明代版刻綜錄》（廣陵古籍刻印社 1983 年版）、《中國地方志聯合目錄》（中華書局 1985 年版）、楊繩信《中國版刻綜錄》（陝西人民出版社 1987 年版）、《中國科學院圖書館藏中文古籍善本書目》（科學出版社 1994 年版）、《湖南省古籍善本書目》（嶽麓書社 1998 年版）、王肇文《古籍宋元刊工姓名索引》（上海古籍出版社 1990 年版）、羅偉國《古籍版本題記索引》（上海書店 1991 年版）、上海圖書館《善本書影》（上海古籍出版社 1978 年版）、黃裳《清代版刻一隅》（齊魯書社 1992 年版），等等。另外，這個階段臺灣也出版了不少版本學著作，其中有李清志《圖書版本鑒定研究》（臺灣文史哲出版社 1980 年版）、屈萬里與昌彼得《圖書版本學要略》（臺灣中國文化大學出版部 1989 年版）等。據不完全統計，這個階段在全國各類雜誌發表的版本學研究論文有 2005 篇，是本世紀初至 1977 年前版本學論文總數的 15 倍。

2. 關於版本學基礎理論的研究

版本學基礎理論是版本學的支柱，不少有識之士認識到這個問題的嚴重性，在報刊上發表了不少爭鳴文章。這個階段關於版本學基礎理論的研究論文有 185 篇，其中如盧中嶽《版本學研究漫議》、李致忠《論古書版本學》、郭松年《古籍版本與版本學》、姚伯岳《「版本」考辨》、周鐵強《近年來古籍版本學理論研究述評》、石洪運《版本學基礎理論研究述評》等。不少版本學專著也開始注意理論研究，例如曹之《中國古籍版本學》比較全面地論述了古籍版本學理論的種種問題，其中包括古籍版本學的定義、研究對象、研究內容、研究方法、與相關學科的關係和研究古籍版本的意義等。

3. 關於版本學史的研究

無古不成今，當代版本學需要借鑒古代版本學研究的成果。這個階段研究版本學歷史的文章有 32 篇，其中有胡道靜《從黃蕘圃到張菊老——150 年版本學的縱深進程》、劉國珺《關於我國古籍版本學歷史階段劃分的思考》等。曹之《中國古籍版本學》專門用了一章的篇幅論述了版本學產生、發展

和興盛的歷史，介紹了歷代版本學家及其著作，對版本學的發展歷史作了粗線條的描繪。

4. 關於版本源流的研究

版本源流是版本學研究的重要內容之一，也是這個階段版本學研究的熱門話題。這個階段共發表版本源流方面的論文 1441 篇，其中有李致忠《明代刻書述略》、曹之《明代藩王刻書考》、金良年《清代武英殿刻書述略》、蕭東發《建陽余氏刻書考略》等。《中國古籍印刷史》、《歷代刻書考述》、《福建古代刻書》等專著全面系統地論述了歷代刻書的歷史。尤其令人矚目的是寫本源流、印刷術起源和考訂一書版本源流的研究有了新的突破。《中國古籍版本學》詳細論述了寫本發生、發展的歷史，這在版本學歷史上尚屬首次。《中國印刷術的起源》則以大印刷史觀作為指導思想，全方位、多學科地論證「唐初說」，糾正了許多似是而非的觀點。另外，美籍華裔學者錢存訓的《紙和印刷》一書是研究印刷術起源的力作，該書徵引古今文獻 2000 餘種，代表了國外同類研究的最新水平，已收入英國學者李約瑟《中國科學技術史》第五卷。在考訂一書版本源流方面，出現了魏紹昌《紅樓夢版本小考》、劉尚榮《蘇軾著作版本論叢》、蔣星煜《明刊本〈西廂記〉研究》等著作。萬曼《唐集敘錄》則是考證唐詩別集版本的一部力作。在《古籍版本學概論》和《中國古籍版本學》等專著中，也開始把考訂一書的版本源流作為重要內容加以論述，擴大了版本學研究的視野。

5. 關於版本鑒定的研究

版本鑒定是版本學研究的核心問題，歷代版本學家都無一例外地重視版本鑒定工作。這個階段發表的版本鑒定論文有 347 篇，其中如廖延唐《古書牌記》、崔建英《明別集版本審訂劄記》、蔣星煜《明刊本〈西廂記〉的古本、元本問題》、沈津《抄本及其價值與鑒定》等。《古籍版本鑒定叢談》、《古書版本學概論》等著作全面系統地論述了古籍版本的鑒定方法，具有實用價值。《中國古籍版本學》提出了根據內容鑒定版本的一系列方法，對於糾正「觀風望氣」的形式主義傾向具有一定價值。

6. 關於新書版本的鑒定

版本學並非古籍的專利，新書也有版本問題。早在本世紀 40 年代，著名文學家唐弢就開始發表研究新書版本的短文，1962 年北京出版社結集為《晦庵書話》正式出版，1980 年三聯書店又出了增訂本。這是版本學歷史上第一

部研究新書版本的論文集。80 年代以來，研究新書版本的論文有徐孝宓、衛揚春《新書版本研究淺見》、朱積孝《中國近現代圖書版本學概述》等，數量雖然不多，但畢竟是有意義的。姚伯岳《版本學》將古籍版本和新書版本熔為一爐，令人耳目一新。

7. 本階段版本學繁榮的原因

1978 年以來，版本學研究碩果累累，原因何在？第一，國家重視古籍整理與出版工作。1981 年，陳雲同志先後兩次對古籍整理出版工作作出重要指示。從中央到地方都成立了古籍整理的領導機構，全國各地先後組建了不少專業古籍出版社和古籍整理研究所。第二，培養了一大批版本學研究人才。1978年以來，古籍整理隊伍不斷壯大，培養了一大批古籍整理方面的本科生和研究生。在《中國古籍善本書總目》編纂過程中，全國 782 個圖書館和收藏單位的數百名專家參預其事，群賢畢至，少長咸集，培養了一大批版本新秀。第三，學術的繁榮，促進了版本學的繁榮。歷史經驗告訴我們，學術研究和版本學是互為因果的關係：學術繁榮需要版本學的幫助；版本學的繁榮，也需要學術研究的推動。1978 年之後，廣大古籍整理人員努力工作，戰果輝煌。從 1982 年至 1990 年就整理出版各類古籍 4065 種，每種古籍的出版都離不開版本的考訂工作。第四，版本學研究長期積累的結果。我國的版本學研究從先秦算起，至今已有 2000 年多。2000 多年來，一代又一代學人為之付出了辛勤的勞動。儘管他們沒有來得及寫出版本學專著，但是薪盡火傳，給後人留下了許多寶貴的啟示。後人借鑒了先人的研究成果，後來居上，理固宜然。

8. 本階段版本學研究之不足

本階段版本學研究雖然成績卓著，但也有如下明顯不足：第一，版本學基礎理論研究比較薄弱，翻開任何一本版本學專著，版本學基礎理論所佔的比重實在太小，有的甚至惜墨如金。第二，版本學史的研究也很不夠，有些版本學著作甚至不置一辭。第三，重刻本、輕寫本。寫本是版本的源頭，即使印刷術發明之後，寫本仍然大量存在，但是人們不大重視寫本源流的研究，至今沒有一種系統的寫本史。第四，印刷術起源的研究明顯不足，中國是印刷術的故鄉，但是這方面的論著很少。第五，古籍版本鑒定有重形式、輕內容的傾向。第六，對考訂一書版本源流的研究重視不夠。〔註23〕以上六個問題之中，版本學基礎理論研究的薄弱，是最根本的一個問題。本文第三部分將重點討論這個問題。

〔註23〕曹之：中國古籍版本學，武漢：武漢大學出版社，1992。

三、20世紀的版本學基礎理論研究

20世紀版本學基礎理論研究主要圍繞以下幾個方面展開。

（一）關於「版本」概念的研究

什麼是版本？對於版本學研究來說，這是一個基本而又重要的問題，目前尚未達成共識，至少有以下5種觀點：

第一，印本說。張舜徽認為：「『版』的名稱源於簡牘；『本』的名稱源於縑帛……自從有了雕版印刷術以後，人們習慣於用版本二字作為印本的代稱。」〔註24〕

第二，合稱說。施廷鏞認為：「所謂版本，實寫本與刻本的合稱。」〔註25〕戴南海亦說：「版本的概念，在兩宋時，則成為雕版書和手抄本的合稱。這就是版本二字連綴成一個固定名詞後的最初概念。」〔註26〕

第三，總稱說。顧廷龍認為：「版本的含義實為一種書的各種不同的本子，古今中外的圖書，普遍存在這種現象，並不僅僅限於宋、元古籍。」〔註27〕

第四，實物形態說。姚伯岳認為：「版本就是一部圖書的各種實物形態。」〔註28〕

第五，廣狹二義說。嚴佐之認為：「古籍版本有廣狹二義。狹義的古籍版本專指雕版印本，廣義的古籍版本泛指包括寫本、印本在內的，用各種方法製作而成的古代圖書的各種本子。」〔註29〕

我們認為，「版本」最初含義單指刻本，並不包括寫本在內（戴南海的說法顯係誤解）。元、明以後，隨著雕版印刷的發展和圖書製作方式的複雜化，「版本」一詞的含義逐漸擴大，成為一書各種文本的總稱。除了刻本之外，還包括寫本、活字本、套印本、插圖本、石印本等等。「印本說」僅指向版本的原始義，忽視了版本含義在後代已經擴大了的事實，不可取；「合稱說」認為版本只講寫本和刻本，將活字本、套印本、插圖本、石印本排除在外，亦不足取；「總稱說」揭示了版本的「同書異本」特質，比較可取，但也有欠妥之外，以「本子」解釋「版本」，似有循環解釋之嫌；「實物形態」與「總稱說」接近，

〔註24〕張舜徽：中國校讎學分論（上）——版本，華中師院學報，1979（3）。
〔註25〕施廷鏞：中國古籍版本概要，天津：天津古籍出版社，1987。
〔註26〕戴南海：版本學概論，成都：巴蜀書社，1989。
〔註27〕顧廷龍：版本學與圖書館，四川圖書館，1978。
〔註28〕姚伯岳：版本學，北京：北京大學出版社，1993。
〔註29〕嚴佐之：古籍版本學概論，上海：華東師範大學出版社，1989。

但它特別指出「實物形態」，庶幾接近事實；「廣狹二義說」其實是「印本說」與「總稱說」的折衷。迄今為止，關於版本的概念還沒有形成統一的認識，見仁見智，聚訟紛紜。

（二）關於「版本學」的概念

版本學作為實踐的產物，一直找不到理論支點。據不完全統計，關於版本學的定義有數十種之多。下面，我們擇要介紹 5 種：

第一，舊刻舊鈔說。葉德輝認為：「自宋尤袤遂初堂、明毛晉汲古閣、及康雍乾嘉以來各藏書家，斷斷於宋元本舊鈔，是為板本之學。」〔註30〕

第二，鑒別說。《辭海》認為：「研究版本的特徵和差異，鑒別其真偽和優劣，是為版本學。」〔註31〕

第三，價值說。嚴佐之認為：「鑒定版本時代也好，考訂版本源流也好，其最終目的還在於比較、確定版本內容的優劣，在於研究版本『在反映原書內容的特殊作用上』。從這一意義上講，版本學乃是以研究版本文獻價值為主的一門科學。」〔註32〕

第四，物質形態說。程千帆等認為：「版本學所研究的內容無不與書的物質形態有關，因此可以概括地說版本學是研究書的物質形態的科學，是校讎學的起點。」〔註33〕

第五，規律說。郭松年認為：「古籍版本學是從古籍的版本源流和相互關係中，研究古籍版本的異同優劣，鑒定古籍版本的真偽，評定古籍版本的功用價值，並從中總結工作的規律性和方法的一門科學。」〔註34〕

我們可以看出，這些版本學的定義存在一定的差異，從本世紀初至七十年代中期，大多侷限於「經驗說」，即「觀風望氣」的經驗總結。隨著研究的深入，版本學家們開始對「經驗說」進行反思。科學研究的任務在於揭示特定事物內部矛盾運動的規律，版本學亦不能例外。我們認為，郭松年等人提出的「規律說」比較可取。版本學是研究版本源流和版本鑒定規律的科學，就是要對各種版本現象作科學的分析和歸納，找出規律。「舊刻舊鈔說」是清代版本學家的觀點，此「佞宋」之風所由來；「鑒別說」侷限於鑒定版本的具

〔註30〕葉德輝：書林清話，北京：中華書局，1957。
〔註31〕辭海編輯委員會：辭海，上海：上海辭書出版社，1980：1475。
〔註32〕嚴佐之：古籍版本學概論，上海：華東師範大學出版社，1989。
〔註33〕程千帆、徐有富：校讎廣義，版本編，濟南：齊魯書社，1991。
〔註34〕郭松年：古籍版本與版本學，吉林省圖書館學會會刊，1980（4）。

體方法，視野不廣，此「經驗說」所由來；「價值說」講的是版本學研究的目的，而非版本學的定義；「物質形態說」講的是問題的表象，而沒有揭示問題的實質。

（三）關於版本學的研究對象

任何一門學科都有自己的研究對象。對象不明，則難免誤入岐途。截止目前，至少有以下三種觀點：

第一，圖書說。李致忠認為：「中國古書版本學的研究對象是中國古代圖書。」〔註35〕戴南海亦認為：「版本學的研究對象是包括一切形式在內的各種古籍圖書。」〔註36〕

第二，文獻說。邵勝定認為：「版本學和它的兄弟學科一樣，研究對象是一切需要整理和利用的文獻資料。蓋其學雖名『版本』，但它的對象應包括一切歷史文獻資料。」〔註37〕

第三，版本說。嚴佐之認為：「版本學的研究對象就是圖書版本。」〔註38〕姚伯岳亦持相同看法：「版本學的研究對象是版本，這本應當是毫無疑義的。」〔註39〕

我們認為，古籍版本學的研究對象是寫本、刻本、拓本、活字本、套印本、插圖本等一切形式的圖書版本。其中，寫本和刻本是其重點研究對象。「圖書說」混淆了圖書與版本兩個不同的概念。版本和圖書二者之間有著密切聯繫，沒有圖書的版本和沒有版本的圖書同樣是不存在的。但是圖書並不等於版本，版本只是圖書內涵的一個方面。同一種圖書可以有不同的版本。版本學以版本為研究對象，正是為了探討同書異本之間的差異。「文獻說」將版本的範圍擴大到一切文獻，同樣混淆了文獻與版本兩個不同的概念。文獻的內涵比圖書更大，更不能把二者混為一談。

（四）關於版本學的研究內容

不同學科有各自不同的研究內容，版本學的研究內容，大致有以下 4 種觀點：

〔註35〕李致忠：論古書版本學，吉林省圖書館學會會刊，1979（1）。
〔註36〕戴南海：版本學概論，成都：巴蜀書社，1989。
〔註37〕邵勝定：版本學有廣狹二義論，圖書館雜誌，1985（4）。
〔註38〕嚴佐之：古籍版本學概論，上海：華東師範大學出版社，1989。
〔註39〕姚伯岳：版本學，北京：北京大學出版社，1993。

第一，鑒定說。主張研究版刻鑒別。如《辭海》修訂本：「研究版本的特徵和差異，鑒別其真偽和優劣。」〔註40〕

第二，源流說。主張研究版本源流。如謝國楨認為：「說明書籍刊刻和抄寫流傳下來的源流。」〔註41〕

第三，綜合說。主張源流和鑒別同時研究。郭松年認為，版本學的研究內容「一是繼承總結發展古籍版本學的基本理論，二是研究古籍版本發展變化的源流，三是研究不同刻本、校勘本內容的異同優劣，四是審定鑒別舊刻、舊抄古籍的版本和總結提高鑒定古籍版本的科學方法，五是研究古籍版本學的發展歷史。」〔註42〕

第四，多維說。主張多維研究。盧中嶽在《版本學研究漫議》一文中提出，版本學研究的內容大致包括版本學的一般理論、圖書版本的內容與形式的研究、圖書版本發展過程的研究、版本學史四個大的方面，並開列了詳細子目。〔註43〕

我們認為，古籍版本學的研究內容是：古籍版本學的基本理論，其中包括古籍版本學的研究對象及其研究內容，古籍版本學與相關學科的關係，研究古籍版本學的意義和方法等；古籍版本學的發展歷史，其中包括古籍版本學的發展階段、各階段的理論和實踐、代表人物等；古籍製作方式的演變源流，其中包括寫本源流、刻本源流、雕版印刷術的起源等；單種（含叢書）圖書版本的演變源流，其中包括版本數量、版本系統、版本優劣等；古籍版本鑒定的規律，其中包括內容和形式兩個方面。以上五個方面，缺一不可。「鑒定說」僅研究版刻鑒別，視野不廣，不足以言版本學；「源流說」僅研究版本源流，視野亦未廣；「綜合說」擴大了視野，但強調「鑒別舊刻舊鈔」，似有「佞宋」之嫌；「多維說」的觀點比較可取，得到了很多人的認可。

有人將古籍製作方式的演變源流與圖書版本的演變源流混為一談，認為研究圖書版本的演變源流其實就包括了對古籍製作方式演變源流的研究。我們認為，古籍製作方式的演變源流主要是指寫本源流、雕版印刷的起源、刻本源流等。顯然它與單種圖書版本演變源流是兩碼事。有人認為，搞古籍版本鑒定沒有必要過多地研究古籍製作方式演變源流。我們認為，搞古籍版本鑒定必須研究古籍製作方式演變源流，不瞭解古籍製作方式演變源流，就不能搞好古

〔註40〕辭海編輯委員會：辭海，上海：上海辭書出版社，1980：1475。
〔註41〕謝國楨：明清時代版本目錄學概述，齊魯學刊，1981（3）。
〔註42〕郭松年：古籍版本與版本學，吉林省圖書館學會會刊，1980（4）。
〔註43〕盧中嶽：版本學研究漫議，貴圖學刊，1982（2）。

籍版本鑑定。這就好比鑑定一件新的產品，如果不瞭解產品製作的工藝流程，那就無法鑑定。古籍製作方式的演變源流與單種圖書版本的演變源流有著十分密切的聯繫：研究古籍製作方式的演變源流可以促進單種圖書版本演變源流的研究，研究單種圖書版本的演變源流反過來又能促進古籍製作方式演變源流的研究，二者之間相互為用。有人對考訂一書的版本源流也大不以為然，似乎離開了書目編制就不叫版本學。乾嘉大師「得一書必推求本原」，重在考訂版本源流。考訂一書的版本源流，也就是對一種圖書版本的發生、發展過程及相互關係的研究。考訂版本源流，可以理順每個版本與其他版本間的關係，從而有助於辨別、比較版本的異同優劣。書目編制是反映版本研究成果的一種手段，但不是唯一手段。有人對版本學基本理論與版本學史比較輕視。版本學的基本理論關係到版本學的體系建設，是研究的總綱。研究版本學史是為了借鑒前人的經驗，同樣不能等閒視之。

（五）關於版本學的研究方法

版本學研究方法，歸納起來有以下兩種觀點：

第一，觀風望氣說。注重版刻鑒別，主張靠實踐經驗積累，捕捉、識別、研究各種各樣的標識，既有書籍製作過程中形成的標識，也有書籍流傳過程中附加的標識，諸如行格、紙墨、諱字、裝訂、款式、印章、牌記、字體等等。前人在實踐中積累了不少經驗，但是僅憑經驗不可能萬無一失。甚至有人至今還堅持「觀風望氣」、「鼻嗅手摸」即可作出版本鑒定。這種經驗至上的方法，不利於版本學學科體系的建立，會把「版本學引上十分狹窄的版刻欣賞和版本認定的玄而莫測，不可捉摸的邪路。」

第二，綜合研究說。盧中嶽認為，應根據所研究問題的內容、性質以及研究所擔負的具體任務來確定研究方法，他率先提出了歷史研究法、比較研究法和實驗研究法。

我們認為，「綜合研究說」才是研究版本學的科學方法。各種版本是特定歷史條件下的產物，只有通過全方位、多學科的考證，才能知其源流、真偽和善惡。有比較，才能有鑒別。把同書異本進行比較，也是行之有效地鑒別版本的方法。利用現代技術，通過科學實驗和計量分析，建立古籍版本數據庫，更是具有廣闊前景的研究方法。隨著國民經濟的發展，電腦已經進入「尋常百姓家」，建立古籍版本數據庫已經提到議事日程上來了。可以預料，在這方面是可以大有作為的。

（六）關於版本學的形成時期

版本學的形成時期也就是版本學史的起點問題，對此眾說紛紜，大致有以下4種觀點：

第一，西漢說。錢基博認為：「版本之學，所從來舊矣。蓋遠起自西漢，大用在校讎。」〔註44〕郭松年認為：「從版本學發展的歷史來看，在西漢劉向、劉歆父子總校群書時，已經是廣搜異本，讎正一書，講求版本之學了。」〔註45〕

第二，宋代說。李致忠認為：「自宋代尤袤編制《遂初堂書目》起，始在一書之下著錄多種不同的版本……版本學就這樣慢慢地形成了。」〔註46〕

第三，清代說。汪辟疆認為清乾、嘉時期的黃丕烈「是版本學的真實建立者」。〔註47〕戴南海也認為自黃丕烈之後「版本研究有了豐富而充實的內容，開始獨立成為一門專門之學」。〔註48〕周鐵強認為：「《讀書敏求記》、《天祿琳琅書目》的出現及黃丕烈對古籍版本的考訂，標誌著古籍版本學的初步形成。」〔註49〕

第四，當代說。嚴佐之認為：「版本研究雖然有著悠久的歷史，但其獨立成一門專學的時間卻不久，而作為以辯證唯物主義、歷史唯物主義為指導的科學版本學才剛剛著手建立。」〔註50〕

我們認為，「當代說」以學科是否獨立為標準不足取，因為它割斷了歷史，版本學成了無源之水，無本之木。「清代說」同樣割斷了歷史。清代古籍版本學成就固然很大，但它不是一蹴而就的，它是在前人研究的基礎上逐步發展起來的。古籍版本學也像人一樣要經歷從「童年」、「青年」到「成年」的成長過程。如果說清代版本學處於「成年」時期，那麼清代以前的版本學就是「童年」、「青年」時期，否定這一點，也就違背了事物發展的規律。「西漢說」、「宋代說」亦各明一義，均未能窮本溯源。我們認為，在先秦時代就產生了版本學。1993年郭店竹簡的出土為我們提供了強有力的佐證。郭店竹簡中有《老子》書三種，整理者名之為「甲組」、「乙組」、「丙組」。這是迄今為止所

〔註44〕錢基博：版本通義，上海：商務印書館，1933。
〔註45〕郭松年：古籍版本與版本學，吉林省圖書館學會會刊，1980（4）。
〔註46〕李致忠：古書版本學概論，北京：書目文獻版社，1990。
〔註47〕汪辟疆：目錄學研究，北京：商務印書館，1955。
〔註48〕顧廷龍：版本學與圖書館，四川圖書館，1978（11）。
〔註49〕周鐵強：古籍版本學形成時期辨疑，圖書與情報，1997（3）。
〔註50〕嚴佐之：古籍版本學概論，上海：華東師範大學出版社，1989。

見年代最早的《老子》傳抄本，大約寫成於戰國前期。這三組在竹簡形制、抄手的書體和簡文文意等方面都不相同，完全可以視為是《老子》一書的同書異本。既然先秦同書異本大量存在，孔子、子夏等學者和藏書家又都研究過版本異同，可見「先秦說」絕非無中生有，空穴來風。

（七）關於版本學的科學地位

版本學的學科地位是關係到版本學能否躋身學術之林的大問題，論者各執一詞。歸納起來有以下 3 種觀點：

第一，獨立說。葉德輝首倡此說。他在《書林清話》中首次提出「板本之學」的說法。葉氏不僅提出了「板本之學」的名稱，而且將它與目錄之學、校讎之學並列為清代三大根柢之學。在葉氏看來，板本之學不僅成了一門獨立的學科，而且很有學術地位。他說：「板本之學，為考據之先河，一字千金，於經史尤關緊要。」〔註51〕他為版本學爭得一席之地，功莫大焉。顧廷龍亦反覆強調版本學「應該可以成為一門專門的科學」。〔註52〕李致忠、郭松年等人亦響應此說。

第二，合流說。崔建英認為：「版本學和目錄學是同源而同時誕生的，後世曾版本學、目錄學分稱，不過是有所側重，如史志目錄，過去只標目，不問何本；研究版本的，往往著重對一部書版本的考證、分析。但自《遂初堂書目》而後，凡反映具體收藏的目錄，很少有避開版本的……因此版本學與目錄學就又合流，匯為版本目錄學。正式這樣叫起來，好像始於近代。」〔註53〕

第三，支流說。程千帆認為：「蓋由版本而校勘，由校勘而目錄，由目錄而典藏，條理始終，囊括珠貫，斯乃向、歆以來治書之通例……則校讎二字，歷祀最久，無妨即以為治書諸學之共名；而別以專事是正文字者，為校勘之學。其餘版本、目錄、典藏之稱，各從其職，要皆校讎之支與流裔。」〔註54〕

我們認為，版本學經過了兩千多年的發展，瓜熟蒂落，理應成為一門獨立的學科。其研究對象、研究方法、研究內容、研究目的皆有別於其他學科。「合流論」認為版本學與目錄學已經合流，「支流論」又把版本學看作是校讎學的分支學科，說法不一，其結果都是否認版本學獨立。版本學與目錄學、校

〔註51〕葉德輝：書林清話，北京：中華書局，1957。
〔註52〕顧廷龍：版本學與圖書館，四川圖書館，1978（11）。
〔註53〕崔建英：對版本目錄學的探討和展望，津圖學刊，1984（4）。
〔註54〕程千帆、徐有富：校讎廣義，版本編，濟南：齊魯書社，1991。

讎學關係固然非常密切，「你中有我，我中有你」，但側重點各不相同。「離則雙美，合則兩傷。」如文字學、音韻學、訓詁學關係與此類似，側重點也各有不同，始則為一、終分為三。學術研究總是朝著精密化方向發展，學科的分化早已成定勢，可謂「道術將為天下裂」。我們贊成「獨立論」。把版本學視為目錄學、校讎學或文獻學的附庸的說法都忽視了版本學自身的發展趨勢。

以上我們就版本學理論所研究的七個主要問題作了扼要概述。當然版本學理論所涉及的問題遠不止此，還有善本、版本學史、版本學意義和任務、版本學與相關學科的關係，等等。有特色的文章還有不少，限於篇幅，不能一一枚舉。

綜觀20世紀版本學研究的發展進程，可知前50年甚至直到70年代雖有《書林清話》、《中國印刷術的起源及其影響》等幾種著作問世，但就整體而言，仍然發展緩慢，徘徊不前。然而自從1978年之後，忽如一夜春風，版本學研究突然百花齊放，蔚為大觀。儘管在版本學研究中還存在不少問題，版本學基礎理論的研究還很薄弱，但是我們堅信，21世紀的版本學研究將會在20世紀的基礎上更上一層樓，大放異彩。我們希望能有更多的學人特別是年輕人共同耕耘這塊充滿希望的田野，從而使版本學這門古老而又年輕的學科煥發出更加美麗的青春。

2005～2009年古典目錄學研究綜述〔註1〕

　　如果說以目錄學的文化研究為代表的深層次目錄學研究是20世紀目錄學發展的主要特徵，那麼數字化就是新世紀目錄學的發展特徵。2005年，柯平教授率先提出了「數字目錄學」的新概念，在圖書館、情報與文獻學領域產生了一定的影響。2009年11月，國家圖書館舉辦「數字化時代古籍目錄學的發展」研討會，對古籍編目、書志撰寫、古籍資源庫與知識庫建構等問題進行了探討。毫無疑問，數字化將成為目錄學變革的新方向。〔註2〕

一、古典目錄學基本理論

（一）目錄學的起源

　　張開選認為中國古典目錄學開創於西漢末年的劉向、劉歆父子，中國古典目錄學的發展可以分為四個時期：萌芽時期（從遠古到秦朝）、發展時期（西漢至宋朝時期）、鼎盛時期（元明清時期）、失去「顯學」地位的退守時期。古典目錄學的核心思想仍然是現在目錄學研究的核心和重點，目錄學研究要以目錄工作實踐為基礎，加強同其他學科的橫向聯繫與合作。〔註3〕我們認為，

〔註1〕我的碩士研究生童子希搜集資料，撰寫初稿。由我修改定稿。2011年以刪節本在臺北大學東亞文獻學研討會上宣讀，陳仕華教授擔任點評嘉賓，曾經邀請我修改之後交《書目季刊》出版，後來因為頭緒太多，一再遷延，未能兌現諾言，謹此致歉。會後臺灣大學中文系張寶山教授、山東大學文史哲研究院王承略教授皆有指正，他們認為應該考慮「索引」這一塊，但大陸的目錄學實際上是將索引排除在外的，索引研究也早已自立門戶了。

〔註2〕原文以下有「研究狀況」一節，係計量分析，今刪去。

〔註3〕張開選：中國古典目錄學的源流與發展，學術界，2006（4）。

把元、明劃為古典目錄學鼎盛時期似有不妥，因為元代的目錄著作除了《文獻通考‧經籍考》外乏善可陳，《宋史‧藝文志》為人詬病，私家目錄也寥寥無幾，明代《文淵閣書目》和《國史經籍志》亦受人指責。林霞提出了真正的目錄學是在南宋鄭樵的《通志‧校讎略》之後才形成的新觀點。〔註4〕看似新穎，不過僅以出現第一部目錄學專著（即《通志‧校讎略》）作為支撐，似乎證據比較薄弱。

（二）目錄學的方法

目錄學的方法主要包括解題、互著與別裁、分類三種方法，其中提要、互著與別裁屬於文獻揭示方法，分類屬於文獻組織方法。

1. 解題

高長青認為劉向首先創製敘錄體，開目錄學之先河。《別錄》由此成為中國古典目錄的主要形式之一，是我國第一部書目提要。敘錄體的影響主要有三個方面：（1）敘錄為後世的編目工作樹立了典範；（2）揭示原書學術思想，評論得失，從而指導讀書治學；（3）劉向、劉歆開創的為每一部書撰寫敘錄的方式已成為我國目錄學方法的優良傳統。〔註5〕鍾向群指出，輯錄體的特點是廣泛輯錄與某書相關的資料來揭示這部書籍的內容，並進行評論；輯錄體的意義主要有：（1）利於學者研究；（2）拓展讀者眼界；（3）擴充研究領域；（4）校勘和輯佚部分文獻。〔註6〕

2. 互著與別裁

張沖認為《七略》已經含有了互著別裁的方法，但這種方法的應用不是有意識的，而是由當時書籍的具體條件所造成的，互著別裁法產生的歷史背景包括：（1）基於古人寫作的特點；（2）基於中國古代分類體系的特點；（3）基於目錄學要求實現「整體性」的特點。〔註7〕張守衛認為最先發明「互著」和「別裁」法的書目應當是南宋末年陳振孫編著的《直齋書錄解題》。陳振孫已在其《解題》中多處使用了「互著」和「別裁」這兩種輔助性的文獻著錄方法，不僅在使用「互著」的時間上要早於元代馬端臨的《文獻通考‧經籍考》，而且

〔註4〕林霞：中國目錄學的建立和鄭樵，圖書館工作，2009（1）。

〔註5〕高長青：敘錄體的創立對後世目錄學的影響——兼論目錄學的演變和發展，甘肅社會科學，2005（1）。

〔註6〕鍾向群：論目錄的輯錄體與馬端臨的《文獻通考‧經籍考》，大學圖書情報學刊，2005（6）。

〔註7〕張沖：試析「互著」與「別裁」，圖書與情報，2005（2）。

在使用「互著」的範圍和意識方面也大大超過了馬端臨及其《文獻通考‧經籍考》。〔註 8〕李丹提出，率先採用互著法並發明別裁法的應該是編於嘉靖十九年的《百川書志》，其後，嘉靖中期的《寶文堂書目》，萬曆三十年的《紅雨樓書目》以及萬曆後期的《澹生堂書目》，有的採用了互著法或別裁法，也有兩法並用者。〔註 9〕

3. 分類

四部分類法是古代目錄的主流，應用最廣，因而對它的研究最多。四部分類法的起源問題尤其受人關注，到底起源於鄭默《中經》還是荀勗《中經新簿》，學者爭論不已。

唐明元把學術界對四部分類法起源的觀點分為三類：一是以余嘉錫、王重民、王欣夫為代表，認為四部分類法起源於荀勗之《中經新簿》。二是以汪辟疆、來新夏、謝德雄為代表，認為四部分類法起源於鄭默之魏《中經》。第三種觀點為姚名達所獨有，認為四部分類法既不是源於魏《中經》，也不是源於荀勗《中經新簿》，而李充之《晉元帝四部書目》。同時他認為荀勗《中經新簿》為四部分類法之祖，主要理由：（1）《新簿》係「因」《中經》而作，但同時也都先言《新簿》，後言四部；（2）「更」應理解為「改」、「改變」之義，「更著《新簿》」則應為「改著《新簿》」，方符作者之本意；（3）謝德雄認為「朱紫別矣」乃鄭默《中經》採用四部分類法之重要證據，不能讓人信服；（4）至於《隋志》為何不著錄《中經》，很可能此時《中經》已亡佚。〔註 10〕張固也從《晉太康起居注》、《晉起居注》、《晉書》等文獻中挖掘出新的史料，並據此提出，晉武帝分秘書圖籍為甲乙丙丁四部的記載，與《七錄序》、《隋志》完全相符，則可以作為荀勗創立四部分類法的新證據。四部分類法的產生與魏晉職官制度變革有關，圖書分為四部與秘書郎定為四員，可能是一種互相影響、互為因果的關係。魏末司馬師當權，《晉書‧景帝紀》載：「或有請改易制度者，帝曰：『三祖典制，所宜遵奉。自非軍事，不得妄有改革。』」因而魏時虞松、鄭默就不太可能創立四分法。〔註 11〕董恩林認為鄭默《中經》首創四部分類法，主要理由為：一是鄭默出身經學世家，曾任校書郎，具備首創分類法的條件；二是鄭默所處時代

〔註 8〕張守衛：「互著」、「別裁」兼用始於《直齋書錄解題》，圖書情報工作，2009（11）。

〔註 9〕李丹：明代私家書目的傳承與開拓，中國典籍與文化，2007（1）。

〔註 10〕唐明元：魏晉南北朝目錄學研究，成都：巴蜀書社，2009：47～53。

〔註 11〕張固也：四部分類法起源於荀勗說新證，圖書情報知識，2008（3）。

書籍散佚嚴重，編次不完整，不得不簡化《七略》的分類法；三是《北堂書抄》卷五十七「秘書郎」條、《太平御覽》卷二三三「秘書郎」條均引用了一段材料：「《晉太康起居注》曰秘書丞桓石綏啟，校定四部之書。詔遣郎中四人，各掌一部。」這段材料是重要的證據；四是現存所有古籍著錄荀勗《新簿》，均名為《中經》、《晉中經》、《晉中經簿》、《荀勗中經簿》，尚未見名之為《新簿》或《中經新簿》的，因而「新簿」不是荀勗所編目錄的名稱。〔註12〕

（三）目錄學的作用

目錄學對讀書、治學有重要的作用，與文化、學術史有密切的聯繫。近年來對目錄學作用的研究主要圍繞學術文化史展開。徐有富先生認為，目錄是記錄精神財富的數據庫，目錄學與中國學術史關係非常密切：書目的分類能夠反應學術的發展狀況；書目的著錄情況也清楚地反映了某個時期學術發展的狀況與某類學術的發展變化；書目辨章學術，考鏡源流的功能還能通過書目的序來實現，書目的序包括全目之序，大類之序、小類之序，皆有學術批評的作用。〔註13〕徐有富先生的《目錄學與學術史》一書，擇取《漢書・藝文志》、《七錄》、《隋書・經籍志》、《新唐書・藝文志》、《宋史・藝文志》、《元史藝文志》、《千頃堂書目》、《四庫全書總目》、《書目答問》等目錄學名著，從文獻聚散、類別分離、序跋評說等方面入手，辨析古代學術各門類的興衰分合，從中覘見中國學術思想的起伏變遷與學術發展的大趨勢。〔註14〕但書中沒有一條腳注，似乎有點不合規範。余訓培認為目錄學能夠承擔學術史研究職能是有約束條件的，約束條件是文獻生產和交流的相對封閉性。當特定的約束條件被改變了以後，目錄學的學術史職能也就不復存在了。〔註15〕付先華探討了文化與目錄學的相互關係：文化傳統的演繹影響和推動著目錄學的發展；目錄學又以其特有的方式積累、整理、傳承、引導和開發著某一時代、某一民族的文化。〔註16〕

二、目錄類別

學者對目錄類別的探討集中在史志目錄、佛經目錄、戲曲目錄等方面。相比以前，對佛經目錄和戲曲目錄的目錄學研究更加深入。

〔註12〕董恩林：鄭默《中經》首創四部分類法考辨，文獻，2009（1）。
〔註13〕徐有富：目錄學與中國學術史，新世紀圖書館，2007（2）。
〔註14〕徐有富：目錄學與學術史，北京：中華書局，2009。
〔註15〕余訓培：目錄學兼治學術史的約束條件及其變遷，大學圖書館學報，2006（2）。
〔註16〕付先華：中國文化傳統的演繹與目錄學之發展，高校圖書館工作，2006（2）。

（一）史志目錄

史志目錄在目錄學史上佔有重要地位。周旖從史志目錄的著錄格式、內部結構、著錄項目的設置和著錄方法三個方面揭示了史志目錄書目著錄的沿革情況。〔註17〕葉樹聲認為清儒修補正史藝文志的不足在於：刪去《明志》所附宋末、遼、金、元人著述的做法欠妥；補志收書重複較多；補志收書有的不可靠；補志收書有的斷代不嚴。〔註18〕張豔麗、范紅霞對清代金門詔、黃虞稷與盧文弨、錢大昕三家補元史藝文志進行了比較。〔註19〕伍媛媛對清代以來出現的補史藝文志著作進行全面梳理研究，分析了補史藝文志在目錄分類體系和具體類目設置兩方面的基本情況。〔註20〕朱新林力圖對曾樸《補後漢藝文志並考》的學術貢獻和缺點作出合理的評價，揭示曾樸的史學和目錄學思想。〔註21〕

（二）宗教目錄

1. 佛經目錄

黨燕妮認為，佛經目錄於目錄學方面最大的成就和影響在於其十分嚴謹完備的分類體系，道安《綜理眾經目錄》最早建立了佛經分類體系，隋唐佛教大盛，佛經目錄的分類體系亦發展成熟以至確立。〔註22〕鄭朝彬考證了佛經目錄《眾經別錄》的撰著時間及體例，並著重論述了《眾經別錄》在目錄學以及佛教文獻分類學上的貢獻：（1）《眾經別錄》是現存最早的佛經目錄；（2）《眾經別錄》於每經後皆有小注，注明宗旨或主要內容，多數經典還注明譯者及譯時；（3）《眾經別錄》以「五時判教」思想作為分類原則，首次以大小乘判別佛經；（4）注明佛經的翻譯風格及水平，利於指導讀者。〔註23〕曾友和總結了道安《綜理眾經錄》在佛典目錄學上的貢獻：（1）總集名目，標列譯人，詮品新舊，奠定佛典目錄學之基礎；（2）編目態度嚴謹，考辯務實有據，開創佛典目錄編制之典範；（3）窮源至委，竟其流別，彰顯目錄學「辨章學術、考鏡源流」之精髓。〔註24〕楊之峰論述了智旭《閱藏知津》對

〔註17〕周旖：中國古代史志書目著錄沿革，圖書與情報，2006（4）。
〔註18〕葉樹聲：論清儒編修史志目錄，淮北煤炭師範學院學報，2005（1）。
〔註19〕張豔麗、范紅霞：清代三家補元史藝文志探析，圖書館理論與實踐，2005（4）。
〔註20〕伍媛媛：補史藝文志的分類特點，圖書情報工作，2008（4）。
〔註21〕朱新林：曾樸《補後漢藝文志並考》平議，中國典籍與文化，2009（2）。
〔註22〕黨燕妮：佛經目錄分類體系之確立，圖書館雜誌，2005（2）。
〔註23〕鄭朝彬：論《眾經別錄》在目錄學史上的貢獻安順學院學報，2008（2）。
〔註24〕曾友和：試論道安在佛典目錄學上的貢獻，浙江高校圖書情報工作，2008（3）。

歷代佛經目錄所進行的改革：打破《開元釋教錄》以來的分類結構，建立完備的分類體系；改變《開元釋教錄》單譯本、重譯本各自排列的編排方式，合單本、重本於一處；改變以往解題目錄單部解題的做法，對重譯本分組做題解。〔註25〕

2. 道教目錄

胡遂生、付鵬從修道經歷、修道主張、整理道教經典、整頓道教組織和道教著述五個方面敘述了陸修靜的生平，認為《三洞經書目錄》首次提出了按照經書來源分類的「三洞」分類法，奠定了後來《道藏》的分類方法基礎，也成為此後編輯經書目錄的指導思想。〔註26〕楊光文也對陸修靜的道教目錄學貢獻與歷史地位進行了介紹，認為陸修靜是三洞說的集大成者和以三洞說用於道經分類的創始者。〔註27〕

（三）專科目錄

1. 經解目錄

朱彝尊《經義考》是清初最重要的經學目錄著作，它從目錄學角度，對清初以前的經學著述之目及其分類、存亡、闕佚等情況詳加考述，可稱是一部具有示範意義的經學專科目錄，《經義考》所建立的經學目錄的新體系，在經學史上也具有承先啟後的意義。張宗友從學術史的角度來審視《經義考》的問世原因，指出該書既是中國經學與目錄學發展的結果，也是清初征實學風影響下的產物，同時還是朱彝尊生平經歷與治學旨趣相互作用下的學術結晶。〔註28〕張宗友的《〈經義考〉研究》一書是研究《經義考》的最新成果，該書前述七章，分析了經學目錄的形成與流變，討論了《經義考》得以產生的學術動因；然後分別從條目、分類、提要、按語四個方面，詳細考察了《經義考》本身的結構與內容；最後探討了《經義考》與前代文獻的關係及對後代著述的學術影響。經過我們的研究發現，《經義考》本身存在許多致命弱點，學術界對它的基礎研究還很不夠，這勢必影響研究的深入。我們正著手對《經義考》進行疏通證明，探明史料來源，以期為《經義考》的研究搭建

〔註25〕楊之峰：智旭《閱藏知津》對佛經目錄的改革，圖書情報工作，2009（1）。
〔註26〕胡遂生、付鵬：論陸修靜及其《三洞經書目錄》，圖書館工作與研究，2008（6）。
〔註27〕楊光文：試論陸修靜對道教目錄學的貢獻及其歷史地位，宗教學研究，2006（2）。
〔註28〕張宗友：朱彝尊《經義考》問世原因析論，古籍整理研究學刊，2007（5）。

更為堅實的平臺。

2. 歷史目錄

喬治忠對《史籍考》編纂中的問題進行了考證，認為周震榮才是《史籍考》的首倡者。〔註29〕林存陽把《史籍考》編纂過程分為三個階段：第一階段為在畢沅主持下的醞釀和初纂，其中章學誠是關鍵人物；第二階段為謝啟昆主持下的續纂，胡虔、錢大昭等人用力頗勤；第三階段為潘錫恩主持下的再度續纂，發凡起例，尤以許瀚為最。〔註30〕

3. 語言文字目錄

陳然的碩士論文《〈小學考〉研究》從成書情況、體例內容、提要、按語、書目及提要文字的史料來源、價值與不足六個大的方面對《小學考》進行了研究，結構清晰，內容完整，比較全面地反映了《小學考》的學術價值。該文若能在深度與廣度上有所提高，則對研究《小學考》意義更大。當然，《小學考》也需要疏通證明，探明史源，甚至擴編。

4. 戲曲目錄

周汝英總結了《錄鬼簿》在目錄學史上的主要貢獻：按作者進行分類；只收錄有元一代劇作家的戲曲劇目；打破了古代目錄不收戲曲文獻的傳統。〔註31〕王瑜瑜回溯了 20 世紀至本世紀初 100 多年時間里數部重要的古代戲曲專科目錄文獻的整理研究歷程；回顧了與戲曲著錄關係密切的中國古代私人藏書目錄的整理研究狀況；客觀分析了這一時期中國古代戲曲目錄宏觀研究與微觀研究取得的成果和存在的問題與缺陷，為今後相關研究工作的開展提供參考。〔註32〕杜海軍認為戲曲目錄在我國目錄學史上是產生較晚的分支，在著錄方式、分類方法、著錄重點方面與綜合性目錄皆有極大的不同，對目錄學多具補充和發展之處。〔註33〕倪莉了分析各時代戲曲目錄提要的體例結構、內容及其客觀性，以及戲曲目錄提要與普通目錄提要的區別。〔註34〕

〔註29〕喬治忠：《史籍考》編纂問題的幾點考析，史學史研究，2009（2）。

〔註30〕林存陽：《史籍考》編纂始末辨析，故宮博物院院刊，2006（1）。

〔註31〕周汝英：論《錄鬼簿》在我國目錄學史上的地位，溫州師範學院學報，2006（3）。

〔註32〕王瑜瑜：20 世紀中國古代戲曲目錄整理與研究綜述，圖書館理論與實踐，2009（10）。

〔註33〕杜海軍：古代戲曲目錄對目錄學的發展，圖書館理論與實踐，2005（2）。

〔註34〕倪莉：試論中國古代戲曲目錄之提要，圖書情報知識，2009（5）。

（四）特種目錄

1. 禁書目錄

劉孝平把明朝禁書分為七類：禁天文圖讖、邪教異說，禁「奸黨」文字，禁褻瀆帝王聖賢的詞曲、小說、紀聞，禁民間私刻曆書，禁冒犯程朱理學，禁八股文選本，禁官頒教材違制改制。〔註35〕

2. 版本目錄

曹之先生認為，《出三藏記集》是現存最早的一部版本目錄。《出三藏記集》的「總經序」和「述列傳」相當於書目提要，「總經序」實開輯錄體目錄的先河，「述列傳」與王儉《七志》實開傳錄體目錄的先河，《出三藏記集》著錄了多種佛經版本，考證了版本派流，並找出了善本，鑒定了佛經的偽本，《出三藏記集》還從譯者、執筆者、傳抄者、注解者四個方面分析了產生同書異本的原因。〔註36〕曹之先生還認為，《隋志》既是中國古代第一部以經史子集命名的史志目錄，又是一部版本目錄，其《總序》部分是一部寫本目錄，而正文部分則著錄了大量的同書異本。作為版本目錄，《隋志》產生的背景在於唐代古籍版本學在前代的基礎上有了更大發展。〔註37〕業界一般將「版本目錄」從狹義加以界定，而曹之先生往往從廣義著眼，故多有石破天驚之論。

3. 善本目錄

近幾年出版的善本目錄有：翁連溪編《中國古籍善本總目》（北京：線裝書局，2005），沈津著《中國珍稀古籍善本書錄》（桂林：廣西師範大學出版社，2006），山東大學圖書館編《山東大學圖書館古籍善本書目》（濟南：齊魯書社，2007），山西省圖書館編《山西省圖書館古籍善本書目》（濟南：齊魯書社，2007），嚴紹璗編《日藏漢籍善本書錄》（北京：中華書局，2007），天津圖書館編《天津圖書館古籍善本書目》（北京：國家圖書館出版社，2008），梁戴光主編《加拿大多倫多大學東亞圖書館藏中文古籍善本提要》（桂林：廣西師範大學出版社，2009）等。這些目錄也有不少是解題目錄。

4. 敦煌吐魯番目錄

許建平教授的《敦煌經籍敘錄》是近年敦煌經部典籍整理研究的最新成果，改變了此前經部文獻整理和研究成果零散分布於《詩經》、《論語》、《尚

〔註35〕劉孝平：明代禁書述略，圖書館理論與實踐，2005（5）。
〔註36〕曹之、馬劉鳳：《出三藏記集》是一部版本目錄，中國圖書館學報，2007（3）。
〔註37〕曹之、孫文傑：《隋書經籍志》是一部版本目錄，中國圖書館學報，2008（6）。

書》、《左傳》等少數幾經的狀況。該書對於敦煌經籍文獻進行了系統深入的研究，是迄今著錄敦煌經籍文獻最為全面和準確的敘錄。〔註38〕近年來陸續出版的《吐魯番文書總目》由於著錄規範、收錄完備、學術價值高而受到學界的好評，代表了吐魯番文書研究的最新水平。該書分為中國收藏卷、日本收藏卷和歐洲收藏卷。日本收藏卷對流散到日本的吐魯番出土文書進行了搜集和整理，形成了日本收藏吐魯番文書的總目。對於日本一些收藏頗豐，已有過全面擬題的編目，在充分尊重日本學者成果的基礎上加以登錄和補充，對於一些沒有編目的館藏，則依據每件圖版做了新的訂題編目。〔註39〕歐洲收藏卷則提供了德國、英國、俄羅斯、土耳其、美國 5 個國家以及 6 個收藏單位的吐魯番文書目錄。每件文書都包含現在的館藏編號、最早的原始編號、文書定名、語言種類、長寬尺寸、存字行數等重要的信息，並以縮略語的形式提供有關此文書此前刊布或研究的參考文獻。〔註40〕

5. 辨偽目錄

司馬朝軍的《文獻辨偽學研究》一書對重要的辨偽目錄進行了比較深入的研究。如第二章分析了宋濂《諸子辨》的特點，總結了胡應麟《四部正訛》的辨偽學貢獻，第三章挖掘了姚際恒《古今偽書考》的學術價值，第四章從文本、作者、著錄、比勘、佚文、編例、名物制度、情理及其他八個方面歸納了《四庫全書總目》的辨偽方法，第十一章將《偽書通考》與《總目》詳加比勘，指出《偽書通考》大量抄襲《總目》。〔註41〕

李鵬的《〈四部正訛〉研究》對《四部正訛》的成因、內容特徵、偽書類型、辨偽思想、辨偽方法等進行了分析。〔註42〕李鵬還認為《四部正訛》的辨偽指導思想是「求真」，「求真」就是追求圖書真實的面目，「求真」辨偽思想實現的保障在於胡應麟嚴謹審慎，實事求是，無成見，不譏評，在辨偽實踐上胡應麟「辨偽」與「辨真」並重。〔註43〕

〔註38〕許建平：敦煌經籍敘錄，北京：中華書局，2006。

〔註39〕陳國燦、劉安志：吐魯番文書總目：日本收藏卷，武漢：武漢大學出版社，2005。

〔註40〕榮新江、楊富學：吐魯番文書總目：歐美收藏卷，武漢：武漢大學出版社，2007。

〔註41〕司馬朝軍：文獻辨偽學研究，武漢：武漢大學出版社，2008。

〔註42〕李鵬：《四部正訛》研究，山東大學，2008。

〔註43〕李鵬：《四部正訛》辨偽思想探析，圖書館學刊，2009（6）。

6. 解題目錄

傅璇琮先生主編的《中國古代詩文名著提要》主要包括傳統集部中的別集類與詩文評類，對其中有學術價值、有代表性的著作，分別加以介紹和評議，每一提要大致包括著者生平、內容要旨、學術評議與版本介紹。該書內容充實，收錄量大，對促進古典文學的發展有重要的意義。〔註44〕由江慶柏主持整理的《四庫全書薈要總目提要》，整理校勘，比較異同，彌補了《四庫全書薈要》無獨立提要的不足。〔註45〕此外，還有孫琴安的《唐詩選本提要》（上海：上海書店出版社，2005），張林川、周春健的《中國學術史著作提要》（武漢：崇文書局，2005），朱一玄、寧稼雨、陳桂聲的《中國古代小說總目提要》（北京：人民文學出版社，2005）等，都是此期比較重要的收穫。傅璇琮先生主編的《中國古籍總目提要》、《續修四庫全書總目提要》還在編纂之中，相信在不久的將來就可以問世。

三、古典目錄學史

（一）孔子與目錄學

關於孔子與目錄學的關係，歷來爭論頗多。馬海松《孔子在目錄學領域的卓越貢獻》認為孔子的目錄學思想萌芽於「六經」編纂的最初實踐，孔子所採用的校讎、編排、創建大小序、類目等方法，都屬於目錄工作的範疇，開闢了許多目錄方法的先河。〔註46〕趙永幸提出孔子和中國古代目錄學的產生有密切的關係，他從傳世文獻《周易·序卦》、《尚書序》、《毛詩序》和上海博物館收藏的出土文獻《戰國楚竹書·孔子詩論》兩方面進行了論證。〔註47〕以上兩種觀點都肯定了孔子與目錄學的關係，但我們認為孔子的工作主要是整理文獻，並不屬於目錄工作的範疇，孔子也沒有編過真正意義上的目錄，因而孔子之時目錄學並沒有形成，但孔子的文獻整理工作為目錄學的產生準備了條件。

〔註44〕傅璇琮主編：中國古代詩文名著提要，石家莊：河北教育出版社，2009。
〔註45〕江慶柏等：四庫全書薈要總目提要，北京：人民文學出版社，2009。今按：漢代今文經學家秦延君用十多萬字解釋《堯典》兩個字，用三萬字解釋「曰若稽古」四個字。江慶柏也師法其人，《四庫全書薈要總目提要》的前言寫了十多萬字，另外一部書的前言寫了三多萬字，可以稱之為「當代秦延君」。
〔註46〕馬海松：孔子在目錄學領域的卓越貢獻，檔案，2007（4）。
〔註47〕趙永幸：孔子與中國古代的目錄學，南都學壇，2008（5）。

（二）兩漢目錄學

　　兩漢古典目錄學史是古典目錄學研究的熱點和重點，研究論文依然集中在《別錄》、《七略》、《漢書‧藝文志》幾部目錄書上，研究《別錄》、《七略》的論文有 9 篇，研究《漢書‧藝文志》的論文有 52 篇，但缺乏從整體上對兩漢目錄學史進行總結的論文。此外，《史記》的目錄學貢獻也受到了研究者的關注。

1.《史記》與目錄學

　　張曉光從《史記》著錄大量書籍與條辨學術源流兩方面討論了《史記》在目錄學上的開創性貢獻。〔註 48〕崇明宇認為《史記》的目錄學貢獻在於創立發凡起例、條辨學術源流、開創互著法與開創目錄學之敘錄體。〔註 49〕司馬遷的《史記》具有很高的文獻學價值。主要表現在以下幾個方面：一是對古文獻的大量保存。二是對古文獻的考信態度。三是以文獻為基礎的目錄學成就，表現為創立發凡，方便檢索以及重視「辨章學術，考鏡源流」。〔註 50〕

2. 劉向《別錄》與劉歆《七略》

　　傅榮賢從文化哲學的角度對《七略》進行了闡釋，分析了《七略》作為文化哲學的三種前提：（1）社會歷史前提：漢武帝「罷黜百家、獨尊儒術」，文化重心從諸子百學到儒家經學轉移；（2）認識論前提：秦漢之際「哲學的突破」──孟喜、京房的「卦氣說」；（3）學科邏輯前提：《七略》的文化觀逼近了文化的本質規定性，具備文化哲學方法。〔註 51〕張新民提示了《七略》的時代特徵：（1）《七略》把儒家經典置於首位，體現了儒家思想成為上層建築的主導思想；（2）《七略》以《易》為群經之首，反映漢武帝「罷黜百家，獨尊儒術，表章六經」的思想文化政策，亦反映了漢初儒家思想與陰陽五行說及天人感應說的匯合；（3）《七略》的目錄體系體現了漢代經學的主導地位。〔註 52〕郭偉宏從《別錄》、《七略》出現的歷史背景著手，分析了兩部書對漢代學術中古文經學的興起、今古文之爭和學術道統的影響。〔註 53〕鄒賀認為《七略》是劉歆

〔註 48〕張曉光：《史記》在目錄學上的開創之功 s，佳木斯大學社會科學學報，2006（2）。

〔註 49〕崇明宇：淺論《史記》的目錄學貢獻，黑龍江教育學院學報，2009（2）。

〔註 50〕紀麗真：論司馬遷的文獻學成就，齊魯學刊，2006（1）。

〔註 51〕傅榮賢：試論《七略》的文化哲學本質，圖書館理論與實踐，2009（3）。

〔註 52〕張新民：《七略》的時代性特徵，圖書館理論與實踐，2007（5）。

〔註 53〕郭偉宏：《別錄》、《七略》與漢代學術，成都教育學院學報，2006（12）。

一己之力所創，《七略》之所以採用「六分法」，是為了弘揚《周禮》經義，故比類《周禮》「六典」而六分群書，即治典：六藝略；教典：諸子略；禮典：詩賦略；政典：兵書略；刑典：術數略；事典：方技略。〔註54〕這種觀點有助於加深對《七略》的認識。

3.《漢書‧藝文志》

有關《漢志》的研究論文有 52 篇，反映了《漢志》在古典目錄學中的特殊地位。近年來研究《漢志》的專著有傅榮賢的《〈漢書‧藝文志〉研究源流考》（合肥：黃山書社，2007）。該書對歷代《漢志》研究的主要成果進行了系統探討，對《漢志》研究史進行了梳理，分為史書注解派、目錄本體派、學術考辨派和專題派四派。尹海江認為《漢書‧藝文志》的編次體現了「辨章學術，考鏡源流」的學術思想，《六藝》是當時的優勢學科，《諸子》為《六藝》的支裔，不能與《六藝》比肩而立，但《諸子》地位高於《詩賦》，《數術略》、《方技略》為形而下之器，不能同《六藝》、《諸子》相比。〔註55〕邵磊、蔣曉春利用出土文獻對《漢書‧藝文志》中保存的相關文獻進行重新解釋，可見「二重證據法」已經成為研究《漢志》不可或缺的方法。〔註56〕郭洪濤提出《漢志》不立史目的主要原因是現代意義上的史學觀念尚未成熟，比如《漢志》中史籍雖多，但辭分散於各目之中；門類不具，史學體系尚未建立。〔註57〕李江峰認為這「東方朔二十篇」不是東方朔「陳農戰強國之計」的上書，而是東方朔的作品集，在某種意義上說，只是東方朔作品的選集。〔註58〕何小平從學術史的角度，圍繞總百家之緒、溯學術之源、明簿錄之體三個層面，論述了《漢書‧藝文藝》的學術史意義。〔註59〕陳錦春對歷代《漢書‧藝文志》的研究情況進行了評述，對有關代表性研究論著作出了評價，這對於暸解歷代《漢書‧藝文志》的研究概況有較大的參考價值。〔註60〕

〔註54〕鄒賀：《七略》六分法探源，長江論壇，2008（2）。

〔註55〕尹海江：論《漢書‧藝文志》的編次，華中科技大學學報，2006（3）。

〔註56〕邵磊、蔣曉春：淺談出土文獻對《漢書‧藝文志》的補證，內蒙古農業大學學報，2009（1）。

〔註57〕郭洪濤：論《漢書‧藝文志》之不立史目，內蒙古社會科學，2007（1）。

〔註58〕李江峰：《漢書‧藝文志》「東方朔二十篇」考論，古籍整理研究學刊，2006（4）。

〔註59〕何小平：「學術之宗，明道之要」——論《漢書‧藝文志》的學術史意義，圖書情報知識，2005（3）。

〔註60〕陳錦春：歷代《漢書藝文志》研究述略，圖書館雜誌，2006（9）。

（三）魏晉南北朝目錄學

1. 鄭默《中經》與荀勗《中經新簿》

朱紅、唐明元通過對相關史料進行仔細分析，認為鄭默《中經》成書於虞松任中書令之後、魏伐蜀之前，即正元元年（公元 254 年）十月至景元四年（公元 263 年）五月之間。〔註61〕唐明元、王德平在分析有關《中經新簿》四部之小類的不同觀點及其形成原因之基礎上，通過研究相關史料，認為《中經新簿》四部之下還有小類。〔註62〕

2. 王儉《七志》與阮孝緒《七錄》

廖銘德對王儉《七志》與阮孝緒《七錄》進行了比較研究，總結了它們的目錄學貢獻。〔註63〕許剛從《七志》「經典志」之《孝經》居前、王儉與阮孝緒對史書（部）的態度和王儉「先道而後佛」與阮孝緒「先佛而後道」三個方面對王儉《七志》與阮孝緒《七錄》學術成就進行了新的研究。〔註64〕張固也討論了《七錄序》涉及的兩個早期目錄學史上的重要問題：《晉中經簿》在四部之外，又分為 14 卷，具有一定的二級分類意義；《古今書最》記載的圖書存佚數字，是王儉而不是阮孝緒本人的統計結果。〔註65〕朱紅、唐明元通過對相關史料進行分析，認為王儉《七志》有兩個附錄：一個是「所闕之書」，另一個是佛經、道經。〔註66〕

3. 整體研究

曹之先生列舉了魏晉南北朝的各類官私目錄 62 種，把這一時期書目編撰繁榮的原因歸結為三個方面：（1）重視圖書的典藏工作；（2）版本學的發展為書目編撰提供了可能；（3）單書目錄的編制為群書目錄的編撰作了準備。〔註67〕唐明元的《魏晉南北朝目錄學研究》是第一部系統研究魏晉南北朝目錄學的著作，該書採用問題研究法，對現存史料進行了鉤沉辨析，對相關問題進行

〔註61〕朱紅、唐明元：《中經》成書時間考，西南民族大學學報，2008（8）。
〔註62〕唐明元、王德平：《中經新簿》四部之小類問題辨析，圖書館理論與實踐，2006（3）。
〔註63〕廖銘德：王儉《七志》與阮孝緒《七錄》比較研究，韶關學院學報，2005（7）。
〔註64〕許剛：王儉《七志》與阮孝緒《七錄》學術成就新論，四川圖書館學報，2006（1）。
〔註65〕張固也：《七錄序》探微二則，古籍整理研究學刊，2008（1）。
〔註66〕朱紅、唐明元：關於《七志》附錄兩個問題的再研究，西南民族大學學報，2009（9）。
〔註67〕曹之、馬劉鳳：魏晉南北朝書目編撰及其背景考略，圖書館論壇，2008（6）。

了梳理和考辨，提出了一些新的觀點。〔註68〕

（四）隋唐五代目錄學

隋唐五代目錄學研究的重點在《隋書‧經籍志》，有關《隋志》的研究論文有 14 篇，與《漢志》相比數量並不多。《漢志》、《隋志》一直是古典目錄學研究的重點，兩者的比較研究受到學者的重視。此外，有學者對隋唐時期的目錄學家如牛弘、毋煚和劉知幾等進行了研究。

1.《隋書‧經籍志》

張文敏從四部分類法、辨章學術、著錄亡佚、調整類目等方面總結了《隋志》的目錄學貢獻。〔註69〕朱文濤把《隋書‧經籍志》在古代圖書分類研究中的貢獻概括為三點：突出了經學在圖書中的地位，反映了封建統治者重視經學在治國安邦、鞏固封建統治中的作用；把史學列為四部中的第二部，從而提高了史學的地位；總結了漢唐間的圖書發展史，記錄了當時圖書的存佚和流傳情況，是研究中古時期學術史的一部重要典籍。〔註70〕杜延鑫從「六經」的角度比較《漢志》與《隋志》在分類方法、「小序」、「總序」的不同以及關於「六經」的記載的差異。〔註71〕薛璞、景浩認為《隋志》在繼承《漢志》的學術源流上又有所發展，比《漢志》的分類更加科學化，學術源流更加系統化，收編書目則變被動為主動。〔註72〕

2.《群書四部錄》、《古今書錄》與《舊唐書‧經籍志》

桂羅敏借助毋煚的《古今書錄序》，運用考證、辨偽等方法對《群書目錄》進行了客觀的描述和評價。〔註73〕牛繼清針對「《舊唐書‧經籍志》為《古今書錄》之節本」這一學界定說，提出了「《舊唐志》對《古今書錄》有所增補」的新說，主要理由是《舊唐志》各類目「小序」所載才是它實際著錄圖書的部、卷數，其合計數與「總序」、「類序」標明的數目有較大差異，《舊唐志》在著

〔註68〕唐明元：魏晉南北朝目錄學研究，成都：巴蜀書社，2009。
〔註69〕張文敏：《隋書‧經籍志》對我國古代目錄學發展的貢獻，鄭州航空工業管理學院學報，2007（1）。
〔註70〕朱文濤：論《隋書‧經籍志》在圖書分類研究中的價值，廣西師範大學學報，2007（4）。
〔註71〕杜延鑫：《漢書‧藝文志》與《隋書‧經籍志》之比較，內江師範學院學報，2007（1）。
〔註72〕薛璞、景浩：《隋書‧經籍志》與《漢書‧藝文志》之比較，雞西大學學報，2007（6）。
〔註73〕桂羅敏：對開元《群書目錄》的重新審視，新世紀圖書館，2007（4）。

錄圖書時並非原封不動地照錄《古今書錄》，而是按照實際情況對《古今書錄》作了適當的補充，比《古今書錄》多著錄了二十九部著作。〔註74〕武秀成對牛繼清提出的「《舊唐志》對《古今書錄》有所增補」的新說進行了駁正。〔註75〕

（五）宋代目錄學

宋朝的官修目錄以《崇文總目》最為著名，有學者對其進行了研究。宋朝私家目錄的興盛是這一時期目錄學的顯著特點，以晁公武《郡齋讀書志》與陳振孫《直齋書錄解題》最為學者所推重，對它們的研究是古典目錄學中的熱點。鄭樵在中國目錄學史上地位很高，其目錄學思想主要體現在《通志・二十略》中的《藝文略》、《校讎略》、《圖譜略》、《金石略》四略上。

1.《崇文總目》

李彩霞通過與《舊唐書・經籍志》的比較，探討了《崇文總目》的分類成就與影響。〔註76〕李建軍認為《崇文總目》現存的 30 篇類序，有 12 篇或可補前《志》（《漢志》、《隋志》）遺闕，或已經突破前《志》成說，展示出了申補前《志》的學術功用。另有 13 篇或詳敘社會功用，或概述門類源流，凸現出了揚棄前《志》的學術智慧。還有 4 篇或釐清新類始末，或總結學術規律，更彰顯出了超越前《志》的學術價值。〔註77〕

2. 晁公武《郡齋讀書志》與陳振孫《直齋書錄解題》

《晁公武陳振孫評傳》將晁公武評傳和陳振孫評傳合為一書，前一評傳對晁公武的生平事蹟、學術成就、學術淵源及目錄學思想進行了探討，尤其對《郡齋讀書志》的特點、結構、內容、流傳、版本及缺點進行了深入研究，揭示其目錄學價值；後一評傳對陳振孫的籍貫、仕履及藏書著述活動進行了鉤稽，對《直齋書錄解題》的成書、流傳、特點、文獻學思想進行了深入的探討。〔註78〕

張素霞對《郡齋讀書志》的作者、版本流傳、編制體例等進行了全面的考

〔註74〕牛繼清：《舊唐書・經籍志》增補《古今書錄》考，中國典籍與文化，2006（1）。

〔註75〕武秀成：《舊唐書・經籍志》「增補《古今書錄》」說辨誤，中國典籍與文化，2006（3）。

〔註76〕李彩霞：《崇文總目》的分類在目錄學史上的成就和影響，江西圖書館學刊，2007（1）。

〔註77〕李建軍：《崇文總目》類序價值考辨，圖書館理論與實踐，2008（1）。

〔註78〕郝潤華、武秀成著：晁公武陳振孫評傳，南京：南京大學出版社，2006。

析，肯定了該書在目錄學、分類學、版本學及文獻典籍的保存上的重大貢獻。〔註79〕郝潤華認為《郡齋讀書志》的分類是在充分吸收和參考《隋書・經籍志》、《古今書錄》、《舊唐書・經籍志》、《新唐書・藝文志》、《崇文總目》及私家書目的基礎上進行的，並非如前人所說只依據了《崇文總目》。〔註80〕楊大忠認為，在《郡齋讀書志》某些有小序的類目中，還存在著與其小序體例完全相同的更小的類目，具體為經部易類中的讖緯類諸書、子部五行類中的五星類與遁甲類諸書、子部釋書類中的禪學類，這種類中類體例是圖書分類由二級類目向三級類目過渡的標誌，經過這種過渡，《通志・藝文略》採用了三級類目。〔註81〕孫猛認為，《郡齋讀書志》並非成書於自序所說的宋高宗紹興二十一年（1151），其書成於宋孝宗淳熙七年至十四年（1180至1187）。衢本和袁本的優劣不能僅僅據現存抄本或刻本的時代來評判，而要對他們的內容作全面考察，二本須參照使用。〔註82〕李明傑從著錄版本、比較版本異同、鑒定版本、考訂辨版本源流、評價版本優劣等五個方面對《直齋書錄解題》的版本學價值進行了分析。〔註83〕

3. 鄭樵目錄學成就

戴建業從鄭樵對文獻學價值目標的設定、對各種知識類型的價值重估、對文獻學功能的擴展等層面，分析了鄭樵文獻學知識論取向的基本特徵及其歷史意義。〔註84〕張新民認為鄭樵的目錄學思想包含求書、校書、分編三個前後相續的不同階段，並分別與輯佚學、校勘學和目錄學緊密相關，由此反映出其目錄學思想的系統性與廣義性。《校讎略》中的求書理論成為輯佚學的理論依據，校書思想進一步規範了傳統校讎學的範疇，發展成為獨立的校勘學，分編則是目錄學的理論基礎。〔註85〕趙宣對鄭樵目錄學研究中的「部伍之法」和「核實之法」進行了條分縷析，並指出了其現實意義。〔註86〕王嘉川認為鄭樵《藝文略》實踐了他的「泛釋無義」主張，同時指出《藝文略》

〔註79〕張素霞：宋代私家書目《郡齋讀書志》考析，前沿，2005（7）。
〔註80〕郝潤華：《郡齋讀書志》的分類及其與《崇文總目》的關係，史林，2006（5）。
〔註81〕楊大忠：論《郡齋讀書志》的類中類體例，淮北煤炭師範學院學報，2009（4）。
〔註82〕孫猛：《郡齋讀書志》淺談，中國索引，2006（2）。
〔註83〕李明傑：《直齋書錄解題》的版本學成就探析，圖書館，2005（6）。
〔註84〕戴建業：論鄭樵文獻學的知識論取向，圖書情報知識，2009（5）。
〔註85〕張新民：鄭樵目錄學思想體系及其廣義性論，圖書情報工作，2009（21）。
〔註86〕趙宣：論鄭樵目錄學研究中的「部伍之法」和「核實之法」，圖書與情報，2006
（4）。

存在著很大的失誤。其中關鍵，不在無解題，而在其不實。〔註87〕張玲總結了鄭樵的圖書分類原則：圖書分類須按內容歸類，不能單憑書名歸類，同類書必須歸入一類，總論性類書必須歸入總論，專論性類書必須歸入專類，分類之後必須審校。〔註88〕

（六）元明目錄學

元明目錄學的成就較之宋代、清代大為遜色。元代目錄學研究集中在《文獻通考·經籍考》，明代目錄學研究則相對分散，有對《明史·藝文志》和《國史經籍志》的論述，也有對一些目錄學家的思想進行的探討。

1.《文獻通考·經籍考》

趙宣在釐定「互見」概念和源流的基礎上，對《文獻通考·經籍考》和《玉海·藝文》兩書的「互見」法做了剖析和比較。〔註89〕李峰介紹了《文獻通考·經籍考》作者的生平與全書的編制體例及內容，並對《文獻通考·經籍考》進行了評價。〔註90〕楊寄林、董文武對《文獻通考·經籍考》「諸評具載」的獨特方式進行了深入剖析，並論述了這個方式的意義。〔註91〕

2. 明代目錄學家

崔文印先生對《古今書刻》的著錄情況進行了分析，評價了《古今書刻》在目錄學史上的地位。〔註92〕劉開軍對明清以來關於《國史經籍志》的兩種看法進行了述評，並從體例、分類、《糾繆》之作與小序等方面高度評價了《國史經籍志》的成就。〔註93〕吳金敦從分類思想和著錄方法兩個方面探討了祁承㸁的目錄學思想。〔註94〕

王嘉川的《布衣與學術》以中國傳統學術研究為背景，總結了胡應麟的學

〔註87〕王嘉川：「泛釋無義」與鄭樵《藝文略》之失誤，圖書館理論與實踐，2008（2）。

〔註88〕張玲：鄭樵圖書分類五原則，圖書館學刊，2009（3）。

〔註89〕趙宣：《文獻通考·經籍考》與《玉海·藝文》「互見」法比較，圖書館理論與實踐，2008（5）。

〔註90〕李峰：《文獻通考·經籍考》──中國宋代重要的史志目錄，江西圖書館學刊，2006（3）。

〔註91〕楊寄林、董文武：《文獻通考·經籍考》「諸評具載」的獨特方式，史學月刊，2006（4）。

〔註92〕崔文印：《古今書刻》淺說，中國典籍與文化，2007（1）。

〔註93〕劉開軍：焦竑《國史經籍志》的傳播及其影響，廊坊師範學院學報，2009（3）。

〔註94〕吳金敦：祁承㸁目錄學思想探析，四川圖書館學報，2008（6）。

術成就和治學方法，第二章論述胡應麟對古典目錄學史研究的貢獻及目錄學思想，第三章討論胡應麟與圖書事業的關係，後四章總結了胡應麟在辨偽學、史學與考證學上的成就。〔註95〕

（七）清代目錄學

清代是古典目錄學發展的鼎盛時期，取得超越前代的成就。這一時期目錄學研究的熱點問題有：《四庫全書總目》研究、章學誠等目錄學家研究、《經義考》研究及《書目答問》研究等。

1.《四庫全書總目》

《四庫全書總目》的研究論文有140篇，其中對《四庫全書總目》進行補正的佔了相當的比例。總體來看，對《總目》的研究呈現多元化的特徵，研究角度多種多樣，如從目錄、版本、分類、考據、纂修、文學等方面對《總目》進行研究。其中較為重要的論文有崔富章的《〈四庫全書總目〉傳播史上的一段公案》，王菡的《國家圖書館所藏〈四庫全書總目〉稿本述略》，羅炳良的《〈四庫全書總目〉史部提要的理論價值》，張宗友的《〈四庫全書總目〉誤引〈經義考〉訂正》，李舜臣、歐陽江琳的《〈四庫全書總目〉中的詩僧別集批評》等。司馬朝軍發表了《紀昀與〈四庫全書總目〉》、《陸錫熊對四庫學的貢獻》、《戴震與〈四庫全書總目〉》、《最新發現的張羲年纂四庫提要稿》等系列論文。

有關《四庫全書總目》研究的專著已有好幾本。《四庫存目標注》一書，費時甚久，用力甚勤，但弋獲無多。《「四庫總目學」史研究》本屬於學術史研究的範疇，但《四庫全書總目》既不能與《四庫全書》的「連體」切割開來，也無法脫離古典目錄學的「母體」，因此，「四庫總目學」與「四庫總目學史」的所謂「新概念」均難以成立。此書對資料掌握不全面，評論欠公允，不足以言著述。至於《〈四庫全書〉與十八世紀中國知識分子》一書，也不過是玩弄新名詞而已，學術含量亦甚低。功力不到，切莫著書！司馬朝軍的《〈四庫全書總目〉編纂考》，雖欲竭澤而漁，猶有漏網之魚，需要進一步補充資料，糾正失誤（如張昇等先生所指即是）。書中所提出的「四庫館派」新概念，引起了學界有識之士的關注，但也需要進一步挖掘史料，疏通證明，以自圓其說，盡快寫成專著。

2. 章學誠的目錄學成就

張文珍圍繞「辨章學術，考鏡源流」及「互著別裁」之說，對章學誠的目

〔註95〕王嘉川：布衣與學術：胡應麟與中國學術史研究，北京：商務印書館，2005。

錄學思想進行了分析與評價。〔註96〕李新英分別論述了章學誠關於目錄學思想、分類方法、著錄方法及索引理論的創新求變，指出其至今仍具有重要的參考價值。〔註97〕韓勝認為，章學誠對目錄學上經史子集四部分類的看法有一個由肯定到否定再到肯定的轉變過程，尤其是對集部態度的前後變化，與章學誠的以史為本的文學觀密切相關。〔註98〕鄭天一認為，章學誠對目錄學傳統的研究是在歷史觀指導下展開的，從歷史積澱的角度，將目錄學作為古代社會文化歷史中的一部分來研究，著眼於古代歷史文化對目錄學傳統形成的決定作用。〔註99〕郭劍珩從目錄學的任務、文獻分類、著錄方法、敘錄以及目錄與索引的關係等方面探討了章學誠的目錄學思想。〔註100〕孫振田對姚振宗與章學誠的學術繼承關係進行了討論，指出姚振宗對章學誠「辨章學術、考鏡源流」的理論身體力行、大力實踐，又對之作了修正與發展；對章學誠「互著」與「別裁」說的態度富有辯證色彩；對《校讎通義》中疏失未周之處也多所考論。〔註101〕

3.《書目答問》

程立中從歷史文獻學的角度，探討《書目答問》對歷史文獻學的貢獻，以及對後世歷史文獻學發展的影響。〔註102〕常虹以國家圖書館所藏《書目答問》各種版本為敘述對象，從版本學角度對其逐一介紹，有利於揭示《書目答問》的版本源流和學術價值。〔註103〕呂幼樵對《書目答問》王秉恩刻本的價值進行了高度評價，認為王秉恩校勘的貴陽刻本是一個很好的重刻本，王秉恩對該書進行了大量的「補」和「正」，糾正了原書的許多錯誤，補充了大量的材料，惜其流傳不廣。〔註104〕

令人欣喜的是，來新夏先生的《書目答問匯補》即將出版，該書部近百萬字，可以說是有關箋補《書目答問》一書的集成之作，具有重要研究和實

〔註96〕張文珍：從方法論意義上探析章學誠之古典目錄學，山東圖書館季刊，2007（3）。

〔註97〕李新英：章學誠創新目錄學理論之功，圖書館學刊，2006（3）。

〔註98〕韓勝：從目錄分類看章學誠以史為本的文學觀，太原師範學院學報，2005（2）。

〔註99〕鄭天一：從歷史視角解讀目錄學傳統，山東圖書館季刊，2005（1）。

〔註100〕郭劍珩：章學誠目錄學思想述論，蘭臺世界，2008（9）。

〔註101〕孫振田：姚振宗對章學誠目錄學的繼承與發展，南京師範大學文學院學報，2007（4）。

〔註102〕程立中：《書目答問》歷史文獻學價值初探，科教文匯，2009（12）。

〔註103〕常虹：國家圖書館館藏《書目答問》版本敘錄，圖書館工作與研究，2009（3）。

〔註104〕呂幼樵：《書目答問》王秉恩刻本述論，貴州社會科學，2007（12）。

用價值〔註105〕。我們相信，該書的出版必將推動《書目答問》的研究。

四、古典目錄學的反思

近年學界繼續對古典目錄學進行思辨，質疑目錄學的傳統觀點，反思目錄學的研究方法，探討目錄學的復興之路。

傅榮賢認為，「辨章學術，考鏡源流」的語源本意是辨章學術和揭示源流；在對書目學術價值的認識上，中國古代目錄學把通過類例辨章學術放在第一位，揭示源流放在第二位；章學誠「辨章學術，考鏡源流」的真諦在於強調揭示源流，重視序言和解題在辨考中的作用，運用互著別裁進行變通。〔註106〕他還反省了以「辨章學術，考鏡源流」為基本旨趣的中國古代目錄在具體學術考辨中的缺陷。〔註107〕徐躍權從當代科學的新視角，對我國古代目錄學的特點與地位進行了分析，對我國近現代目錄學的成就與問題進行了總結，提出當代目錄學復興戰略的措施為：重視和發展目錄學專業人才的培養；完善書目信息的存儲、檢索與服務的體系；加強目錄學的科學研究及成果轉化；發展和加強目錄學技術化、數字化、標準化；引進理論與技術特別是 IT 技術的協同發展；產業聯合。〔註108〕林霞認為，古典目錄學不應該滿於傳統，而要有所突破：改變各自為戰，發揮群體力量；由點成線，編織思路之網；正視「亞理論」流弊，走出理論困境；溯本求源，展開多學科追蹤研究；革新研究方法，從「自在」走向「自為」；跨越學術鴻溝，創造新的生機；展望未來，發揮當代研究者的優勢。〔註109〕

五、古典目錄學研究存在的問題及發展趨勢

（一）存在的問題

從 2005 年到 2009 年，古典目錄學研究主要在古典目錄學史與古典目錄學反思等方面取得一定成就，研究範圍進一步拓展，除了《漢志》、《隋志》、《郡齋讀書志》、《直齋書錄解題》、《四庫全書總目》等重要目錄與劉向、劉歆、鄭樵、章學誠等目錄學家受到關注外，《史記》的目錄學成就、《玉海·藝文》、《鄭堂讀書記》、姚振宗等逐漸受到學者的重視，對古典目錄學的反思不

〔註105〕來新夏：《書目答問匯補》敘，中國典籍與文化，2008（2）。
〔註106〕傅榮賢：「辨章學術，考鏡源流」正詁，圖書館理論與實踐，2008（4）。
〔註107〕傅榮賢：中國古代目錄學學術價值之反思，圖書情報知識，2008（2）。
〔註108〕徐躍權：中國目錄學復興論綱，圖書館學研究，2005（11）。
〔註109〕林霞：關於中國古典目錄學研究的若干思考，圖書館學刊，2008（1）。

斷深入，一些學者還提出了新觀點，但從總體來講，古典目錄學研究還不足，仍然存在一定的問題，主要表現在：

第一，研究選題重複。此點在學位論文方面比較突出。論文選題重複，內容缺乏新意。炒冷飯的現象在學界還普遍存在。初學者炒冷飯，是不懂規範，需要教育引導；而專家炒冷飯，則是缺少學術良知與學術責任的表現。低水平的重複，本身就是違反學術規範的。這與學術制度密切相關。當前重視數量，大搞量化，勢必導致「學術大躍進」，最終導致學問大滑坡。

第二，理論研究薄弱。古典目錄學理論的研究論文有 25 篇，與目錄學史的研究形成鮮明對比，古典目錄學的學科名稱還沒有統一，關於古典目錄學研究對象還沒有學者進行專門研究。究其原因，客觀上由於古典目錄學具有致用性的學科特點，古典目錄學源於書目實踐，以及中國自古重實踐輕理論，主觀上由於古典目錄學研究大多停留在對挖掘材料、羅列現象、提供背景、溯源尋根的階段，對古典目錄學理論比較忽視。古典目錄學理論的困境嚴重影響了古典目錄學作為一門學科的發展。

第三，研究程序單一。目錄學史的研究仍然沒有擺脫那種「目錄學家與目錄著作」的研究程序，缺乏對目錄學發展規律的探討。目錄學固然離不開目錄學家與目錄著作，但在今天對目錄學發展規律的研究更具啟發性。目錄學史研究需要從歷史的高度，透過各時代的目錄學家和目錄著作，勾勒目錄學思想的發展軌跡，揭示目錄學的發展規律。

第四，研究方法陳舊。古典目錄學的傳統研究方法在當今沒有過時，應該進一步發揮它們的作用，但僅固守傳統難以適應時代的發展。為適應數字時代的發展要求，文獻計量法、系統方法以及其他適用於古典目錄學的新方法都應該引入該學科中，以促進古典目錄學研究的變革。

（二）發展趨勢

數字時代的到來催生了數字目錄學，數字目錄學成為目錄學發展的新方向，這無疑對古典目錄學產生深遠影響。數字目錄學涉及到古代目錄的數字化問題，古典目錄學應當是數字目錄學的一部分。古典目錄學研究不僅要在已有的研究方向上深入，而且探討數字時代下的新的研究課題。我們認為，古典目錄學研究的趨勢包括以下幾個方面：

第一，古典目錄數字化研究。古典目錄的數字化就是把古典目錄從紙質形態轉化為數字形態，形成古典目錄數據庫，具備檢索、分析等相關功能。古典

目錄數字化是古籍數字化的一部分，也是數字目錄學的研究內容之一。古典目錄具有很高的學術價值，是相關學科的研究工具，但由於檢索困難，古典目錄的使用受到了限制。古典目錄數字化就能很好的解決這一問題，使古典目錄在現代更容易被人們利用，促進古典目錄學的普及。我們相信，基於本體的書目文獻數據庫建設將是一個新的學科生長點，它必將成為引人注目的知識庫。

第二，古典目錄與出土文獻研究。二十世紀以來，出土文獻相繼問世，引人注目，出土文獻成為非常熱門的研究領域。出土文獻千百年來一直深埋地下，能保持古文獻的原貌，相對於傳世文獻更加真實可靠。《漢志》、《隋志》等著錄的圖書大多數都亡佚了，沒有新材料是很難研究下去的，而借助這些出土文獻可以把古典目錄學的研究推向一個全新的高度。因而，古典目錄與出土文獻研究成為古典目錄學的重要研究方向。如程章燦教授據唐代墓誌輯考隋唐經籍，即為成功案例。不過，也有學者正確地指出：「到目前為止，這些發現相對於先秦、兩漢的學術整體來說，只是在局部有所補充，尚不足以改變我們依據傳統史料所形成的完整知識。新發現的簡帛史料，基本上可以列在《漢書·藝文志》的學術系統之內，因此說由《漢志》所奠定的基本學術史體制還不能推倒重建。」〔註110〕

第三，古典目錄的比較研究。比較研究是一種重要的研究方法。一些學者已經對《漢志》、《隋志》、《通志·校讎略》、《四庫全書總目》等重要目錄進行了比較研究並取得了一定成果，但在目錄學家比較、中西古代目錄學比較、各朝代目錄學比較等方面的研究顯得有些不足。

第四，古典目錄的計量研究。文獻計量法是從數量角度對相關文獻進行分析與歸納，提示文獻中的變化規律、發展趨勢的一種科學方法。文獻計量法在情報學與圖書館學中都有廣泛的應用。利用文獻計量法研究古典目錄學有很大的發展空間，它可以更好揭示著者與論文之間的分布關係，發現古典目錄學研究中的重點、不足，預測該學科的發現趨勢。

第五，多維視閾中的古典目錄學研究。如從文化、哲學等角度對古典目錄學進行探討。目錄學與文化的關係是相互的，文化為目錄學提供土壤，目錄學則起著傳承、記錄文化的作用。對目錄學與文化的深層次探討關係到對目錄學存在價值與本質的認識，具有重要意義。從哲學角度研究古典目錄學能夠從本質上探討古典目錄學，增加其研究深度。

〔註110〕 王錦民：中國哲學史研究，福州：福建人民出版社，2006：359。

1995～2005 年四庫學研究綜述

　　《四庫全書》收書 3400 餘種，規模空前，號稱中國古代最大的一部叢書。圍繞《四庫全書》的纂修，產生了中國古典目錄學的顛峰之作——《四庫全書總目》。自二書問世以來，逐漸形成了一門以《四庫全書》和《四庫全書總目》及其衍生物為研究對象的專門學問——四庫學。「四庫學」一詞首先由臺灣故宮博物院副院長昌彼得先生正式提出〔1〕，劉兆祐、吳哲夫、胡楚生、楊晉龍等先生群起呼應〔2〕。兩百年來，四庫學研究者代有其人，大家輩出。在該研究領域成就最大者首推余嘉錫〔註 1〕，其他如胡玉縉的《四庫全書總目提要補正》、郭伯恭的《四庫全書纂修考》、李裕民先生的《四庫提要訂誤》、崔富章先生的《四庫提要補正》等，都是頗有成就的力作，單篇文章更不勝臚列〔3〕。

　　近年來，海峽兩岸的學者均開始注意梳理四庫學的發展進程，楊晉龍的《「四庫學」研究的反思》一文歸納前人研究四庫學存在的問題——促成編纂、思想歸屬、《總目》名稱、刻本抄本、成書時間、編纂動機、內容刪改、文字獄關聯、學術影響、價值評量等十大問題，主張改變「先入為主」、「輕信權威」、「規過前人」等研究態度，採用新的研究方式，直接從《全書》和《總目》內容的「瞭解」上著手，放棄政治史的研究觀點，改從文化史的角度進行研究。陳仕華對於臺灣五十年來的四庫學研究進行了總結，提出了五

〔註 1〕余嘉錫的《四庫提要辨正》一書為六十年心血所聚，中華書局於 1980 年出版，最近又被列入《二十世紀學術要籍重刊》，由雲南人民出版社於 2004 年出版。筆者在《〈四庫全書總目〉研究》的引言部分對余氏的貢獻與不足也談了自己的看法。

點看法〔4〕。周積明對 200 年間的四庫學史作了粗線條的勾勒，對「四庫學」的源起、發生、發展的歷程進行了評述，對「四庫學」的研究範圍和研究內容提出了一孔之見，對 1949 年以後兩岸三地四庫學的發展情況作了綜合介紹，提出了四庫學研究的三種類型，即四庫學的文獻研究、史學研究和文化研究，主張在實證研究、文獻研究的同時，強化文化研究，倡導從宏觀視野去思考問題、開掘課題〔5〕。崔富章先生指出了 20 世紀的四庫學研究存在的種種誤區〔6〕。

　　楊晉龍的《「四庫學」研究的反思》一文發表於 1994 年，故本文將上限定在 1995 年，下限暫時定在 2005 年年底，不避狗尾續貂之譏，對近十年來四庫學的研究進展作一鳥瞰。需要說明的是，我寫作此文時身處滬瀆，困於逆旅，資料未能悉數攜帶，春節期間又無法借閱所需資料，且限時交卷，因此，本文之「誤」與「漏」，在所難免，敬請前輩時賢批評指正。假以時日，我當重新作一比較全面公正的綜論。甘肅省《四庫全書》研究會秘書長易雪梅女士遠道寄贈巨冊《四庫全書研究文集》〔7〕，我的研究生沈科彥同學也幫助搜集有關參考資料，謹致謝忱。

一、《四庫全書》

（一）概述

1.《四庫全書》研究概況

　　康爾琴依據《全國報刊索引》，從論文年代、內容、出版刊物三個方面對建國以來（1949～2000）的《四庫全書》研究論文進行了概述〔8〕。沈科彥依據《全國報刊索引》檢索 1995 至 2005 年《四庫全書》研究論文共有 49 條，又從《中國期刊網》上找到 111 條。下面我們將以此為主要材料，再參考其他有關資料，有選擇性地紹介、評述若干代表性論著。

2.《四庫全書》的功過是非

　　《四庫全書》的編纂是中國文化史上的一件大事，至其為功為過，則在學者中存在著不同的甚至尖銳對立的見解。

（1）「罪首論」

　　此種意見可以魯迅先生為代表。他說：「清朝的考據家說過：『明人好刻古書而古書亡』，因為他們妄行校改。我以為這之後，則清人纂修《四庫全書》而古書亡，因為他們變亂舊式，刪改原文……」〔9〕章培恒先生認為：「儘管魯

迅先生的意見在近若干年來常被某些人誣為『過激』，但我想，至少他對《四庫全書》的看法還是對的。」〔10〕有人認為，魯迅對《四庫全書》的多次評判，表現了他從善拒惡、真偽分明、科學嚴謹、實事求是的科學態度。〔11〕

（2）「功魁論」

任繼愈先生認為，《四庫全書》是一項史無前例的巨大文化工程，彙集了中國古代乾隆以前的主要文化典籍，長期以來被譽為「傳統文化之總匯，古代典籍之淵藪」，許多學者將它與長城、京杭大運河聯繫在一起，被視為中國歷史上最偉大的三大文化工程，視為中華民族的驕傲。〔12〕任繼愈先生近來特地為《四庫全書》正名，他對否定《四庫全書》的過激之談批評甚厲——我們應該充分挖掘出蘊藏在其中的學術文化價值，簡單、粗淺地否定這樣一椿舉世皆知的文化偉業不是狂妄，便是文化虛無主義。許多否定《四庫全書》的人，大多對《四庫全書》本身沒有多少瞭解，但往往攻其一點，不及其餘。其所發表的評論也多耳食之言。從歷史的角度認識《四庫全書》的編修，從學術的需要深入瞭解《四庫全書》自身的價值，對今天的學術界來說是十分必要的。〔13〕

譽之者謂為中國典籍的總匯，斥之者視為中國文化的罪人。〔14〕兩方各執一辭，分庭抗禮。近來網上盛傳文懷沙主編《四部文明》叫板《四庫全書》就是明證。文懷沙表示，《四部文明》就是要對《四庫全書》進行系統的糾正：「《四庫全書》是在乾隆的親自指揮下，以紀曉嵐為首的一幫奴才們，對中國古籍進行的一次全面的清剿，今天我們就是要以最廣大的人民性去還歷史本來的面目。」〔15〕

3.《四庫全書》與文字獄

學術界對清高宗屢興文字獄、禁燬歷史文獻的暴虐行為進行了大量的口誅筆伐。張傑認為，清朝統治者編纂《四庫全書》具有保存文獻與銷毀禁書的雙重目的，編纂《四庫全書》的活動基本上由修書、毀書與文字獄三件大事組成，毀書超過存書，文字獄是一場文化浩劫。〔16〕郭向東認為，乾隆編纂《四庫全書》，對中國傳統文化的傳承做出較大貢獻的同時，也是封建專制主義對學術文化遺產的一次嚴重摧殘。〔17〕個案研究還有：武玉梅對《明文海》四庫本進行了比較細緻的考察〔18〕，陳雪雲通過對《日知錄》《明文海》抽毀本的比勘，也找到了清廷毀書的罪證〔19〕。

　　從文字獄的角度談論《四庫全書》，最後一般走向否定《四庫全書》。如何準確地評價《四庫全書》？焦點在於如何看待文字獄的影響。「罪首論」傾向於誇大文字獄的影響，認為「功不抵過」，而「功魁論」又走向另外一個極端，輕視文字獄的影響，認為「功浮於過」。我們認為，文字獄的影響是客觀存在的，既不能完全加以否定，「避席畏聞文字獄」出自清儒之口，這就是明證，同時，我們也沒有必要過分誇大。乾隆開四庫館確有「寓禁於徵」的目的，又命四庫館臣對所錄之書肆意刪削挖改，並藉此大興文字獄，禁燬文獻，文化之劫，甚於秦火，故為後人所訴病。儘管存在這些負面影響，但《四庫全書》的文獻價值也決不能低估，作為我國古代最大的一部叢書，它的結集與流傳，對於歷史文獻的整理與保存，同樣功不可沒。

4.《四庫全書》的價值重估

　　近年來，隨著研究的不斷深化，學界開始從多角度對《四庫全書》的現代價值予以重新估價。

（1）《四庫全書》與區域文化

　　近年來，區域文化研究熱持續升溫。查昌國認為，在我國現存的單部文獻資料中，對全國區域文化研究價值最大者當首推《四庫全書》。四庫開館前期，進行了歷時 6 年的全國訪搜圖書工作。當時各省按朝廷訪搜圖書務求全備無遺的要求，把各自州縣志和正史中所列人物所著錄的書籍，列出名冊，派專人向本地書商、藏書家、名人之後及知情者逐一查核、訪求。搜求中又以漢唐版本、宋、遼、金、元時期的抄本和金石圖譜為搜尋重點，不僅匯聚了天下區域文化圖書，也把當時存世的歷代孤本、抄本圖書幾乎搜羅無餘。文淵閣《四庫全書》中尚未印行或已絕版的珍本，約八九百種，占《四庫全書》所收圖書的近三分之一。《四庫全書》的刊行有力地促進了區域文化的發展、傳播與認同，各地紛紛仿傚，興起編輯區域文化叢書——郡邑叢書、氏族叢書、個人專著的熱潮，這些叢書是今天區域文化研究的基本資料。在《四庫全書》開放的示範影響下，一些藏書家也逐漸改變了過去藏書不肯輕易示人的觀念，大大地推動了地方學術文化發展和區域內的文化傳播。[20]

（2）《四庫全書》與民族文獻、地方文獻

　　陳國強從《四庫全書·史部》中發掘有關臺灣高山族古代史料[21]，又如李默從集部宋、元人著作中將有關瑤族史料摘錄出來[22]。吳麗珠搜集、整理《四庫全書》中有關臺灣文史的相關資料，並分析其意義、特徵和價值，旨在

瞭解清初臺灣文史發展狀況〔23〕。這一專題向為研究者所忽視，為重建臺灣文史脈絡做出了可貴的探索。

（3）《四庫全書》與科技文獻

《四庫》著錄的科技文獻有 300 餘種，約占全書著錄的十分之一，存目 360 餘種，約占全書存目的二十分之一。其中以數學、天學、農學、醫學、生物學和地學方面的書籍最多，而工程技術方面書籍較少。工程技術書著錄和存目僅有 100 餘種，主要涉及建築、水利、交通運輸等，偏頗較甚。就中國古代成就卓著的天、算、農、醫四大學科而言，當時採進的重要著作，《四庫》大多著錄，僅有少數列入存目。《四庫》收錄的一些綜合類著作，亦常為科技史家所徵引。如沈括《夢溪筆談》，詳細記載了中國古代兩項重大發明（活字印刷術和指南針）以及其他一些重要成果，是名副其實的科技史上的名著。《四庫》不僅收有當時流傳的許多科技文獻，更為可貴的還是從《永樂大典》中輯錄了一批當時罕傳罕見之書（如《九章算術》、《數學九章》等）。《四庫全書》中的科技文獻，在一定程度上集中、全面地展示了中國古代數千年來豐富多彩的科技文明。這些珍貴的科技文獻不僅對於保存、繼承和發展中國傳統文化，深入研究中國科學技術史，具有重要的歷史價值和學術價值，而且有些文獻如農書、醫書、動植物譜錄、地理方面的著作等，至今仍有一定的參考價值和現實意義。〔24〕

（4）《四庫全書》與傳統學科體系

李福敏從《四庫全書》的結構體系及其作品分析入手，剖析中國傳統的學科體系，並與西方作橫向比較，探討其產生的社會人文背景〔25〕。左玉河的《從四部之學到七科之學》一書探討傳統知識系統向近代知識系統轉變的軌跡〔26〕。此書雖然不是研究《四庫全書》的專著，但也借鑒了傳統的四庫分類法，利用典籍分類處理知識系統的轉換與生成。

（二）纂修研究

1.《纂修四庫全書檔案》的史料價值

《纂修四庫全書檔案》是由中國第一歷史檔案館編輯人員經過多年搜集整理、精心點校，由上海古籍出版社出版的一部大型檔案彙編。〔27〕黃愛平教授的《四庫全書纂修研究》完成於 1988 年，代表了 20 世紀 80 年代的最高水平。我們已經注意到，該書最大的亮點即以《纂修四庫全書檔案》中的原始檔

案材料全面刷新了前人的研究成果，誠可謂「學如積薪，後來居上」（陳祖武先生評語）。特別值得注意的是，迄今為止，《四庫全書》的纂修問題並沒有得到徹底解決，還有大量的專題研究、個案研究亟待開掘。

2. 清高宗與《四庫全書》之纂修

（1）乾隆御製《四庫全書》詩的史料價值

清高宗是我國歷史上寫詩最多的一位詩人，傳下來的有一萬多首。這些詩的文學價值不高，以文為詩，多用虛詞，曾遭到章太炎、錢鍾書等大家的譏評。但我們不能否定其史料價值，特別是那些御製《四庫全書》詩保存了大量的四庫館中的今典，雖無益文章，卻有利於破譯四庫掌故，對於瞭解《四庫全書》的編纂背景具有一定的史料價值[註2]。據章采烈統計，清高宗有關《四庫全書》御製詩共 107 首，題文津閣 40 首，文源閣 36 首，文淵閣 7 首，文匯閣、文宗閣、文瀾閣各 3 首，文溯閣 1 首，其他 14 首。乾隆皇帝的這 107 首御製詩有一個顯著的特點，即詩行間有大量的夾註，客觀而真實地記載了《四庫全書》纂修過程。章采烈根據這些材料得出結論：「《四庫全書》的編纂，乾隆是最高決策人。」[28]。李致忠先生也認為：「其詩記事者為多，雖不十分確切，卻也不失梗概。」[29] 多記史事，故可以詩證史。

（2）《四庫全書》乾隆諭旨的史料價值

《四庫全書》乃清高宗欽定之作，他下達有關《四庫全書》的諭旨達 13 萬言之多[30]。《四庫全書總目》卷首所載二十五道諭旨正是編纂《四庫全書》的指導思想和總綱。管錫華初步探討了乾隆四庫諭旨的文獻學思想[31]，戚福康接著從編纂目的論、編纂體例論、編纂校勘論、編書取捨論、古籍改編論、文化傳播論等六個方面對二十五道諭旨進行了深入剖析，他認為，編纂《四庫全書》的基本目的是始終不脫離其宣揚封建思想、文化，維護封建統治這一宗旨，並因此而使許多典籍慘遭厄運。同時又在客觀上使基本的中國文化典籍得到了保存和流傳。[32]

3. 四庫館臣與《四庫全書》之纂修

（1）朱筠對《四庫全書》的貢獻

劉鳳強認為，朱筠的奏摺不但直接導致了《四庫全書》的纂修，還大體上規定了纂修的方法和步驟。在安徽學政任上，他大力搜書、獻書，此後本人又

[註 2] 筆者在撰寫《〈四庫全書總目〉研究》與《〈四庫全書總目〉編纂考》二書時曾充分關注此類材料。

直接參與了纂修《四庫全書》。深受他學術影響的眾多門生弟子，有許多參加了《四庫全書》的纂修。[33]

（2）紀昀對《四庫全書》的貢獻

關於《四庫全書總目》與紀昀的關係以及紀昀在《四庫全書》纂修過程中的作用，向來也是一樁學術公案。有人認為，清代乾隆年間《四庫全書》的編纂，是中國古代歷史上最為浩大的文化工程。著名學者紀昀參與其中，既總攬全局，「撮舉大綱」，負責全書的編纂審核工作，又主持纂成《四庫全書總目》及《四庫全書簡明目錄》，並先後主持文淵閣、文源閣和文津閣《四庫全書》的復校事宜以及各閣《四庫全書》的補遺工作，成為纂修工作中惟一始終其事而總其成者，為《四庫全書》的修成及其完善作出了不可磨滅的貢獻。[34] 我們認為，這種說法似過於誇大了紀昀的貢獻，真正總攬全局的人還是乾隆大帝。筆者經過多年的探索，基本上弄清了《總目》的纂修過程：《總目》的提要先由分纂官起草，現可考者有翁方綱、姚鼐、邵晉涵、餘集、戴震、劉權之、鄒炳泰、任大椿、周永年、張羲年等人撰寫初稿；分纂官完成以後，由總纂官潤色，總纂官主要有紀昀、陸錫熊、孫士毅三位，另外還有王太嶽；總纂官潤色以後，由總裁官裁定，特別是于敏中，用書信方式反覆與陸錫熊、紀昀討論纂修事宜；最後由乾隆欽定。這四個環節缺一不可。可見《總目》是官撰而非私修，是集體創作而非一人所為。[35] 正如王承略教授所指出的：「把《總目》視為紀昀的個人著作，甚至以《總目》為根據，論述紀昀的學術思想，無疑都是錯誤的。」[36]

4. 地方人士與《四庫全書》之纂修

（1）安徽人對纂修《四庫全書》的貢獻

徽籍藏書家馬裕、鮑士恭、汪啟淑、汪如藻、程晉芳、戴震等人積極獻書，為《四庫全書》的纂修作出了獨特的貢獻。[37] 湯華泉也從三個方面論述了清代安徽對纂修《四庫全書》所作出的貢獻。[38]

（2）浙江人對《四庫全書》的貢獻

當時浙江籍名流、學者在編書、獻書、藏書、護書和補書諸方面都對這部歷史巨帙作出了貢獻，其功堪稱至巨至偉。盧香霄 [39] 等人對此有所論述。

（3）四庫全書獻書人的貢獻

鄭偉章先生對四庫全書獻書人予以詳細考證，寫成《四庫全書獻書人叢考》，共考得 90 人，其中可稱為藏書家的有近 30 人，可補《藏書紀事詩》之

不足；有47人是四庫館臣，又可當四庫館臣傳；《四庫全書獻書人叢考》還為深入研究《四庫全書》提供了新線索、新資料。〔40〕他還為《四庫全書總目》著錄北京籍獻書人一一作了小傳〔41〕。

（三）著錄、版本與校勘

1. 著錄

張蘭英、李海對《四庫全書》及《續修四庫全書總目》著錄書目進行了統計〔42〕，王曉天對《四庫全書》中的湘人著述〔43〕、李鵬對皖人著作〔44〕、楊文新對宋代閩人著作〔45〕、徐亮對甘肅人著作〔46〕做了著錄，陳東輝對《四庫全書》及其存目書收錄外國人著作種數略事考辨〔47〕。

2. 版本

《四庫簡明目錄》標注系列目錄是《四庫全書》的版本目錄，凝聚了幾代學人的心血。王世偉先生總結了邵懿辰、莫友芝、朱學勤、傅熹年、翁同龢、王頌蔚、顧廷龍等人對《四庫簡明目錄標注》的貢獻〔48〕。顧廷龍等人早就想標注四庫存目之書，最近已有人對四庫存目書予以標注（詳後）。

陳新先生是編纂《全宋詩》的功臣之一，他接觸過《四庫全書》中幾乎全部宋人別集中的詩歌部分及有關資料，曾陸續發表《又宋人別集淺論四庫全書》、《是稽古右文還是寓徵於禁——析四庫全書纂輯動因》、《四庫館臣改動底本的原因及其實例》等系列論文，以切實的材料，論證《四庫全書》纂輯之初四庫館臣對原書是相當忠實的。大量的篡改（包括挖改、換頁）基本上發生在成書以後〔註3〕。〔49〕我們認為，《四庫全書》文字之誤，實出多因：一為恣意篡改，二為無意抄錯，三為避清人之諱，四為底本選擇不妥。陳新先生以今存《四部叢刊》初編中的影宋本《鶴山集》與四庫所採用的底本明刻本比勘〔50〕，又以影元刊本《佩韋齋文集》與四庫本（底本為民間抄本）比勘〔51〕，證明《四庫全書》在遴選底本時明顯存在失誤。雖然不少的書採用了宋元舊刊、舊抄以及明代精刊本，但是還有相當多的書並沒有採用最佳版本。

3. 校勘

《四庫全書》留下了大量的文字疏誤，每為後世所詬病。清末張之洞即有「乾隆四庫求遺書，微聞寫官多魯魚」之詩句，微詞相譏。七閣《四庫全書》全是手抄本，這本身就存在一個校勘問題。《文淵閣四庫全書補遺（集

〔註3〕有些篡改發生在成書之前，《翁方綱纂四庫提要稿》中記載了大量的有關信息。

部）》收錄歷代詩文四千餘篇，全部輯自文津閣本《四庫全書》集部書，為文淵閣本《四庫全書》所未見。不同閣本的同一種書，其卷數、篇數未必相同，有的甚至出入較大；即使卷數、篇數相同，文字也會存在差異。1986 年文淵閣本《四庫全書》影印本全部出齊，為核對不同的閣本創造了條件。從 1991 年起，國家圖書館有關工作人員核對了文淵、文津兩個閣本的集部書，錄下兩個閣本在篇、卷上的差異，陸續發表於《國家圖書館學刊》。在 1273 種集部書中，兩個閣本有篇、卷之差的竟有 788 種，這一結果證明文津閣本的實用價值，哪一個閣本都不能替代另外一個閣本。有些書用不同閣本對勘，有助於恢復該書的本來面目。[52]

（四）七閣四庫

乾隆四十七年（1782 年）第一部《四庫全書》告成，專貯故宮文華殿後文淵閣（1948 年被移往臺北）；1783 年第二部繕竣，送往奉天文溯閣（現由甘肅圖書館收藏）；第三、四部完成後分貯圓明園文源閣、熱河避暑山莊文津閣；1784 年復繕三部，分貯揚州文匯閣、鎮江文宗閣、杭州文瀾閣（現由浙江圖書館收藏）。七部《四庫全書》經歷了坎坷曲折的歷史命運。文源閣本被英法聯軍燒毀[註4]，文匯閣本、文宗閣本也焚毀於太平天國之戰火，文瀾閣本也燒、散過半。文溯閣本、文淵閣本則多次搬遷，唯獨文津閣本自 1914 年遷至北京，後藏於國家圖書館，保存最為穩妥。

1. 文淵閣

1986 年，臺灣商務印書館根據文淵閣本，影印出版了文淵閣《四庫全書》。1987 年，上海古籍出版社據此影印 32 開本。2000 年，上海人民出版社和香港迪志文化公司製作了電子版《四庫全書》。文淵閣《四庫全書》印出後，確為教學、研究帶來很大的方便，特別是《四庫全書》中保存的 300 多種《永樂大典》輯佚本，能面於世，就更有用，對學術研究產生了巨大的推動和影響。

2. 文津閣

現在北京商務印書館與國家圖書館合作，影印文津閣《四庫全書》，這確是新世紀一件浩大的出版工程。

（1）文津閣《四庫全書》的文獻價值

文津閣本在歷史上已起了相當大的文獻補輯作用。傅璇琮先生認為，文津

〔註 4〕文源閣雖毀於戰火，但文源閣本《四庫全書》還有零種幸存。

閣本可補正文淵閣本，文淵閣本也可補正文津閣本的。文溯閣本當也有自己的
特點。以後文津閣本全部印出，必將再次推動四庫學的研究。〔53〕

（2）文津閣《四庫全書》的學術價值

孫欽善先生從學術上論證影印文津閣四庫全書的必要：第一，版本價值，
不可忽視。《四庫全書》中的違改是有範圍的，即多涉嫌與滿族統治者有關或相
牽連的對邊境民族的蔑稱問題，凡所改者不難發現。《四庫全書》對整理底本的
選擇是儘量尋求善本的，在校勘整理上一般說也是認真的。第二，留存《永樂大
典》文獻，獨一無二。《四庫全書》的版本價值，更表現在眾多的據《永樂大典》
輯本書上。第三，補苴文淵閣本，資料不可或缺。北京大學古文獻研究所編纂
《全宋詩》時，得益於影印文淵閣本《四庫全書》之大，怎麼估計都不過分。可
是文津閣本因為珍藏而不便利用，使編纂工作和成果留下不少缺憾。〔54〕

3. 文溯閣

文溯閣《四庫全書》原藏於遼寧，1966 年中央有關部門考慮到當時的戰
備形勢，撥交甘肅管理。圍繞文溯閣本的歸屬問題，遼、甘兩省展開了長達 20
年的論戰。甘肅省為了保護文溯閣《四庫全書》，投資 5000 多萬元，在九州臺
修建了 5700 多平方米的現代化藏書樓。2005 年 7 月 8 日舉行了隆重的開館典
禮，並召開了「全國《四庫全書》學術研討會」。

4. 文源閣

文源閣在當時既是全國的七大皇家圖書館之一，也是圓明三園中的第一
座皇家圖書館。文源閣坐落在圓明園「水木明瑟」景區的北面，與「舍衛城」
隔湖相望。圓明園內文源閣額碑，現置於北京文津街國家圖書館內。〔55〕

5. 文瀾閣

清代七閣《四庫全書》，歷時二百餘載，中經種種劫亂，今存世者有文淵、
文溯、文津、文瀾四閣。所存者又以文瀾閣《四庫全書》之經歷最為艱辛，護
書之事蹟最為動人。毛春翔先生以當事人身份，歷述文瀾閣《四庫全書》自遷
富陽、建德、龍泉、貴陽、四川最後回到浙江的傳奇歷程〔56〕。徐永明亦掇拾
舊聞，略述其事，發潛德之幽光〔57〕。浙江社會科學研究院顧志興研究員的
《文瀾閣與〈四庫全書〉》一書最近已由杭州出版社出版。

6. 文宗閣

向傳文宗閣《四庫全書》已焚盡，其實國家圖書館至今還藏有一部清抄本

《文宗閣四庫全書裝函清冊》〔58〕，所記裝函之書不分類，但排列順序與《四庫全書總目》大致相同，稍有出入。此裝函清冊成了劫餘之物，可以考證當時的一些歷史信息。

二、《四庫全書總目》

（一）研究概況

筆者曾對《四庫全書總目》的研究歷史與現狀做了簡明扼要的總結〔59〕，李傑對 20 世紀 90 年代的《四庫全書總目》研究作了極為粗略的描述〔60〕，陳曉華也對 20 世紀「四庫總目學」的研究略有所述〔61〕，並提出了「四庫全書總目學構想」〔62〕。其實，陳曉華所提出的「構想」並非超前之思，多為滯後之論，在此之前，筆者經過多年的艱辛探索，已經將它基本上變為了現實。

（二）纂修研究

全面介紹分纂官提要稿的有羅琳的《四庫全書的「分纂提要」和「原本提要」》。關於翁方綱的有潘繼安《翁方綱四庫提要稿述略》（《中華文史論叢》1983 年第 1 期）、《記翁方綱四庫全書提要（未刊）稿》（《圖書館雜誌》1982 年第 4 期）、沈津《翁方綱與〈四庫全書總目提要〉》（《中國圖書文史論集》，北京：現代出版社，1992 年）、吳格《翁方綱纂四庫提要稿發微》（《古籍整理出版情況簡報》1994 年第 8 期）、吳格及樂怡《翁方綱纂四庫提要稿的流傳與研究》（《兩岸三地古籍與地方文獻》第 75～84 頁，澳門圖書館暨信息管理協會編，2001 年）、鄧愛貞《翁方綱纂四庫提要稿序》（《翁方綱纂四庫提要稿》卷首）、陳先行《影印翁方綱纂四庫提要稿弁言》（《翁方綱纂四庫提要稿》卷首）、滝野邦雄《復旦大學圖書館所藏翁方綱纂四庫提要稿から檢について》（和歌山大學經濟學會《經濟理論》1996 年 7 月第 272 號）等；關于邵晉涵的有劉漢屏《略論〈四庫提要〉與四庫分纂稿的異同和清代漢宋學之爭》（《歷史教學》1979 年第 7 期）；關於姚鼐的有季秋華《從〈惜抱軒書錄〉看纂前提要與纂後提要之差異》（《圖書館工作與研究》1999 年第 5 期）、杜澤遜《讀新見姚鼐一篇四庫提要擬稿》（《中國典籍與文化》1999 年第 3 期）；關於餘集的有李祚唐《餘集四庫全書提要稿研究價值淺論》（《學術月刊》2001 年第 1 期）、餘集《四庫全書提要稿疏證》（《天府新論》2001 年第 2 期）；關於程晉芳的有杜澤遜《讀新見程晉芳一篇四庫提要分撰稿》（《圖書館建設》1999 年第 5 期）；關於戴震的有方利山《戴震全集和「四庫」有關提要》（《徽州社會科學》1988

年第 3～4 期）；關於鄭際唐的有杜澤遜《讀新見鄭際唐一篇四庫提要分撰稿》（《中國典籍與文化》1998 年第 3 期）。以上論文分別從不同的角度對《總目》編纂中的一些具體問題作了初步探討，對於深入研究該問題應該說也起了導夫先路的作用。但是，由於該問題涉及面很寬，材料也非常分散，無疑給研究者帶來了極大的不便。無論就其深度還是廣度，都還遠遠不夠。為了從根本上解決問題，筆者撰寫了《〈四庫全書總目〉編纂考》一書〔註5〕。

（三）學術思想

1. 經學觀

黃愛平認為，《四庫全書總目》的經學觀表現為：堅持儒學正統觀念，倡導經世主張，尊崇漢學，批評宋學。《四庫全書總目》對漢學的推崇，起到了轉移風氣，推波助瀾的作用。而《總目》融合漢宋，各取所長的寬容主張，無疑為清中葉以後出現的漢宋合流趨勢開啟了先河。〔63〕何海燕從《總目》看清初《詩經》研究之狀況，認為《總目》治《詩》思想對清中後期《詩經》研究產生了影響〔64〕，郭丹對《總目》中的《詩經》批評進行了專題探討〔65〕。

2. 史學觀

王記錄對《總目》史學批評的特點進行了歸納〔66〕。吳海蘭初步探討了《四庫全書總目》的史學思想〔67〕。有人根據《總目》論述紀曉嵐的史學思想〔68〕，顯然沒有弄清《總目》的性質。

3. 子學觀

雷坤從《總目》子部雜家類提要探討明清學術的新發展〔69〕，趙振祥從《四庫全書》小說著錄情況看乾嘉史學對清代小說目錄學的影響〔70〕，季野〔71〕、夏翠軍〔72〕、凌碩為〔73〕從不同角度討論《總目》的小說觀，然而多是在現代小說觀念下進行的觀照。翁筱曼《目錄學視野下的四庫全書總目小說家》以目錄學上的「小說」為導引，對這一視野下《四庫全書總目·小說家》

〔註5〕吳根友教授發表了書評《劌心論治世　刪裁費神思》（《中華讀書報》2006 年 2 月 8 日第 15 版），從學術與思想史的角度對拙著作了比較中肯的評價。林存陽、楊朝亮《2005 年清史研究綜述》認為：「司馬朝軍《〈四庫全書總目〉編纂考》（武漢大學出版社 2005 年 11 月版）一書，深入細緻地考辨了分纂官、總纂官、總裁官、清高宗等在《四庫全書總目》成書過程中各自所發揮的作用，以紮實的文獻爬梳，澄清了其間不少疑難問題，有力地推進了這方面的研究。」（《中國史研究動態》2006 年第 6 期）

的著錄思想和由此呈現出的「小說」在目錄學上的演進脈絡作一番探討，認為「小說」從誕生之日起便籠罩在經史話語的巨翼之下，歷史變遷不曾從本質上將「小說」推向中心位置，《四庫全書總目》的「小說」觀沒有比前人走得更遠。〔74〕

4. 文學觀

（1）關於《總目》的文學批評觀

《總目》是文學批評史上的巨著，其批評觀一直是學術界饒有興趣的話題，鄭明璋〔75〕、楊有山〔76〕均有專文論述，吳承學總結了《總目》在詩文評研究史上的貢獻〔77〕，成林歸納了《總目》的文學批評方法〔78〕，孫紀文探討《總目》對歷代詩歌的批評〔79〕與本朝詩歌的批評〔80〕，李劍亮總結了《總目》的詞學批評成就〔81〕。

（2）關於《總目》的文學史觀

全面論述的有楊有山〔82〕，專述楚辭學史的有李金善〔83〕，孫微〔84〕、趙曉蘭〔85〕則從《總目》看杜詩學，薛泉從提要討論詞的起源問題〔86〕。

5. 學術文化觀

周積明教授著有《文化視野下的〈四庫全書總目〉》（廣西人民出版社 1991 年出版，中國青年出版社 2001 年修訂）、《紀昀評傳》（南京大學出版社 1994 年出版）二書。《四庫全書總目》本為乾隆時代的一部官書，但經過周氏「小心求證」，居然搖身一變，成為紀昀的私家著述。他以此為基礎，又將其《文化視野下的〈四庫全書總目〉》的絕大部分內容複製到《紀昀評傳·思想篇》中來。近年來，他繼續以《四庫全書總目》為觀察中心，探討了十八世紀中國文化的流向〔87〕，提出了乾嘉「新義理學」的概念〔88〕，也討論了有關漢宋之爭的學術公案〔89〕。

薛新力探討了清代漢學思潮對《四庫全書總目》的影響〔90〕，王永華發掘西學對《四庫全書總目》的影響〔91〕，霍有光從《四庫全書總目》考察乾隆時期官方對西學的態度〔92〕。

（四）分類研究

楊文珊對《總目》分類體系作了初步研究〔93〕，周汝英對《總目》分類法予以述評〔94〕，趙達雄評述《四庫全書》體系的構建及其價值〔95〕，雷坤討論《總目》子部區分著錄與存目對分類產生的影響〔96〕。

（五）提要補正

有關《四庫提要》的訂誤補正工作，歷來是學界關注的傳統課題，成果也最為豐碩，近年以專書形式出現的有兩種：一是李裕民《四庫提要訂誤》增訂本〔註6〕，二是楊武泉的《四庫全書總目辨誤》。其他單篇補正文章層出不窮，我們今後將在《〈四庫全書總目〉匯考》一書中對前人所取得的考證成果詳加甄別，匯為一編，此不贅述。

三、有關四庫學的學位論文

有關四庫學的學位論文，以前海內外就出現過一批〔97〕，近年來又有不少攻讀學位青年學者選擇四庫學的題目，這表明四庫學的領域不斷拓展。

（一）碩士論文

1. 翟愛玲的「《四庫全書》設計系統之研究」

歷來關於《四庫全書》設計層面的研究則相對較少，且多數包括在纂修研究之中，同時也沒有受到足夠重視，成為「四庫學」研究比較薄弱的環節。該文通過文獻檢索、資料測繪、以及實物分析與比較等方法，試圖將《四庫全書》的書籍設計、藏書樓設計及其組織管理作為一個完整的系統進行全方位考察與研究。書籍設計對《四庫全書》的封面、內文、包裝設計及《武英殿聚珍版叢書》的設計進行研究；藏書樓的設計及管理則對七閣的命名、七閣與天一閣以及七閣之間的特徵進行比較研究。《四庫全書》的書籍設計在符合功能、禮制的同時彰顯了皇家修書的富麗堂皇，成為書籍設計史上的典範，同時《武英殿聚珍版叢書》的設計則成為官修書籍設計的模板，《武英殿聚珍版程序》的頒行具有中國古代印刷技術發展史上的里程碑意義。總之，以《四庫全書》為中心的書籍設計、藏書樓設計及管理之間密不可分，同時又有機結合、互為依存。

我們認為，這是一項較富創意的選題，既有利於拓寬四庫學的研究範圍，也對中國古代書籍設計及藏書樓設計的研究頗有裨益。

2. 涂謝權的「崇實黜虛：經世氤氳籠罩下《四庫總目》的學術批評」

作者從學術批評角度出發，立足於文本自身系統地闡釋了致用思想指導

〔註6〕書目文獻出版社 1990 年 10 月出版，中華書局 2005 年又出版。該書對《四庫全書總目》著錄之書的書名、卷數、版本、作者及其生平以及內容評價等方面的錯誤進行了訂正，並論及近人余嘉錫《四庫提要辯證》一書的疏誤。

下《總目》的學術批評。全文主要分為上、下兩篇：上篇總體上論述了經世思想影響下《總目》的學術批評。首先從指導思想、批評方法和態度上對《總目》學術批評的經世色彩作出一定的闡述，然後從《總目》中屢次出現的漢宋學之爭對此進行具體的學術論證。下篇主要從表現在《總目》文學批評中文學功用價值、文學創作主客體關係和藝術風格論角度論述經世思想對《總目》文學批評的影響。

我們認為，「崇實黜虛」確實是《總目》的思想傾向之一，筆者已在博士論文中有所論述。該文抓住這一思想主脈，從學術批評角度加以論述，大的思路還是可取的。

3. 陳旭東的「清修《四庫全書》福建採進本與禁燬書研究」

清修《四庫全書》，從乾隆三十七年起在全國範圍內徵集圖書到乾隆五十八年禁書運動基本結束，福建一直與這場運動相始終。在圖書徵集階段，福建前後七次共採進 213 種書籍；《四庫全書總目》中著錄閩人著作 744 種；在禁書運動過程中，共有 90 個福建人的 130 多種著作被禁燬。清修《四庫全書》，在客觀上對保存福建的地方文獻起到積極的作用，同時又是對福建文化一個史無前例的巨大破壞。

我們認為，關於乾隆朝禁燬書的研究，應該說成果比較豐富，該文爬梳福建採進本，視角比較新穎，有利於深化思想文化的研究。

4. 樂怡的「翁方綱纂《四庫全書提要稿》研究」〔註7〕

該文正文分為四個部分：第一部分主要介紹《翁稿》稿本流傳之原委；第二部分通過分析《翁稿》的內容及特點，進而探討《總目》的成書過程；第三部分為《翁稿》與《總目》的比較研究，涉及兩書的著錄數量、處理結果、編排體例及相關提要的異同等內容；第四部分討論了《翁稿》所反映的《四庫全書》及《總目》編纂中的一些問題。

《翁稿》是四庫館臣所留下的最大一筆提要稿，是瞭解《總目》編纂的第一手材料，價值較高。作者比較《翁稿》諸傳本之異同，介紹《翁稿》的主要內容及特點，又將《翁稿》與《總目》提要比較異同，最後討論《總目》編纂過程中的若干問題。該項選題很有意義，但總體上發掘不夠，只是泛泛舉例，

〔註7〕2001 年春節我已經完成了對《翁稿》的研究，結論已經寫進博士論文《四庫全書總目研究》一書之中，而樂怡還沒有開始研究《翁稿》，她在 2002 年 6 月才完成這篇碩士論文。

缺少深入細緻的分析論證。相對而言，前三部分處理得要好一些，對第四部分的處理尤為簡單。加之作者對《總目》內容不夠熟悉，因此，該文對於其編纂過程中的諸問題未能展開深入探究，多為影響之談、膚廓之論。

5. 姜潔的「《四庫全書總目·史部》史學批評初探」

本文共分四大部分：一、《四庫全書總目·史部》史學批評的內容。從歷史事實的批評、史料的批評、史書體制的批評、史書文采的批評、史家史德的批評等五個方面對該書的史評內容進行總結與論述。二、《四庫全書總目·史部》史學批評的方法。從區分類聚法、歷史考察法、比較批評法、歸納證明法、辯證評析法等五個方面進行論述。三、《四庫全書總目·史部》史學批評的原則和標準。從知人論世、經世致用、「名教」等方面進行總結與論述。四、《四庫全書總目·史部》史學批評的影響和缺憾。探討該書在史評方面存在的問題。

我們認為，《總目》史學批評的研究是很有意義的傳統課題，其批評意識與批評標準等問題均值得深入探討。如何借鑒西方歷史哲學甚或解釋學的理論與方法，對《總目》進行深度發掘，也是極有學術意義的新領域。

（二）博士論文

1. 司馬朝軍的「《四庫全書總目》研究」

該文以三編十一章的篇幅進行全面發掘。上編為背景研究（第 1～2 章）。第 1 章考察《總目》的編纂過程，對《總目》的著作權提出了新的看法。第 2 章比較《總目》與《簡目》、殿本與浙本、殿本與庫本提要的關係，論證《總目》殿本優於浙本。中編為學術研究（3～10 章）。分別從分類學、目錄學、版本學、編撰學、辨偽學、輯佚學、考據學等七大學科全面總結《總目》的學術方法與學術貢獻。第 3 章重點探討分類方法，第 4 章探討著錄方法，第 5 章探討解題方法和存在目標準，第 6 章探討版本鑒定方法及善本觀，第 7 章以編例為中心，第 8 章探討辨偽方法，第 9 章考證永樂大典本的分纂官、數量及存目原因，第 10 章探討《總目》的考據方法。下編為思想研究（第 11 章）。從尊孔、過鄭、刺朱、砭俗、排外、崇實、黜虛等七個方面概括《總目》的思想傾向。

總的看來，該文主要以文獻學視野審視《總目》，從總體上發掘其學術內涵，學術方法的探討尤為重中之重。該文經過修改後已由社會科學文獻出版社出版。此書只是一個綱領性的開場白，筆者準備在此基礎上撰寫系列論著。

2. 張傳峰的《四庫全書總目學術思想研究》

《四庫全書總目》的學術思想問題，是四庫學研究的重要內容之一。該文認為，《四庫全書總目》的學術思想，在一定程度上體現了乾隆的思想，與紀昀個人的學術主張有密切的關係，且與十八世紀學術思潮緊密相關，是十八世紀主流學術思想的體現。

應該說上述觀點大致不差，但該文在發掘材料方面明顯不夠，尤其是第三章還只是一個簡短的論綱，既缺少令人信服的論據，也沒有經過縝密地論證，還只是一些假設或猜想。此文正式出版之後，有所補充。

3. 杜澤遜的《四庫存目標注》

為了彌補《四庫全書總目》不著錄版本的缺憾，邵懿辰、莫友芝、傅增湘等人窮畢生精力標注版本，形成了《增訂四庫簡明目錄標注》等版本目錄。對於《四庫全書總目》中的「存目」部分 6793 種圖書的版本，已有一些有識之士如鄭振鐸、顧廷龍等加以注意，但還沒有全面地做。杜澤遜特地為此而作，故稱之為《四庫存目標注》。全文主要分為上、中、下三篇。上篇論《四庫存目》之由來，中篇論《四庫存目》之書的進呈本的發還、存貯、散佚、殘餘等問題，下篇論《四庫存目標注》的緣起、經過及學術價值，最後附錄《四庫存目標注》的經部部分。

平心而論，該文所論述的部分比較簡單，尤其是對《四庫存目》原因的分析極為膚淺，所論九條不能夠涵蓋全部存目之書，沒有進行統計分析，因而缺少說服力。《四庫存目標注》作為一部工具書，價值不大，完全沒有必要去為存目之書做標注，因為存目之書絕大多數為假冒偽劣之書，價值甚低，四庫館臣甚至視之為垃圾。現在為垃圾分類，只是為了便於處理垃圾。試問為存目之書做標注到底出於什麼目的？又有多大的學術價值可言？如此填補空白，適見其無識。作為一篇博士論文更是下下之選，論述部分缺少理論分量，選題不佳，論述不深，如此投機取巧未免欺世盜名。令人遺憾的是，此書出版之後竟然被一批不懂版本目錄學的磚家大大地高估了。異哉！怪哉！

4. 郭向東的《文溯閣四庫全書的成書與流傳研究》

本文由文溯閣《四庫全書》的編纂及其特點、修訂、流傳、保存現狀與利用等四個專題組成，第一章為「文溯閣《四庫全書》的編纂」，第二章為「文溯閣《四庫全書》的修訂」，第三章為「文溯閣《四庫全書》的流傳」，第四章為「文溯閣《四庫全書》的保存現狀與利用」。

由於文溯閣《四庫全書》至今尚未影印、翻印，研究者甚少。因此，對文溯閣《四庫全書》的成書及流傳之經過，進行全面系統的研究、梳理，總結其在流傳過程中的經驗教訓，探討當前對其充分開發利用之路徑，選題具有一定的價值。但是，作者忙於事務性工作，沒有精力就此論題展開深入細緻的研究。此文也是急就章，價值不夠高。

四、結語

近十年來，四庫出版熱持續升溫，1997 年齊魯書社出版《四庫全書存目叢書》，2000 年北京出版社出版《四庫禁燬書叢刊》、《四庫未收書輯刊》，2002 年上海古籍出版社推出《續修四庫全書》，2003 年上海古籍出版社重印文淵閣《四庫全書》，2004 年鷺江出版社出版文淵閣《四庫全書》線裝影印本，同年商務印書館開始影印文津閣《四庫全書》，杭州出版社也正在積極準備實施文瀾閣《四庫全書》的全部影印，甘肅方面也將影印文溯閣《四庫全書》提上了議事日程〔註 8〕。

由出版熱引發出研究熱，人們對四庫學的研究開始自覺地上升到了建立新學科的高度，「四庫學」、「《四庫全書》學」、「《四庫全書總目》學」等概念逐漸被提出來，《四庫提要訂誤》增訂版、《四庫全書總目辨誤》、《〈四庫全書總目〉研究》、《〈四庫全書總目〉編纂考》、《〈四庫全書〉收錄臺灣文史資料之研究》、《四庫禁燬書研究》、《文瀾閣與四庫全書》等專著紛紛出版。

在學術研究機構方面，1993 年，海南大學舉辦「中國首屆《四庫全書》研討會」，並成立了「海南大學《四庫全書》研究中心」；1998 年，臺灣淡江大學舉辦「首屆四庫學研討會」；2003 年，首都師範大學「《四庫全書》學術研究中心」成立；2004 年，武漢大學「四庫學研究所」成立。為了整合研究力量，我們開始籌備「中國四庫學研究會」，準備搭建一個全國性的學術研究平臺，在適當時候開通「四庫網」，出版四庫學研究系列著作，培養新一代四庫學研究專家。

為了將方興未艾的四庫學研究推向深入，今後我們應該做好以下幾個的工作：

〔註 8〕文溯閣《四庫全書》將出影印版對研究大有裨益。剛剛出臺的甘肅省「十一五」規劃的文化建設工程中，文溯閣《四庫全書》出版影印項目被列在第一項。（新華網甘肅頻道 2005 年 10 月 28 日 11：36：41，來源於《蘭州晚報》。）

第一，加強文本研究。《四庫全書》版本的可信度是學界矚目的重要課題，但迄今為止還沒有完全弄清楚。學術界對《四庫全書》的版本價值是存在著疑義的，即認為《四庫全書》多有違改，而且是成於眾手，校勘不精，文字多有訛誤，不足以作為版本依據。上述問題雖然存在，但不能一概而論，還必須具體分析，分別對待。《四庫全書》的不同閣本雖然來源相同，但由於人為的因素，也存在巨大的文本差異，將這種差異一一揭示出來，成了四庫校勘、版本的重大課題。《四庫全書》應該重加校勘整理，儘量避免以訛傳訛，謬種流傳。

第二，加強專題研究。我們已經從文獻學學科理論的高度，即從分類學、目錄學、版本學、辨偽學、輯佚學、考據學等方面對《總目》作了初步研究，但在校勘學、編纂學等方面做得還比較欠缺，另外還有大量的專題尚須格外關注。

第三，加強學術思想史研究。《總目》本以「辨章學術、考鏡源流」為主要特色，所謂學術源流，不僅僅表現在分類學、目錄學、版本學、辨偽學、輯佚學、考據學等方面，更在於對學術思想史的論述以及對眾多的學派和學人的評價。我們應該盡快寫出《〈四庫全書總目〉與中國學術思想史》與《〈四庫全書總目〉思想研究》。

從四部之學到七科之學，通人之學一變而為專家之學。五四以降，通人日少，專家日眾，流弊亦日顯。在一個大師匱乏的時代，我們感到寂寞，也日益認識到通人之學的珍貴。我們相信，四庫學作為一個具有強大生命力的綜合性、邊緣性的學科，它將日益受到學界關注。四部之學的復興，應該成為中國文化復興的標誌。只有復興中國文化，才有可能再造大師。四庫學的研究還有著巨大的發展空間，仍然是一個值得矚目與期待的領域，在此領域內完全有可能出現象余嘉錫那樣的大師級人物。

參考文獻

1. 昌彼得：影響《四庫全書》的意義，故宮季刊第 17 卷第 2 期，1982 年 12 月。
2. 楊晉龍：「四庫學」研究的反思，中國文哲研究集刊第 4 期，1994 年 3 月。
3. 侯美珍：四庫學研究論著目錄，乾嘉學術研究論著目錄 1900～1993，臺北：「中研院」中國文哲研究所籌備處，1995；侯美珍，四庫學相關書目續編，書目季刊，第 33 卷第 2 期，1999。

4. 陳仕華：五十年來臺灣「四庫學」之研究，四庫全書研究文集，敦煌文藝出版社，2005：52～57。

5. 周積明：「四庫學」：歷史與思考，清史研究，2000（3）。

6. 崔富章：20 世紀四庫學研究之誤區，書目季刊，2002（1）。

7. 甘肅省圖書館編：四庫全書研究文集，敦煌文藝出版社，2005。

8. 康爾琴：建國以來《四庫全書》研究論文概述，圖書館學刊，2002（6）。

9. 魯迅：病後雜談之餘（二），且介亭雜文，北京：人民文學出版社，1973：149。

10. 章培恒：《〈四庫全書總目〉編纂考》序，《〈四庫全書總目〉編纂考》，武漢：武漢大學出版社，2005。

11. 崔石崗：魯迅與《四庫全書》，圖書館建設，1997（6）。

12. 任繼愈：四庫全書研究文集序，四庫全書研究文集，敦煌文藝出版社，2005。

13. 任繼愈：為《四庫全書》正名，中華讀書報，2003 年 8 月 13 日。

14. 章培恒：《〈四庫全書總目〉編纂考》序，司馬朝軍，《四庫全書總目》編纂考，武漢：武漢大學出版社，2005。

15. http://art.people.com.cn/GB/14759/21864/3686176.html

16. 張傑：《四庫全書》與文字獄，清史研究，1997（1）。

17. 郭向東：《四庫全書》編纂與中國古文獻之劫難，圖書與情報，2004（2）。

18. 武玉梅：清修《四庫全書》對《明文海》之抽刪探考，歷史檔案，2004（3）。

19. 陳雪雲：清廷毀書的罪證——論河南省圖書館館藏四庫全書《日知錄》《明文海》抽毀本的價值，圖書館工作與研究，2004（5）。

20. 國學網 2004 年 2 月 24 日發布。

21. 陳國強：談關於臺灣高山族古代史的若干問題——從《四庫全書·史部》記述說起，民族研究，1995（2）。

22. 李默：瑤史拾零——讀《四庫全書》宋·元集部劄記，民族研究，1995（2）。

23. 吳麗珠：《四庫全書》收錄臺灣文史資料之研究，臺灣：秀威信息科技股份有限公司，2004。

24. 何紹庚：《四庫全書》中的科技文獻，光明日報，2004-2-10。

25. 李福敏：《四庫全書》與中國傳統的學科體系，圖書館工作與研究，2003（6）。

26. 左玉河：從四部之學到七科之學，上海書店出版社，2004。

27. 旅見：《纂修四庫全書檔案》的編纂及其史料價值，歷史檔案，2001（1）。

28. 章采烈：論乾隆御製《四庫全書》詩的史料價值，故宮博物院院刊，1995（1）。

29. 李致忠：《四庫全書》首架乾隆御題解，中國圖書館學報，1999（4）。

30. 章采烈：論乾隆御製《四庫全書》詩的史料價值，故宮博物院院刊，1995（1）。

31. 管錫華：乾隆四庫論文獻學思想初探，中國文化研究，1998（4）。

32. 戚福康：《四庫全書》乾隆諭旨平議，古籍整理研究學刊，2001（6）。

33. 劉鳳強：朱筠對《四庫全書》的貢獻，邢臺學院學報，2005（3）。

34. 黃愛平：紀昀與《四庫全書》，安徽史學，2005（4）。

35. 司馬朝軍：《四庫全書總目》編纂考，武漢大學出版社，2005。

36. 王承略：四庫學根基的夯實之作——讀《〈四庫全書總目〉研究》，文匯讀書週報，2006 年 2 月 24 日。

37. 張翔：《四庫全書》與徽籍藏書家，中國典籍與文化，1999（4）。

38. 湯華泉：清代安徽對纂修《四庫全書》的貢獻，安徽大學學報，1997（6）。

39. 盧香霄：《四庫全書》與浙江關係考述，浙江師大學報，1995（1）。

40. 鄭偉章：《四庫全書獻書人叢考》前言，中國圖書館學報，1996（4）。

41. 鄭偉章：《四庫全書總目》著錄北京籍獻書人傳略，北京社會科學，1998（1）。

42. 張蘭英、李海：《四庫全書》及《續修四庫全書總目》著錄書目統計，雁北師範學院學報，1995（2）。

43. 王曉天：《四庫全書》中的湘人著述，船山學刊，2002（4），2003（1）。

44. 李鵬：《四庫全書》及其皖人著作，學術界，1997（4）。

45. 楊文新：《四庫全書》中的宋代閩人著作考述，福建教育學院學報，2003（7）。

46. 徐亮：《四庫全書》中所收錄的甘肅人著作，河西學院學報，2005（4）。

47. 陳東輝：《四庫全書》及其存目書收錄外國人著作種數考辨，杭州大學學報，1998（3）。

48. 王世偉：論四庫標注之業，中國典籍與文化，2003（3）。

49. 陳新：《四庫全書》遴選底本失誤例，文教資料，1997（2）。

50. 陳新：今存魏了翁《鶴山集》版本源流及其他，文教資料，1995（4／5）。

51. 陳新：《四庫全書》遴選底本失誤例，文教資料，1997（2）。

52. 楊訥、李曉明：《文淵閣四庫全書補遺（集部）》前言，國家圖書館學刊，1997（3）。

53. 傅璇琮：文津閣《四庫全書》的文獻價值。

54. 孫欽善：文津閣《四庫全書》學術價值三題——從學術上看影印文津閣四庫全書的必要。

55. 常潤華：文源閣與《四庫全書》，人民日報海外版，2001 年 12 月 28 日第六版。

56. 毛春翔：文瀾閣四庫全書戰時播遷紀略，浙江省圖書館志，北京：中華書局，2000。

57. 徐永明：文瀾閣《四庫全書》搬遷述略，中國典籍與文化，1999（4）。

58. 王菡：《文宗閣四庫全書裝函清冊》說略，文獻，2002（3）。

59. 司馬朝軍：《四庫全書總目》研究，北京：社會科學文獻出版社，2004：1～6。

60. 李傑：90 年代《四庫全書總目》研究概況，學術月刊，2001（6）。

61. 陳曉華：20 世紀「四庫總目學」研究述略，圖書情報工作，2002（11）。

62. 陳曉華：「四庫全書總目學」構想——《四庫全書總目》研究新論，圖書情報工作，2003（11）。

63. 黃愛平：《四庫全書總目》的經學觀與清中葉的學術思想走向，中國文化研究，1999（1）。

64. 何海燕：從《四庫全書總目》看清初《詩經》研究之狀況，湖北大學學報，2005（3）。

65. 郭丹：《四庫全書總目》中的《詩經》批評，福建師範大學學報，2002（4）。

66. 王記錄：《四庫全書總目》史學批評的特點，史學史研究，1999（4）。

67. 吳海蘭：《四庫全書總目》的史學思想初探，古籍整理研究學刊，2000（5）。

68. 張金龍：從《四庫全書總目提要》看紀曉嵐的史學思想，滄州師範專科學校學報，2004（4）。

69. 雷坤：《四庫提要》子部雜家與明清學術的新發展，河南圖書館學刊，2003
（2）。

70. 趙振祥：從《四庫全書》小說著錄情況看乾嘉史學對清代小說目錄學的
影響，明清小說研究，1999（1）。

71. 季野：開明的迂腐與困惑的固執──《四庫全書總目提要》小說觀的現
代觀照，小說評論，1997（4）。

72. 夏翠軍：《四庫全書總目》小說類探析山東圖書館季刊，2004（1）。

73. 凌碩為：論《四庫全書總目提要》的小說觀，江淮論壇，2004（4）。

74. http://202.116.65.193/jinpinkc/gudaiwenxue/sc/lunwen/02.doc

75. 鄭明璋：論《四庫全書總目提要》的文學批評學，唐都學刊，2005（3）。

76. 楊有山：試論《四庫全書總目》的文學批評觀念，江漢論壇，2003（4）。

77. 吳承學：論《四庫全書總目》在詩文評研究史上的貢獻，文學評論，1998
（6）。

78. 成林：試論《四庫提要》的文學批評方法，南京大學學報，1998（1）。

79. 孫紀文：《四庫全書總目》對歷代詩歌的批評，內蒙古社會科學，2005（5）。

80. 孫紀文：《四庫全書總目》對本朝詩歌的批評，寧夏社會科學，2005（3）。

81. 李劍亮：試論《四庫全書總目》詞籍提要的詞學批評成就，文學遺產，
2001（5）。

82. 楊有山：試論《四庫全書總目》的文學史研究，信陽師範學院學報，2003
（4）。

83. 李金善：楚辭學史的濫觴──《四庫全書總目》之楚辭論，河北大學學
報，1999（1）。

84. 孫微：《四庫全書總目》所體現的杜詩學，杜甫研究學刊，2003（1）。

85. 趙曉蘭：四庫館臣與杜詩學，杜甫研究學刊，1996（4）。

86. 薛泉：四庫館臣對詞之起源及其「變」之認識，煙臺大學學報，2003（4）。

87. 周積明：《四庫全書總目》與十八世紀中國文化的流向，社會科學戰線，
2000（3）。

88. 周積明：《四庫全書總目》與乾嘉「新義理學」，中國史研究，2002（1）。

89. 周積明：乾嘉時期的漢宋之「不爭」與「相爭」，清史研究，2004（4）。

90. 薛新力：清代漢學思潮對《四庫全書總目》之影響，圖書館論壇，2002
（4）。

91. 王永華:「西學」在《四庫全書》中的反映,圖書館工作與研究,2002（1）。

92. 霍有光:從《四庫全書總目提要》看乾隆時期官方對西方科學技術的態度,自然辯證法通訊,1997（5）。

93. 楊文珊:《四庫全書總目提要》分類體系之初步研究,南京廣播電視大學學報,1996（1）。

94. 周汝英:《四庫全書總目》分類法述評,溫州師範學院學報,1999（2）。

95. 趙達雄:《四庫全書》體系的構建及其價值評說,情報資料工作,2000（4）。

96. 雷坤:試論《四庫全書總目》子部區分著錄與存目對分類的影響,四川圖書館學報,2003（5）。

97. 司馬朝軍:《四庫全書總目》研究,社會科學文獻出版社,2004:5。

2000～2013 年類書研究綜述

一、類書的綜合研究

（一）論文

　　高長青、楊麗梅《古類書衰落探源》一文則從乾嘉學術的證據規範與類書的關係方面分析了類書自乾嘉之後逐漸衰落的原因。〔註1〕王同江《古類書消亡再思考》認為編纂類書的目的是粉飾太平以及作為求取功名的捷徑，且其內容呆板，分類機械，可續性發展差，這些都是導致類書滅亡的內在缺陷。〔註2〕於翠玲《論官修類書的編輯傳統及其終結》從「標榜文治的編輯理念」、「文獻一統的編輯體例」、「以類相從的編排方法」三個角度分析了中國古代官修綜合性類書的特點，認為自《古今圖書集成》之後，官修類書傳統便已終結，其原因有：乾隆時修《四庫全書》改變了官修典籍的體例，西方自然科學知識及新式百科全書的衝擊，而傳統類書文本仍有生命力，類書的文獻價值仍待發掘。〔註3〕戴建國《以類書為例看漢宋之間人文的嬗變》從漢宋八百年間類書的編纂、閱讀的嬗變為視角，提出其編纂由唐前的抄錄事類嬗變為唐及五代十國的事文兼用，閱讀上由「覽」嬗變為「記」，認為唐前重學術競爭，學風高熾，有高尚的人文底蘊；唐及五代十國重智力較量，文風盛行，有真率的人文意蘊。〔註4〕李雲《試論傳統類書的當代轉換》認為當代類書的編纂目的、

〔註1〕高長青、楊麗梅：古類書衰落探源，圖書與情報，2001（3）：36～39。

〔註2〕王同江：古類書消亡再思考，圖書與情報，2002（4）：60～61。

〔註3〕於翠玲：論官修類書的編輯傳統及其終結，北京師範大學學報，2002（6）：118～125。

〔註4〕戴建國：以類書為例看漢宋之間人文的嬗變，蘇州大學學報，2008（3）：75～78。

功能、編纂內容、分類體系以及載體等方面都應該有所轉換，類書的傳統功能正逐漸消失，當代類書應以繼承人類文化遺產和繁榮社會主義文化為目的，其功能應向文化保存、文化傳播、支持學術研究等方面轉換，類書的編纂內容應增加對自然科學方面知識的採錄，編排形式應由類編型、韻編型向按學科分類編排型轉換，而類書的載體也應該逐漸數字化。〔註5〕桂羅敏《中國古代類書編撰的人類學解讀》從人類學角度，探討了中國類書的修撰及其分類體系對人類思維模式的影響，認為類書編纂的原旨是通過發展和強化一種預設的分類體系，以求為思想統一、統治穩固作文化上的呼應。〔註6〕桂愷《中國古代類書編纂研究》（華中師範大學 2011 年碩士論文）主要對歷代的重要類書的編纂人員、編纂背景和編纂過程進行了考察，所涉及的類書包括《皇覽》、《修文殿御覽》、《北堂書鈔》、《藝文類聚》、《太平御覽》、《冊府元龜》、《永樂大典》、《古今圖書集成》八種，認為在《古今圖書集成》之後，「類書的編纂方式再難有所創新，它的時代也隨之過去」。〔註7〕唐光榮《歷代類書的形態》從類書編纂過程中處理材料的角度，將類書分為摘抄和組纂兩種形態，前者近於書鈔、詞典，只對舊籍進行節錄，後者則以編者的語言串連舊籍中典故、辭藻，有對子、詩歌、賦、散文諸種文體。〔註8〕

（二）專著

這一時期關於類書綜合研究的專著有夏南強《類書通論》、趙含坤《中國類書》、孫永忠《類書淵源與體例形成之研究》。

夏南強《類書通論》一書討論了類書的性質、起源、類型、歸類、分類體系、發展演變以及類書對封建文化的影響，他認為：「類書是一種資料彙編性質的圖書，也是一種工具書。它既有供人查檢的功用，也具備供讀者系統閱讀的功能。」〔註9〕並為類書下一定義：「類書是一種將文獻或文獻中的資料，按其內容分門別類，組織撮述；或者條分件繫，原文照錄或摘錄的圖書。」〔註10〕提出「政書」如《通典》之類、「總集」如《文選》之類也屬類書的觀點，

〔註 5〕李雲：試論傳統類書的當代轉換，蘭臺世界，2009（22）：66～67。
〔註 6〕桂羅敏：中國古代類書編撰的人類學解讀，焦作師範高等專科學校學報，2011（3）：69～71。
〔註 7〕桂愷：中國古代類書編纂研究，武漢：華中師範大學，2011：52。
〔註 8〕唐光榮：歷代類書的形態，阜陽師範學院學報，2012（4）：150～153。
〔註 9〕夏南強：類書通論，武漢：湖北人民出版社，2001：15。
〔註 10〕夏南強：類書通論，武漢：湖北人民出版社，2001：16。

未免失之過寬；認為《皇覽》產生的歷史背景與曹丕的文學需求、對漢代尊儒的恢復以及作為曹丕拉攏人心的手段有關〔註 11〕；認為類書的歸類應該借鑒明代林世勤的處理，「古籍書目，如果仍按經史子集四部編排，應在各部分設類書類目。將綜合性的類書如《太平御覽》、《古今圖書集成》等，仍然放人子部類書類；專門性的類書，則根據其內容體系的不同，分別歸入經、史、集各部類書類」。〔註 12〕認為百科全書式的大型類書已逐漸失去編纂價值，而應轉向編纂小而專的新型類書。

趙含坤所編《中國類書》一書，則按時序編排，分「編纂類書的傳統」、「類書的開端」（魏晉南北朝）、「類書的逐步興起」（隋唐五代）、「類書之風初盛」（宋遼金元）、「類書的彌盛造極」（明）、「類書的摒棄編纂舊軌」（清）、「類書的消歇」（民國）、「類書的大總結和新發展」（新中國）八部分，收錄「凡是古今經籍志、經籍考、圖書目錄、辭書、史書和其他工具書列入類書類的古籍」，〔註 13〕凡 1600 餘種，並作簡明介紹，是一部收錄類書最全的目錄書。

孫永忠《類書淵源與體例形成之研究》從歷代書目對類書歸部之差異入手，認為學界囿於傳統的四部分類成見，不無牽湊籠統之弊，並進一步界定類書：「凡輯錄各種古籍中某科、多科或各科知識材料篇、段、句、詞的原文，以分類或分韻的方式，編次排比於從屬類目，並標明出處，從而形成專科性或綜合性的資料彙編，編者無意藉之成一家之言，為專供讀者翻檢考察的工具書，稱為類書。」〔註 14〕並將類書與現代百科全書、辭書、叢書、政書加以區別，如認為政書「十通、會典、會要等雖在政事範圍之內容廣泛，分類編纂，但端賴編纂者編寫解述方成，故應如史部，不應歸入類書」，〔註 15〕較之夏南強將政書歸入類書為善。關於類書歸部問題，提出：「類書歸部立目的課題，到鴉片戰爭後，學界引進西方圖書分類法才有較大的突破。民國之後採用杜威十類分發，將類書歸為『總類』，與百科全書等並列，雖然未必完全正確，盧荷生先生稱其為不分之分，倒不失為一較適當的處理方式。」〔註 16〕孫氏已認識到傳統四部分類法並不能包含類書這一特殊的圖書編纂類型。學界之所以

〔註11〕夏南強：類書通論，武漢：湖北人民出版社，2001：20～38。
〔註12〕夏南強：類書通論，武漢：湖北人民出版社，2001：51。
〔註13〕趙含坤：中國類書，石家莊：河北人民出版社，2005：2。
〔註14〕孫永忠：類書淵源與體例形成之研究，臺北：花木蘭文化出版社，2007：39。
〔註15〕孫永忠：類書淵源與體例形成之研究，臺北：花木蘭文化出版社，2007：46。
〔註16〕孫永忠：類書淵源與體例形成之研究，臺北：花木蘭文化出版社，2007：33。

對類書在四部中的歸類多有分歧，關鍵在於未能認識到類書與叢書及所轄四部之間的關係。此外，本書還探討了類書的淵源諸說、類書創始於曹魏的因素、魏晉南北朝類書的體例、隋唐之後類書體例的創新等問題。

（三）綜述

關於類書研究的綜述的文章有劉剛《八十年類書研究之檢討》和李小彤《類書研究現狀綜述》，前者主要從有關類書的研究專著和研究論文兩個方面對類書的研究狀況作了介紹，認為從 20 世紀 80 年代起，學界對類書的研究主要關注對類書產生和發展原因的分析以及對類書功用的探討，研究領域單一，學科交叉不夠，系統的斷代研究尚未進行。〔註17〕後者則主要側重於敘述類書與文學關係的研究，認為在類書與文學的關係以及類書與賦的關係討論較為充分，而類書與詩歌創作的關係仍待進一步深入研究。〔註18〕

二、類書的斷代研究

雷敦淵的《隋代以前類書之研究》（《古典文獻研究輯刊》十三編四冊，花木蘭文化出版社，2011 年）主要對隋代以前的《皇覽》、《史林》、《四部要略》、《壽光書苑》、《類苑》、《華林遍略》、《法寶聯璧》、《要錄》、《圖書泉海》、《修文殿御覽》等十部類書的編纂、內容等情況進行了考述，認為類書和搜尋引擎同樣是分類查詢知識和資料的來源，會條列收集到的資料，會注明原資料的出處。

劉剛《隋唐時期類書的編纂及分類思想研究》（東北師範大學 2004 年碩士論文）分析了隋唐時期類書的發展原因、編纂特點、編纂觀念、分類體系和佚因，探究了隋唐類書分類思想的源流、概況、成因及特點；如關於隋唐時期類書的編纂觀念，提出類書的編修者已經有了類書是文獻工具書的意識，而對類書與某些詩集的界限卻很難區分，對類書的編纂有著批判繼承、推陳出新的態度，並開始引入目錄學的方法，且官修類書的編修體現出封建帝王天下一統、文獻一統的觀念；隋唐時期的類書在類部的設立上，重視「人」的地位，而未能涉及到科學技術，其分類體系擇反映了當時儒、道、佛並重的社會思想特徵。

何志華對於唐宋類書徵引先秦兩漢典籍問題編有多本資料集，如《唐宋類書徵引〈淮南子〉資料彙編》（中文大學出版社，2005 年）、《唐宋類書徵引〈莊

〔註17〕劉剛：八十年類書研究之檢討，大學圖書館學報，2006（2）：35～45。
〔註18〕李小彤：類書研究現狀綜述，中國詩歌研究動態，2006：176～183。

子〉資料彙編》（中文大學出版社，2006 年）、《唐宋類書徵引〈呂氏春秋〉資料彙編》（中文大學出版社，2006 年）、《唐宋類書徵引〈孔子家語〉資料彙編》、《唐宋類書徵引〈韓詩外傳〉資料匯》（合訂本，中文大學出版社，2009 年）、《唐宋類書徵引〈國語〉資料彙編》（中文大學出版社，2010 年）等書，都是利用香港中文大學中國文化研究所漢達古文獻數據庫，以計算機檢索系統，輯錄《北堂書鈔》、《藝文類聚》、《群書治要》、《初學記》、《一切經音義》、《白孔六帖》、《太平廣記》、《太平御覽》、《續一切經音義》、《事類賦注》、《冊府元龜》、《海錄碎事》、《錦繡萬花谷》、《記纂淵海》、《事林廣記》、《重廣會史》等類書所引《淮南子》、《莊子》、《呂氏春秋》、《孔子家語》、《韓詩外傳》、《國語》原文及佚注而成的。郭萬青《唐宋類書引〈國語〉研究》（南京師範大學 2013 年博士論文）通過比較今傳《國語》各本與《玉燭寶典》、《北堂書鈔》、《藝文類聚》、《群書治要》、《初學記》、《白氏六帖事類集》、《太平御覽》、《冊府元龜》等類書徵引《國語》條目，為《國語》的進一步深入研究和精校精注提供了參證，並為探討《國語》公序本系統和明道本系統之外的傳本提供了線索。

何忠禮、鄭瑾《略論宋代類書大盛的原因》一文從帝王重視文治、科舉制度的需求以及雕版印刷的興盛三個方面分析了宋代類書興盛的原因。〔註 19〕慈波《宋代文化與類書繁榮》則從宋代崇儒右文的文化政策、類書的教化作用、編撰類書以羈縻人才、宋代學術的昌隆、科舉制度改革的導向以及便捷的刊印條件等六個方面討論了宋代類書興盛的原因。〔註 20〕張圍東的《宋代類書之研究》（《古典文獻研究輯刊》初編五冊，花木蘭文化出版社，2005 年）一書主要分析了宋代類書的成因、發展、分類體系和文獻價值，並將宋代類書分為官修、私修兩種類型。王利偉《宋代類書研究》（四川大學 2005 年碩士論文）從文獻編纂學的角度，探討了宋代類書的概況、基本類型、類目體系、取材、編排及檢索系統及其在中國古代類書編纂史上的地位，認為兩宋初期和南宋中期是宋代類書編纂的高峰，應試類書繁盛，民俗類書發端，宋代類書的類目體系是一種橫向擴展、縱向深入的多維立體結構，而其取材的具有廣泛性、專科性、通俗性、應用性等特點，其編排方式則實現了分類檢索與主題檢索的深入結合，而文獻積累與文獻利用之間的矛盾、印刷術和出版業的興盛、科舉內容擴大的需求、文學創作的深入發展都是促進宋代類書繁榮發展的原因。

〔註19〕何忠禮、鄭瑾：略論宋代類書大盛的原因，浙江大學學報，2003（1）：32～39。
〔註20〕慈波：宋代文化與類書繁榮，江淮論壇，2004（1）：130～135。

　　賈慧如《元代類書考述》通過對歷代書目的梳理，考辨出元代類書現存 27 種，散佚不存 18 種，並考證了年代誤為元代的《群書類編故事》、《歷代蒙求》、《群書會元截江網》、《聲律關鍵》以及誤入類書類的《言行龜鑑》。〔註 21〕其《元代類書存佚考》又進一步考證元代類書現存 27 種，散佚不存 23 種，共計 50 種。〔註 22〕其《元代類書的類型、特點與影響》一文將元代類書分為綜合博覽、科舉作文、通俗日用和童蒙教育四大類，具有實用性、商品性和普及性的特點，開啟了通俗日用類書編纂的先河。〔註 23〕《元代類書在元代社會史研究中的價值初探》認為元代類書中關於衣食、日常雜占、養生療病、休閒娛樂和文書契約、耕作、畜養、製作和染作的材料，對於探究元代人社會生活、社會生產具有重要的文獻價值。〔註 24〕《元代類書在元史研究中的價值初探》認為元代類書對於研究元代的典章制度、語言文字、宗教藝術也具有重要的文獻價值。〔註 25〕

　　劉天振《明代通俗類書研究》（齊魯書社，2006 年）認為明代市民的日常生活對實用型的追求、刻書業的商業化是促成明代通俗類書繁榮的原因，明代的通俗類書可大致分為日用類書、道德故事類書和娛樂性通俗類書三類，並對各類型通俗類書作專題研究，認為通過研究日用類書可以瞭解明代的思想狀況、社會心理、生活哲學；而道德故事類書則傳播了歷史、倫理的人文知識，是民間意識和價值系統的來源地，也是民間迷信現象和宿命思想的發源地；而娛樂性通俗類書在思想內容上則有旌揚女子才能、濃重的寒儒意識、強烈的現實批判意識的特點。涂媚《明代類書考論》（江西師範大學 2012 年碩士論文）從歷史文獻編纂的角度，闡述了明代類書的概況、基本類型、取材與編纂、類目體系、編排與檢索系統及其在中國古代類書編纂史上的地位。

　　尤陳俊《法律知識的文字傳播：明清日用類書與社會日常生活》（上海人民出版社，2013 年）一書，從日用類書與民間契約書寫、訟學知識、律例知識探究了民間法律知識借助明清日用類書而傳播的狀況，並發現由明至清，由於民間契約趨同化成都加強、官方對訟學知識的查禁以及科舉對法學教育的壓抑，導致法律知識在日用類書中所佔比例逐漸減少。

〔註 21〕賈慧如：元代類書考述，圖書館理論與實踐，2009（7）：53～57。
〔註 22〕賈慧如：元代類書存佚考，圖書館雜誌，2009（9）：63～67。
〔註 23〕賈慧如：元代類書的類型、特點與影響，內蒙古社會科學，2011（6）：86～90。
〔註 24〕賈慧如：元代類書在元代社會史研究中的價值初探，內蒙古大學學報，2011（4）：105～110。
〔註 25〕賈慧如：元代類書在元史研究中的價值初探，史學史研究，2011（4）：37～45。

三、類書專書研究

　　對於歷代類書專書的研究成果較多，如對早期的《皇覽》、《華林遍略》、《修文殿御覽》，以及此後的《北堂書鈔》、《法苑珠林》、《藝文類聚》、《初學記》、《太平御覽》、《冊府元龜》、《事類賦注》、《玉海》、《事林廣記》、《永樂大典》、《古今圖書集成》等，都有較多研究成果。

　　《皇覽》、《華林遍略》、《修文殿御覽》：日人津田資久《漢魏之際的〈皇覽〉編纂》一文，在反駁了鈴木啟造、木島史雄《皇覽》「非類書說」後，提出《皇覽》是曹魏政權擴展其宇宙模式並賦予秩序的類聚體書籍。〔註26〕劉春寶《論徐勉對蕭統〈文選〉編纂的影響》一文，認為蕭統編纂《文選》詩、賦「事類」的編錄方法源於徐勉領編《華林遍略》的啟發，〔註27〕力之《〈文選〉事類編錄受〈華林遍略〉重要影響說駁議》一文對劉說論據逐一反駁，認為其理由難以證明徐勉領編《華林遍略》對《文選》詩、賦「事類」編錄方法產生過任何實質性的影響。〔註28〕劉全波《〈華林遍略〉編纂考》一文，考證參與編纂《華林遍略》的學者有劉杳、顧協、鍾屼、何思澄、王子雲五人，而領修者為徐勉，又考察了其流傳情況，又輯有佚文一則。〔註29〕桂羅敏《〈修文殿御覽〉考辨》一文，考證了修纂《修文殿御覽》的過程、人員、流傳及影響等，並從其他典籍中輯出佚文 9 則。〔註30〕

　　《北堂書鈔》：郭醒《〈北堂書鈔〉成書年代考論》一文從《大唐新語》所載、隋唐秘書省制度、虞世南創作風格三個方面證明《北堂書鈔》成書於唐代，〔註31〕孟祥娟、曹書傑《〈北堂書鈔〉編撰於隋考》一文，則從避諱、著錄情況以及編撰的主客觀條件等方面證明《北堂書鈔》編撰於隋大業年間，以駁正郭醒之說。〔註32〕桂羅敏《知識分類對天人秩序的映照——以類書〈北堂書鈔〉為例》，以《北堂書鈔》為樣本，借助分類學說區分世界萬象的能力，

〔註26〕　（日）津田資久：漢魏之際的《皇覽》編纂，魏晉南北朝史論文集，四川：巴蜀書社，2006：319～324。
〔註27〕　劉寶春：論徐勉對蕭統《文選》編纂的影響，文學遺產，2010（5）：17～25。
〔註28〕　力之：《文選》事類編錄受《華林遍略》重要影響說駁議，河南師範大學學報，2012（2）：195～200。
〔註29〕　劉全波：《華林遍略》編纂考，敦煌學輯刊，2013（1）：85～94。
〔註30〕　桂羅敏：《修文殿御覽》考辨，圖書情報工作，2009（1）：135～138。
〔註31〕　郭醒：《北堂書鈔》成書年代考論，社會科學輯刊，2010（3）：262～264。
〔註32〕　孟祥娟、曹書傑：《北堂書鈔》編撰於隋考，古籍整理研究學刊，2013（3）：35～38。

揭示古代類書的分類是如何隱性地解釋包括宇宙秩序、社會秩序與生活秩序在內的天人秩序的。〔註33〕此外，研究《北堂書鈔》的學位論文有梁玲華《〈北堂書鈔〉初探》（四川大學 2004 年碩士論文）、王飛飛《〈北堂書鈔〉引經考》（廣西師範大學 2011 年碩士論文）、呂玉紅《〈北堂書鈔‧樂部〉中的音樂文獻學研究》（山西大學 2012 年碩士論文）。

《法苑珠林》：關於《法苑珠林》的學位論文主要有張小講《〈法苑珠林〉與佛教的民間化——簡論兩晉南北朝佛教的發展》（陝西師範大學 2001 年碩士論文）、安正燻《〈法苑珠林〉敘事結構研究》（復旦大學 2003 年博士論文）、吳福秀《〈法苑珠林〉研究》（廣西師範大學 2006 年碩士論文）、劉麗娜《〈法苑珠林‧感應緣〉中的鬼》（上海師範大學 2008 年碩士論文）、蔣瑋《〈法苑珠林〉中的女性故事研究》（華東師範大學 2008 年碩士論文）、吳福秀《〈法苑珠林〉分類思想研究》（華中師範大學 2009 年博士論文）、倪贊嶽《從〈法苑珠林〉佛教傳道故事看佛教對「地方」的建構》（華東師範大學 2010 年碩士論文）、禹建華《〈法苑珠林〉異文研究》（湖南師範大學 2011 年碩士論文）、向玲玲《〈太平廣記〉所引〈法苑珠林〉異文研究》（安徽師範大學 2012 年碩士論文）、劉秋堯《〈法苑珠林〉「感應緣」涉夢故事研究》（陝西師範大學 2012 年碩士論文）。安正燻《〈法苑珠林〉敘事結構研究》主要從敘事文學的角度，探究了《法苑珠林》中的感應緣故事，認為其深受佛教文學的影響，在敘事方式和結構上都發生了變化，而這種變化的內在軌跡和表達方式，正展示了六朝志怪向唐人小說轉變的過程。吳福秀《〈法苑珠林〉研究》主要對《法苑珠林》的撰者、成書以及其徵引志怪小說文獻進行了考論，認為釋道世生於隋開皇十五年（595）之前，卒於唐弘道元年（683），幼年即出家，現本《諸經要集》即道世自錄《善惡業報論》，是《法苑珠林》的初本；《法苑珠林》徵引的志怪小說文獻有佛化特徵和以史弘法的編纂傾向，其文獻學價值表現在對類書體制的創新和中古志怪小說輯佚上。《〈法苑珠林〉分類思想研究》主要比較了《法苑珠林》與《藝文類聚》、《經律異相》、《道教義樞》在分類上的差異，以及從《諸經要集》到《法苑珠林》分類上的變化，並論述了《法苑珠林》中內典、「感應緣」、《傳記篇》、徵引《搜神記》的分類情況，認為《法苑珠林》的分類在完善佛教知識體系、拓展古代的知識視野、促進佛學的發展、加速不同

〔註33〕桂羅敏：知識分類對天人秩序的映照——以類書《北堂書鈔》為例，圖書情報知識，2013（2）：48～57。

文化之間的融合等方面具有重要的意義。

　　《藝文類聚》：關於《藝文類聚》研究的學位論文有韓建立的《〈藝文類聚〉編纂研究》（吉林大學 2008 年博士論文）、孫麟《〈藝文類聚〉版本研究》（復旦大學 2008 年博士論文）、呂維彬《〈藝文類聚〉詩賦收錄分類研究》（廣西師範大學 2010 年碩士論文）、武良成《〈藝文類聚〉引〈漢書〉研究》（廣西師範大學 2011 年碩士論文）、鄭聲《〈藝文類聚・樂部〉中的音樂史料研究》（山西大學 2011 年碩士論文）。其中韓建立《〈藝文類聚〉編纂研究》以《〈藝文類聚〉纂修考論》於 2012 年由臺灣花木蘭文化出版社出版，此書對《藝文類聚》的編纂原因與過程、編纂結構與體例以及與分類學、目錄學、文體學之間的關係進行了多維度的考察。

　　《初學記》：關於《初學記》研究的著作、學位論文有江秀梅《〈初學記〉徵引集部典籍考》、劉張傑《〈初學記・樂部〉研究》（華中師範大學 2006 年碩士論文）、藺華《〈初學記〉與〈白孔六帖〉比較研究》（華東師範大學 2006 年碩士論文）、李玲玲《〈初學記〉引經考》（浙江大學 2009 年博士論文）、黎麗莎《〈初學記〉詩賦收錄分類研究》（廣西師範大學 2011 年碩士論文）。李玲玲《〈初學記〉引經考》以《初學記》所引《十三經》相關內容為研究對象，全面整理了《初學記》所引經文，考鏡文字源流，剖析詞彙變遷，輯錄佚文佚注，並分析了《初學記》在引經方面存在的錯誤，並列附表，將《初學記》所引經文按原序排列，以便利用。

　　《太平御覽》：周生傑《太平御覽研究》（巴蜀書社，2008 年）「對《太平御覽》的纂修背景、成書過程、版本源流、基本面貌、引用文獻、文獻價值、編纂思想、對前代類書的利用與對後代類書的影響、海外流傳情況以及存在的缺陷等問題作了全面、深入、系統的探討，頗多創獲」，「該書為類書研究的一部力作，在拓寬與加深類書研究領域方面作出了貢獻，對我們深入瞭解類書，特別是《太平御覽》的史料價值與存在問題，極有參考價值」。〔註34〕溫志拔《〈太平御覽〉引「唐書」之性質考論》一文，認為《太平御覽》所引「唐書」是通名，包含《舊唐書》、唐國史實錄、《通典》、《唐會要》以及唐代雜史筆記等。〔註35〕而唐雯《〈太平御覽〉引「唐書」再檢討》一文也認為，《太平御覽》

〔註34〕徐有富：太平御覽研究序，《太平御覽研究》，四川：巴蜀書社，2008：3～5。
〔註35〕溫志拔：《太平御覽》引「唐書」之性質考論，史學史研究，2010（2）：33～38。

所引「唐書」並非某書的專名，而是包括劉昫《唐書》、吳兢等所編一百三十卷本《唐書》及歷朝實錄在內的官方史料文獻的通名。〔註36〕其他相關學位論文還有林海鷹《〈太平御覽〉引〈釋名〉校釋》（東北師範大學 2003 年碩士論文）、龔碧虹《〈太平御覽〉引〈史記〉考校》（南京師範大學 2008 年碩士論文）、趙思木《〈太平御覽〉引〈說文〉考》（華東師範大學 2011 年碩士論文）、韓囡《〈太平御覽〉引〈詩〉考論》（南京師範大學 2012 年碩士論文）。韓囡《〈太平御覽〉引〈詩〉考論》對《太平御覽》引《毛詩》之外的三家《詩》異文、六朝古本異文及通假字、異體字等《詩經》常見異文現象，進行了詳細的校勘，分析；並比對《藝文類聚》、《初學記》的引《詩》情況，發現《御覽》引《詩》與前代類書有明顯因襲關係。

《冊府元龜》：馬維斌《〈冊府元龜〉的撰修以及其中唐代部分的史料來源與價值》（陝西師範大學 2002 年碩士論文）、劉玉峰《〈冊府元龜〉中契丹史料輯錄》（東北師範大學 2006 碩士論文）、劉景玲《〈冊府元龜·外臣部〉有關東北史料輯校（一）》（東北師範大學 2007 碩士論文）、王丹丹《〈冊府元龜·外臣部〉東北史料輯校（二）》（東北師範大學 2008 碩士論文）、王鑫玉《〈冊府元龜·外臣部〉東北史料輯校（三）》（東北師範大學 2007 碩士論文）、英秀林《〈冊府元龜〉中的〈三國志〉異文研究》（復旦大學 2010 年碩士論文）、蔣倩《校訂本〈冊府元龜·掌禮部〉引「三禮」考》（南京師範大學 2011 年碩士論文）、馬維斌《〈冊府元龜〉研究——以唐史史源學為中心》（陝西師範大學 2012 年博士論文）、潘倩《〈冊府元龜〉類序研究》（華中師範大學 2013 年碩士論文）。馬維斌《〈冊府元龜〉研究》從史源學角度重點考察了《冊府元龜》的來源問題，認為其史料多來源於唐代諸帝實錄、韋述等撰 130 卷《唐書》、《舊唐書》、《通典》、蘇冕《會要》、崔鉉等《續會要》、王溥《唐會要》。

《事類賦注》：程章燦《〈事類賦注〉引漢魏六朝賦考》一文，將《事類賦注》所引漢魏六朝賦與嚴可均《全上古三代秦漢三國六朝文》所輯賦相比勘，列可補嚴氏輯佚者 6 條，可為校勘者 19 條。〔註37〕魏小虎對程文有商榷之作，認為其程氏「或徑引嚴氏所輯，而未查其誤；或《事類賦》與《御覽》引文全同，而僅據前者出校」，並引及《太平御覽》等類書，對程文失誤

〔註36〕唐雯：《太平御覽》引「唐書」再檢討，史林，2010（4）：70～76。
〔註37〕程章燦：《事類賦注》引漢魏六朝賦考，古籍整理研究學刊，2000（2）：62～64。

之處，逐條考辨。〔註 38〕崔成宗《吳淑〈事類賦〉初探》一文，認為《事類賦》是《太平御覽》的精要讀本；〔註 39〕而魏小虎《〈事類賦注〉的文獻學研究》（華東師範大學 2004 年碩士論文）通過對《事類賦注》及相關文獻的研究，認為其引文絕大部分抄自《太平御覽》，而其所據又是異於傳世本《太平御覽》的另一「定本」，可相互比勘，並通過實例闡述其文獻價值。周生傑在論及《事類賦》與《太平御覽》關係時，認為《事類賦》「注文則與《御覽》的引文有很大的重合性，假如除去正文，將注文單獨成書，則視為《御覽》的縮寫本亦無不可」。〔註 40〕

《玉海》：劉躍進《〈玉海·藝文〉的特色及其價值》一文，從目錄學、史料學、學術史三個方面討論了《玉海·藝文》的價值，認為「它不僅為我們提供了豐富的資料，更重要的是向我們展示了如何搜集資料，如何進入學問領域的若干途徑與方法」。〔註 41〕關於《玉海》的學位論文有劉圓圓《〈玉海〉實錄問題研究》（上海師範大學 2010 年碩士論文）、肖光偉《〈玉海〉所引隋唐五代文獻研究》（上海師範大學 2011 年博士論文）、李潤鶴《〈玉海·藝文〉的圖書分類法及現代價值研究》（鄭州大學 2012 年碩士論文）。肖光偉《〈玉海〉所引隋唐五代文獻研究》主要從隋唐五代的禮樂文獻、實錄文獻以及雜史、雜傳、職官、地理文獻等方面考察了《玉海》的文獻來源問題，認為《玉海》在保存隋唐五代文獻方面具有重要價值。

《事林廣記》：胡道靜《元至順刊本〈事林廣記〉解題》，認為陳元靚先後著有《博聞錄》、《歲時廣記》、《事林廣記》三書。〔註 42〕而宮紀子《對馬宗家舊藏元刊本〈事林廣記〉について》（《東洋史研究》第六十七卷第一號）則提出陳元靚《博文錄》與《事林廣記》為同書異名之作。王珂《〈事林廣記〉源流考》一文，鑒於宮紀子尚未做出嚴密論證，從外證、內證兩個方面，進一步論證宮紀子觀點。〔註 43〕對《事林廣記》研究的學位論文有喬志勇《〈事林廣

〔註 38〕魏小虎：《〈事類賦注〉引漢魏六朝賦考》疏誤考，津圖學刊，2004（1）：21～22。

〔註 39〕崔成宗：吳淑《事類賦》初探，海峽兩岸古典文獻學學術研討會論文集，上海：上海古籍出版社，2002。

〔註 40〕周生傑：《〈太平御覽〉研究》，巴蜀書社，2008 年，第 413 頁。

〔註 41〕劉躍進：《玉海·藝文》的特色及其價值，復旦學報，2009（4）：38～42。

〔註 42〕胡道靜：元至順刊本《事林廣記》解題，中國古代典籍十講，上海：復旦大學出版社，2004，160～178。

〔註 43〕王珂：《事林廣記》源流考，古典文獻研究（第十五輯），2012：342～352。

記〉研究》（復旦大學 2008 年碩士論文）、王珂《宋元日用類書〈事林廣記〉研究》（上海師範大學 2010 年博士論文）、李佳佳《和刻本〈事林廣記〉飲饌部分研究》（內蒙古師範大學 2012 年碩士論文）、田薇《陳元靚的〈事林廣記〉及其史料中的教育思想初探》（內蒙古師範大學 2012 年碩士論文）。王珂《宋元日用類書〈事林廣記〉研究》是對《事林廣記》較為系統的研究，文中對陳元靚生平重新梳理，以糾正了前人之誤，並著重考察《事林廣記》諸版本，並作解題與比較研究；此外，還對《事林廣記》的插圖以及與其他類書進行了對比研究。

《永樂大典》：對於《永樂大典》的研究，有中國國家圖書館編《〈永樂大典〉編纂 600 週年國際研討會論文集》（北京圖書館出版社，2003），此論文集共收大陸、臺灣、美、日等地學者論文 29 篇，對《永樂大典》的館藏、保護、整理以及《大典》的輯佚等問題都有較深探討。李紅英、汪桂海《〈永樂大典〉錄副諸人考略》一文，據所存《永樂大典》殘冊，考證抄錄《永樂大典》副本諸人，分重錄總校官、重錄分校官、寫書官、書寫官生、圈點監生五類，凡 166 人。〔註44〕黃權才《〈永樂大典〉若干問題新論析》認為，朱棣修《永樂大典》並非一般的「右文」之舉，而是其控制改造文人的「修人工程」；並詳細分析了《文獻大成》與《永樂大典》的編修關係，並指出「《永樂大典》修書時間為永樂三年至永樂五年十一月」，不存在永樂年間重錄一部的可能。〔註45〕此外，對《永樂大典》的研究主要集中在輯佚方面，如史廣超《〈永樂大典〉輯佚研究》（復旦大學博士論文，2006，以《〈永樂大典〉輯佚述稿》由中州古籍出版社於 2009 年出版）分別從四庫館之前的學者、四庫館臣、全唐文館臣三個方面論述了《永樂大典》的輯佚成果；崔偉《〈永樂大典〉本江蘇佚志研究》（安徽大學 2010 年博士論文）對南京、淮安、揚州、鎮江、常州、無錫、蘇州七大地域的六十部方志的編纂及其佚文進行了系統研究；張昇《〈永樂大典〉流傳與輯佚研究》（北京師範大學出版社，2010）為作者對於《永樂大典》研究的論文集，書中考察了《永樂大典》正本、副本的流傳情況，並對《永樂大典》在四庫館之前和四庫館臣的輯佚的部分成果，如《名公書判清明集》、《折獄龜鑑》等作了論述，還論及《永樂大典》與方志的問題；蒲霞《〈永樂大典〉

〔註44〕李紅英、汪桂海：《永樂大典》錄副諸人考略，文獻，2008（3）：107～117。
〔註45〕黃權才：《永樂大典》若干問題新論析（上），圖書館界，2007（2）：43～47；
　　　黃權才：《永樂大典》若干問題新論析（下），圖書館界，2007（3）：51～54。

徽州方志研究》（安徽大學出版社，2013）對《永樂大典》收錄的十部徽州方
志——《新安續志》、《新安後續志》、《延祐新安後續志》、《新安志》、《徽州府
新安志》、《徽州府志》、《星源志》、《休寧縣新安志》、《休寧縣彰安志》和《黃
山圖經》的編修時間進行了探討，提出：「《新安續志》實際上包括兩部書，一
部是宋代端平二年（1235 年）李以申編修的八卷本的《新安續志》，另一部是
元代延祐六年（1319 年）洪焱祖編修的十卷本的《新安後續志》。《新安後續
志》和《延祐新安後續志》是同一部書，是元代延祐六年（1319 年）洪焱祖編
修的十卷本《新安後續志》，亦被稱為《新安續志》或《續新安志》。《新安志》、
《徽州府新安志》和《徽州府志》三部方志是同一部志書，是明代洪武九年
（1376 年）朱同編修的十卷本《新安志》，亦被稱為《新安府志》。《永樂大典》
實際上收錄了三部徽州府志。」〔註46〕

　　《古今圖書集成》：裴芹《〈古今圖書集成〉研究》（北京圖書館出版社，
2001 年）為作者研究《古今圖書集成》的論文集，書中對《古今圖書集成》與
古代類書編纂、清初編書風氣的關係以及《古今圖書集成》的編纂、體例、按
注、版本等皆有研究，並輯錄出所引方志書目。曹紅軍《〈古今圖書集成〉版
本研究》一文認為，《古今圖書集成》由陳夢雷主持印刷大部分內容，而蔣廷
錫印刷部分不足 4%，又對陳氏印刷部分有少量審核校改；《古今圖書集成》實
際成書數量為 64 部，其銅活字是刊刻而非鑄造，數量約 20 餘萬。〔註47〕吳
承學《論〈古今圖書集成〉的文學與文體觀念——以〈文學典〉為中心》一文，
分析了《古今圖書集成·文學典》中所反映的康熙年間主流社會的文學觀念和
風氣。〔註48〕此外對《古今圖書集成》文本本身進行研究的學位論文有滕黎君
《論〈古今圖書集成〉及其索引的應用價值》（廣西大學 2003 年碩士論文）、
詹惠媛《古今圖書集成·經籍典》體制研究（臺灣輔仁大學 2008 年碩士論文，
《古典文獻研究輯刊》八編二冊，花木蘭文化出版社，2009 年）、姚玉《古今
圖書集成·箏部〉研讀》（西安音樂學院 2009 年碩士論文）、郭韻雯《古今圖
書集成〉中的竟陵派》（黑龍江大學 2009 年碩士論文）、田甜《古今圖書集
成·樂律典〉的編纂研究》（武漢音樂學院 2010 年碩士論文）、徐麗娟《古今

〔註46〕蒲霞：《永樂大典》徽州方志研究，合肥：安徽大學出版社，2013：238。
〔註47〕曹紅軍：《古今圖書集成》版本研究，故宮博物館院刊，2007（3）：53～66。
〔註48〕吳承學：論《古今圖書集成》的文學與文體觀念——以《文學典》為中心，文
　　　　學評論，2012（3）：29～39。

圖書集成・樂律典・歌部〉初探》（天津音樂學院 2012 年碩士論文）。

此外，對其他類書專書研究的學位論文或著作，還有吳惠芳《萬寶全書：明清時期的民間生活實錄》（《古典文獻研究輯刊》初編三十七、三十八冊）、王淑靜《馮琦與〈經濟類編〉》（山東師範大學 2005 年碩士論文）、何小宛《〈經律異相〉詞彙專題研究》（安徽師範大學 2006 年碩士論文）、牛會娟《陳元靓與〈歲時廣記〉》（四川大學 2006 年碩士論文）、莊麗麗《〈孔氏六帖〉研究》（陝西師範大學 2006 年碩士論文）、唐雯《晏殊〈類要〉研究》（復旦大學 2006 年博士論文，上海古籍出版社，2012 年）、丁育豪《徐元太〈喻林〉研究》（臺灣東吳大學 2006 年碩士論文，《古典文獻研究輯刊》五編三冊，花木蘭文化出版社，2007 年）、胡華平《重廣會史〉研究》（南昌大學 2007 年碩士論文）、趙爽《綜合性蒙學讀物〈幼學瓊林〉研究》（吉林大學 2008 年碩士論文）、朱曉蕾《〈古今合璧事類備要〉初探》（上海師範大學 2009 年碩士論文）、賈智玲《〈名醫類案〉、〈續名醫類案〉宋金元時期醫案的脈學研究》（河北醫科大學 2009 年碩士論文）、劉磊《〈群書考索〉所引宋代史料研究》（華東師範大學 2009 年碩士論文）、戴建國《〈淵鑒類函〉研究》（華東師範大學 2009 年博士論文）、張赫《〈新箋決科古今源流至論〉研究》（河北大學 2010 年碩士論文）、黃麗明《〈玉燭寶典〉研究》（上海師範大學 2010 年碩士論文）、全建平《〈新編事文類聚翰墨全書〉研究》（陝西師範大學 2010 年博士論文，寧夏人民出版社，2011 年）、董志翹《〈經律異相〉整理與研究》（巴蜀書社 2011 年）、翁振山《二十卷本〈倭名類聚抄〉研究》（廣西大學 2011 年碩士論文）、丁之涵《明清〈四書〉專題類書研究》（華東師範大學 2011 年碩士論文）、熊鷹《〈佩文韻府〉研究》（江西師範大學 2011 年碩士論文）、章友彩《〈國色天香〉研究》（暨南大學 2011 年碩士論文）、戴含悅《〈文奇豹斑〉研究》（上海師範大學 2012 年碩士論文）、鄭超《古代類書中的器物設計史料研究——以〈淵鑒類函〉為例》（湖南工業大學 2012 年碩士論文）、周珊《王圻〈稗史彙編〉初探》（山東大學 2012 年碩士論文）、戴儉宇《〈名醫類案〉、〈續名醫類案〉從腎論治醫案系統研究》（遼寧中醫藥大學 2012 年博士論文）、高振超《西夏文〈經律異相〉（卷十五）考釋》（陝西師範大學 2012 年碩士論文）、李珊珊《〈北平風俗類徵〉「歲時」部分民俗詞語研究》（山東大學 2012 年碩士論文）、楊敏《〈互史鈔〉研究》（安徽大學 2013 年碩士論文）、于志剛《唐代的僧人、寺院與社會生活——以〈太平廣記〉為中心》（鄭州大學 2013 年碩士論文）、張瀾《中國

古代類書的文學觀念：〈事文類聚翰墨全書〉與〈古今圖書集成〉》（九州出版社，2013 年）。

四、類書基本問題研究

（一）類書與文學關係的研究

小說：劉天振《類書編纂與章回小說的標目》一文認為，章回小說雙句對偶的標目形式是借用傳統類書編纂體例而來的。〔註49〕而其《類書與文言小說總集的編纂》則提出，「古代文言小說總集分層分類的編輯方法不是發端於《世說新語》，而是借鑒了類書的編輯經驗，主要表現在兩個方面：『分層分類』的編排體例和『標題隸事』的編輯方法。」〔註50〕其《類書體例與明代類書體文言小說集》認為，類書的分類體系有助於小說文體與正統價值系統的結合，其分類方式在客觀上推動時人對小說文體分類的探索與嘗試。〔註51〕

詩詞：吳夏平《論類書與唐代隱括體詩》認為，李嶠「百詠詩」將所簡括之「標題」在音律、對仗等方面進行調整，使其符合一定的格式，與類書的編纂有相似之處，可視為唐代的「隱括體詩」。〔註52〕焦亞東《互文性視野下的類書與中國古典詩歌——兼及錢鍾書古典詩歌批評話語》一文檢討了類書之於文學以及文學批評的意義，認為類書構築了極為豐富的互文性空間，加劇了詩歌的孳生現象，為後世提供了大量的互文性詩歌文本和文學批評的範式（互文批評）。〔註53〕劉天振《試論明代民間類書中歌訣的編輯功能——以明刊日用類書與通俗故事類書為考察中心》一文從考察了明代用歌訣形式編纂類書的特殊形式，並從文本體制和文化屬性方面探討了民間類書和通俗文學的共通性。〔註54〕劉天振《明刊日用類書所輯詩歌初探》一文，探討了明代類書中所收詩歌在選材傾向、欣賞旨趣、文化屬性等方面不同於傳統詩學觀念的特徵，認為這些打油詩、文字遊戲、笑談詩之類的作品是建構明代詩歌史所不

〔註49〕 劉天振：類書編纂與章回小說的標目，浙江師範大學學報，2003（4）：62～66。
〔註50〕 劉天振：類書與文言小說總集的編纂，華中科技大學學報，2003（5）：45～48。
〔註51〕 劉天振：類書體例與明代類書體文言小說集，明清小說研究，2010（3）：81～93。
〔註52〕 吳夏平：論類書與唐代隱括體詩，貴州師範大學學報，2006（3）：108～112。
〔註53〕 焦亞東：互文性視野下的類書與中國古典詩歌——兼及錢鍾書古典詩歌批評話語，文藝研究，2007（1）：66～71。
〔註54〕 劉天振：試論明代民間類書中歌訣的編輯功能——以明刊日用類書與通俗故事類書為考察中心，中國典籍與文化，2007（3）：89～94。

可缺失的基石。〔註55〕張巍《論唐宋時期的類編詩文集及其與類書的關係》一文則考察了類書與詩文集之間的一種中介形態——類編詩文集，認為類書與類編詩文集的區別在於：「嚴格意義上的類編總集只錄全篇詩文，原則上不錄散句斷篇，更不錄字詞典故，而類書的範圍卻廣泛得多，既可以收錄典故，也可以節錄或全錄詩文。」〔註56〕汪超《論明代日用類書與詞的傳播》一文簡要考察了類書中詞作的來源，並從傳播者和受眾兩個方面分析了其對詞作傳播的影響，認為編者的思想觀念、書坊的成本控制等營銷行為以及受眾的需求及閱讀興趣都會影響到其詞的傳播。〔註57〕

　　文賦：楊忠《〈四六膏馥〉與南宋四六文的社會日用趨向》一文，在對比宋本《四六發遣膏馥集》和《永樂大典》基本《四六膏馥》的基礎上，認為前者多出的內容反映了四六文在寫作上由北宋之淡雅自然漸變為南宋之工巧繁碎，在社會應用方面日趨實用。〔註58〕慈波《宋四六與類書》認為宋代應試類書的興盛，雖然方便了四六文的創作，但也使其流於俗套，基本格式配合適當語料即可拼湊成文，日趨程式化。〔註59〕施懿超《宋代類書類四六文敘錄》則從文獻學角度，對《聖宋名賢四六叢珠》、《聖宋千家名賢表啟翰墨大全》、《翰苑新書》、《四六膏馥》四部四六文類書進行題解，介紹了其版本流傳、編纂體例等情況。〔註60〕祝尚書《論賦體類書及類事賦》一文，以宋人所撰賦體類書及類事賦為對象，考察了其用途、類別、撰寫原則及特徵，認為它們是科舉考試的產物，進而成為科舉時代的一種文化現象。〔註61〕許結《論漢賦「類書說」及其文學史意義》一文，從廣義文化觀的角度分析「賦代類書」說，認為漢賦的「文類」特徵不僅影響到「類書」的編纂，而且具有中國文學從「文言」到「文類」的歷史轉捩意義。〔註62〕

〔註55〕劉天振：明刊日用類書所輯詩歌初探，齊魯學刊，2010（3）：121～124。

〔註56〕張巍：論唐宋時期的類編詩文集及其與類書的關係，文學遺產，2008（3）：56～62。

〔註57〕汪超：論明代日用類書與詞的傳播，圖書與情報，2010（2）：140～144。

〔註58〕楊忠：《四六膏馥》與南宋四六文的社會日用趨向，北京大學學報，2005（3）：139～143。

〔註59〕慈波：宋四六與類書，濟南大學學報，2006（1）：38～42。

〔註60〕施懿超：宋代類書類四六文敘錄，古籍整理研究學刊，2007（3）：8～14。

〔註61〕祝尚書：論賦體類書及類事賦，四川大學學報，2008（5）：78～84。

〔註62〕許結：論漢賦「類書說」及其文學史意義，社會科學研究，2008（5）：168～173。

（二）類書與其他學科關係的研究

　　藝術：彭礪志《唐宋類書中保存的書學文獻及其學術價值》一文，對唐宋類書中隱性書學文獻進行了統計、編目、比勘、舉例、分析，為深入研究書法史、書法理論提供了進一步的文獻支撐。〔註 63〕方波《民間書法知識的建構與傳播──以晚明日用類書中所載書法資料為中心》則以晚明的綜合性日用類書中的書學文獻為對象，探究了書法知識在民間的需求、傳播與接受過程。〔註 64〕楊婷婷《從四部類書樂部看唐人音樂思想的特別樣態》（西安音樂學院 2009 年碩士論文）以唐代四大類書（《北堂書鈔》、《藝文類聚》、《初學記》、《白氏六帖》）中樂部文獻為對象，探究了唐代文人的音樂思想世界、認知結構，認為其內容編纂深受以儒家禮樂思想為核心的文化價值觀念的影響，對雅樂文化極為推崇，而同時又對作為異質音樂的胡俗新樂頗有興趣，「崇雅」與「愛俗」的審美態度發生衝突，唐人的音樂審美心理結構也正是在這種矛盾的化解中逐漸走向成熟。

　　法律：尤陳俊《明清日用類書中的律學知識及其變遷》、《明清日用類書中的法律知識變遷》、《明清日常生活中的訟學傳播──以訟師秘本與日用類書為中心的考察》三文從明清時期的日用類書流傳的角度，考察了律學知識、訟學知識在民間的傳播，日用類書在為普通百姓提供律學常識、詞狀撰寫方法等方面起到了重要作用。〔註 65〕

　　倫理：方彥壽《朱熹的道統論與建本類書中的先賢形象》以陳元靚所編《事林廣記》中的先賢圖為例，分析了朱熹道統論在民間的傳播、普及。〔註 66〕魏志遠《道德與實用：從日用類書看明朝中後期的民間倫理思想》從個人品性修養、家庭倫理、為人處世三個方面考察了明朝中後期日用類書中的民間倫理思想，認為其相較官方的教化倫理思想更強調倫理規範的實用性。〔註 67〕

〔註 63〕彭礪志：唐宋類書中保存的書學文獻及其學術價值，古籍整理研究學刊，2007（6）：38～44。

〔註 64〕方波：民間書法知識的建構與傳播──以晚明日用類書中所載書法資料為中心，文藝研究，2012（3）：118～126。

〔註 65〕尤陳俊：明清日用類書中的律學知識及其變遷，法律文化研究，2007：424～436；尤陳俊：明清日用類書中的法律知識變遷，法律和社會科學，2007：128～150；尤陳俊：明清日常生活中的訟學傳播──以訟師秘本與日用類書為中心的考察，法學，2007（3）：71～80。

〔註 66〕方彥壽：朱熹的道統論與建本類書中的先賢形象，孔子研究，2011（5）：42～49。

〔註 67〕魏志遠：道德與實用：從日用類書看明朝中後期的民間倫理思想，廣西大學學報，2012（6）：109～113。

　　社會管理：陳學文《明代中葉以來農村的社會管理——以日用類書的記載來研究》則從社會管理角度，通過對明代日用類書中有關鄉俗民約的二十二件契約文書，分析了晚明農村社會的巨變，如訂立契約關係、維護農業生態、人倫的商品化傾向等。〔註68〕其《從日用類書記載來看明清時期的家庭與婚姻形態》擇從社會學的角度，通過研究明清日用類書中民間自發制訂的鄉規民約探究明清家庭、婚姻的形態，認為鄉規民約對完善鄉村自治管理起了良好作用，補充了政府律令的不足。〔註69〕

　　此外，陳東輝《類書與漢語詞彙史研究》一文從詞彙史角度，發掘了類書的價值，認為類書的相關材料可以作為詞彙研究的語料，也可為漢語詞彙史研究提供書證，而個別類書中的漢語史史料也是漢語詞彙史研究的參證文獻，類書應該在漢語詞彙的研究中起到更大的作用。〔註70〕

（三）類書與叢書、百科全書的關係

　　劉辰《類書、叢書、百科全書及其比較》一文，在批評「以《四庫全書》為類書」說、「以百科全書為類書」說以及分析類書、叢書、百科全書三種書體的概念後，認為《四庫全書》是叢書，而非類書；類書與百科全書有質的區別，前者是輯錄原文以為條目，編輯而成，後者是按學科整體要求撰寫條目，著述而成，且類書與百科全書並無淵源關係。〔註71〕金常政《類書與百科全書》一文從整體而探究，認為「囊括當時已有知識，加以分類整理並編纂起來」是百科全書最基本的性質和最起碼的條件，所以類書是百科全書性質的著作，而中西百科全書之間的差異只是兩種不同的文化傳統造成的。〔註72〕

五、類書研究的特點與問題

（一）類書研究的特點

　　通過以上幾部分的敘述，我們認為近年來類書研究的特點有四：

　　（1）瓶頸依舊，對類書基本問題的認識仍存在爭議，進展不大。由於學

〔註68〕陳學文：明代中葉以來農村的社會管理——以日用類書的記載來研究，中國農史，2013（1）：70～78。

〔註69〕陳學文：從日用類書記載來看明清時期的家庭與婚姻形態，江南大學學報，2013（5）：33～38。

〔註70〕陳東輝：類書與漢語詞彙史研究，古漢語研究，2004（1）：80～85。

〔註71〕劉辰：類書、叢書、百科全書及其比較，出版科學，2001（3）：30～34。

〔註72〕金常政：類書與百科全書，出版科學，2004（3）：17～19。

者在對類書的性質的認識上，存在許多分歧，學界對類書並未有較為統一的認識，對於部分典籍是否歸入類書存在不同意見，如對部分政書、總集與類書的區別仍存分歧；而對於類書在中國古代典籍中的地位及歸屬更是缺乏深入認識，無法體現類書這一中國典籍的特殊編纂形式的歷史地位。

（2）一枝獨秀，類書專書的研究興盛。雖然學界對類書的一些基本問題未能完全取得一致意見，但對於部分學界公認的類書，如《北堂書鈔》、《法苑珠林》、《藝文類聚》、《初學記》、《太平御覽》、《冊府元龜》、《事類賦注》、《玉海》、《事林廣記》、《永樂大典》、《古今圖書集成》等，卻有較多專門研究，近年來學界更是有學者轉向對部分知名度較低的類書的研究，如上文提及的對於《類要》、《重廣會史》、《古今合璧事類備要》、《新箋決科古今源流至論》、《事文類聚翰墨全書》等類書的研究。

（3）多元視野，開始關注對類書中專門知識的研究。隨著學界對類書專書研究的深入，學者們也開始關注對類書中專門的門類知識的研究，如從書法、音樂、法律、倫理、社會管理等角度對類書的深入研究；並且學者們也開始關注日用類書，從而將研究的視角下移到普通民眾，從日用類書中探討他們的日常生活。

（4）類書的整理滯後。類書的影印情況：故宮博物館所編《故宮珍本叢刊》於 2001 年由海南出版社出版，其子部類書部分共收類書 33 冊，李勇先所編《類書類地理文獻集成》（《中國歷史地理文獻輯刊》第八編）於 2009 年由上海交通大學出版社出版，共二十三冊，僅收類書中與地理相關的部分。西南師範大學出版社、東方出版社於 2011 年出版《明代通俗日用類書集刊》，共收明代日用類書 44 種。而在類書的標點整理方面，僅有零星的幾種，如周叔迦、蘇晉仁校點的《法苑珠林校注》（中華書局 2003 年版）、李永晟校點的《雲笈七籤》（中華書局 2003 年版）、周勳初等校訂《冊府元龜》（鳳凰出版社 2006 年版）、周延良的《重廣會史箋證》（齊魯書社 2010 年版）。可見，相對於類書專書研究的興盛，類書的整理工作還非常滯後，需要引起學界的重視。

（二）類書研究存在的問題

今年來，關於類書研究的論文很多，雖然取得了一定的成績，但同時也存在一些問題。

（1）一稿多投。如《略論類書在中醫學術發展中的作用》一文，作者董少萍、臧守虎發表於《長春中醫學院學報》（2000 年第 2 期），後又署名董少

萍，發表於《中醫文獻雜誌》（2000 年第 4 期）；《唐宋類書「文部」的文體文獻學價值》一文，作者黨聖元、任競澤發表於《中國文化研究》（2010 年第 4 期），後又署名黨聖元，發表於《文化與詩學》（2011 年第 1 期）；何任《〈永樂大典〉醫藥內容述略》（天津中醫藥，2007 年第 2 期）一文曾以相同名稱發表於《浙江中醫學院學報》（1989 年第 1 期）；韓建立《〈藝文類聚〉類目編排新探》一文發表於《新世紀圖書館》2009 年第 3 期，又發表於《圖書館理論與實踐》2009 年第 7 期。

（2）**低水平重複**。如關於解縉與《永樂大典》的關係問題，耿實柯《解縉與〈永樂大典〉》（江西社會科學，1981 年第 4 期）、張國朝《解縉和〈永樂大典〉》（辭書研究，1983 年第 1 期）、黃榮祥《解縉與〈永樂大典〉》（江西圖書館學刊，1997 年第 2 期）等文章；近年來，更有龔花萍《解縉與〈永樂大典〉》（圖書館理論與實踐，2001 年第 6 期）、陳儀《〈永樂大典〉的編修與解縉的坎坷人生》（蘭臺世界，2009 年第 1 期）、尤小平《解縉與〈永樂大典〉》（福建師大福清分校學報，2013 年第 1 期）等文章，大多引據常見文獻，並無新意。

類書研究的舊途徑與新視野
——兼論重寫《四庫提要》

　　類書從皇宮到民間，從人腦到電腦，從紙媒到電媒，從古典百科到現代百科，從《皇覽》到《中華大典》，這是文化的碰撞，知識的交流，思想的融合；這也是文化的傳播，知識的轉型，思想的昇華。時代在發展，工具在不斷升級，工具書也在不斷升級，類書在新的時期也得以浴火重生。

　　下面通過類書研究歷史的回顧，可望獲得新的啟迪。

第一節　類書研究的學術史梳理

一、課題研究的主要成果

（一）四庫系列的類書整理

　　200 餘年前，四庫館臣在編輯《四庫全書》時對 18 世紀以前的中國古代類書進行了一次系統整理與研究，將 65 部（共計 7045 卷）最為重要的類書編入了《四庫全書》，又將 217 部（共計 27504 卷）列入了存目，並對 282 部類書作了解題，提要全部收入《四庫全書總目》之中，多達五卷。當時四庫館臣以考據學的標準衡量群言，這種一刀切的辦法對類書的傷害最大，217 部類書就是因為沒有達到考據標準而遭遇「雪藏」之悲慘命運的。

　　20 世紀後期，同時編輯《四庫存書叢書》與《續修四庫全書》，又對古代類書進行了一次系統整理，尤其是傅璇琮先生組織編纂《續修四庫全書總目提

要》，對類書類的提要又按照新的標準重寫了一次，這部分工作全部是由清華大學劉薔研究員獨自承擔的。

（二）20世紀30年代以來類書研究的代表論著

第一，通論性質的著作。張滌華《類書流別》初稿寫於20世紀30年代初期，1943年正式出版，這是一篇傑出的本科畢業論文（張先生與周大璞先生是小學、中學、大學同班同學，1937年畢業於國立武漢大學中文系），也是我國第一部系統研究類書的奠基之作，全書分義界、緣起、體制、盛衰、利病、存佚六篇，言簡意賅，論列精當，尤其是《存佚》篇提供了一份比較完備的類書書目。胡道靜《中國古代的類書》前兩章論述類書的性質、起源、類型、作用、反作用和特殊作用，自成方圓，第三至六章對魏晉、隋唐、北宋的重要類書作了介紹，已經相當接近於敘錄體，對於我們撰寫類書敘錄提供了寶貴的參考藍本。劉葉秋《類書簡說》雖是普及性質的讀物，但也不乏真知灼見，如他認為：「對類書的劃界，寧窄勿寬；對類書的去取，寧嚴勿濫。」趙含坤《中國類書》對1600餘種類書做了解題。夏南強《類書通論》對類書的性質、起源、類型、歸類、分類體系、發展演變及文化影響作了新的探索。其主要學術貢獻有二：一是從傳統文化的角度去剖析類書，擺脫了以往那種就類書論類書的侷限性，二是初步分析了類書對中國封建文化的影響，既指出了類書對學術創新和科學技術的消極影響，也肯定了類書傳承文化與保存文獻之功。其主要缺失表現在對類書的界定過於寬泛，其類書定義為：「類書是一種將文獻或文獻中的資料，按其內容分門別類，組織撮述；或者條分件繫，原文照錄或摘錄的圖書。」

第二，專題研究。聞一多較早關注到類書與文學的關係，在《類書與詩》一文中指出了類書在文學上所造成的消極影響。郭伯恭的《宋四大書考》研究宋代兩大類書（《太平御覽》、《冊府元龜》）以及《太平廣記》、《文苑英華》的編纂、體制、引書、版本，開啟現代考證大部頭書的研究模式，對程千帆學派產生了重要影響，程門弟子紛紛聚焦類書研究應該與此大有關係。方師鐸《傳統文學與類書之關係》以傳統文學視角探討文學與類書之間的互相影響，認為類書的唯一用途在於詞章家獵取辭藻獺祭之用，立論較為偏頗。賈晉華《隋唐五代類書與詩歌》一文則肯定了類書對於唐代詩歌的發展、詩歌的技術化、普及化所起到的積極作用。孫永忠《類書淵源與體例形成之研究》主要考察了類書的淵源與體例形成兩大問題，用力較深。張圍東《宋代類書之研究》泛泛而

論，蜻蜓點水，未免膚淺。吳蕙芳的《明清以來民間生活知識的建構與傳遞》、呂季如的《〈古今圖書集成·山川典〉山水版畫研究》、尤陳俊的《法律知識的文字傳播：明清日用類書與社會日常生活》選題富有新意。

第三，專書研究。史金波等的《類林研究》以西夏文《類林》為主要研究對象，並將之漢譯，使學界得到一個較完整的《類林》復原本，是《類林》研究的集大成之作，把《類林》研究深化了一大步。北京師範大學歷史系張昇教授的《〈永樂大典〉研究資料輯刊》對有關《永樂大典》的研究資料作了較好的彙編，他的《〈永樂大典〉流傳與輯佚研究》《〈永樂大典〉流傳與輯佚新考》二書考訂翔實，立論精準，堪稱獨步。劉乃和主編的論文集《冊府元龜新探》、王三慶的《敦煌古類書〈語對〉研究》、鄭阿財的《敦煌寫卷〈新集文詞九經抄〉研究》、江秀梅的《〈初學記〉徵引集部典籍考》、曲直敏的《敦煌寫本類書〈勵忠節抄〉研究》、詹惠媛的《〈古今圖書集成·經籍典〉體制研究》皆是專書研究的可喜收穫。

第四，書目索引。目錄有 3 種：鄧嗣禹編《燕京大學圖書館目錄初稿：類書之部》、一色時棟輯《唐本類書目錄》、莊芳榮的《中國類書總目初稿（書名·著者索引篇）》；專書索引有 2 種：楊家駱主編的《古今圖書集成各部列傳綜合索引》、程千帆與陶芸合編的《駢字類編音序索引》。

第五，類書資料整理。日本漢學家長澤規矩也編輯了《和刻本類書集成》，李勇先主編了《類書類地理文獻集成》，林世田編纂了《永樂大典本禪林類聚校錄》；周勛初、姚松、武秀成等整理的《冊府元龜》校訂本是重要收穫，得到學界好評；武秀成等校證了《玉海·藝文》，王力平整理了《古今姓氏書辯證》，何志華等人編輯《唐宋類書徵引〈國語〉資料彙編》、《唐宋類書徵引〈莊子〉資料彙編》、《唐宋類書徵引〈韓詩外傳〉資料彙編》、《唐宋類書徵引〈呂氏春秋〉資料彙編》、《唐宋類書徵引〈淮南子〉資料彙編》、《唐宋類書徵引〈孔子家語〉資料彙編》、《唐宋類書徵引〈史記〉資料彙編》系列；周延良撰《重廣會史箋證》，董志翹主撰《〈經律異相〉整理與研究》，張國風撰《太平廣記會校》，中國社會科學院歷史研究所文化室編《明代通俗日用類書集刊》，周紹良輯錄《〈冊府元龜〉唐史資料輯錄》，金程宇編輯《和刻本中國古逸書叢刊》，蔣宗許、劉雲生等人撰《龍筋鳳髓判箋注》，徐學林校點方中德的《古事比》，程傑與其博士生王三毛合作校點了《全芳備祖》。此外，普及型的有張忱石的《永樂大典史話》、王三慶的《敦煌類書》、董治安領銜整理的《唐代四大

類書》、姚麗亞的《中國古代最大的百科全書——永樂大典》、張燕燕的《類書之最——古今圖書集成》、周生傑的《太平御覽史話》。

（三）20世紀80年代以來類書研究的學位論文

第一，博士論文。關於類書通論性質的只有1篇：夏南強的《類書通論》。斷代研究有4篇：劉全波的《魏晉南北朝類書編纂研究》、王燕華的《中國古代類書史視域下的隋唐類書研究》、賈慧如的《元代類書研究》、沈偉的《清代私修類書研究》。專題研究有 4 篇：唐光榮的《唐代類書與文學》、李小彤的《唐代類書與詩歌的關係》、田媛的《隋暨初唐類書編纂與文學》、張瀾的《類書文學觀念個案研究》。專書研究有27篇：李玲玲的《〈初學記〉引經考》、王樂的《〈初學記〉與初唐文學研究》、郭醒的《〈藝文類聚〉研究》、韓建立的《〈藝文類聚〉編纂研究》、孫麒的《〈藝文類聚〉版本研究》、周生傑的《〈太平御覽〉研究》、唐雯的《晏殊〈類要〉研究》、安正燻的《〈法苑珠林〉敘事結構研究》、吳福秀的《〈法苑珠林〉分類思想研究》、禹建華的《〈法苑珠林〉異文研究》、李華偉的《〈法苑珠林〉研究——晉唐佛教的文化整合》、張春雷的《〈經律異相〉異文研究》、葉秋冶的《〈雲笈七籤〉初探》、郝豔華的《〈永樂大典〉史論》、史廣超的《〈永樂大典〉輯佚研究》、崔偉的《〈永樂大典〉本江蘇佚志研究》、向志柱的《胡文煥〈胡氏粹編〉研究》、楊波的《〈唐詩類苑〉研究》、戴建國的《〈淵鑒類函〉研究》、肖光偉的《〈玉海〉所引隋唐五代文獻研究》、趙汗青的《〈小學紺珠〉與古代知識的組織和傳播》、馬維斌的《〈冊府元龜〉研究》、宋軍鵬的《〈物類相感志〉科技史料價值研究》、王碩的《〈翰苑〉研究》、汪卉的《〈職官分紀〉研究》、王映予的《宋代類書〈海錄碎事〉研究》、范雄華的《〈三才圖會〉設計思想研究》。敦煌類書研究有2篇：李強的《敦煌寫本〈籯金〉研究》、沙梅真的《敦煌本〈類林〉研究》。通俗類書研究有5篇：劉天振的《明代通俗文學類書研究》、劉同彪的《南宋元明日用知識讀物的生產與傳播——以福建建陽坊刻日用類書為例》、全建平的《〈新編事文類聚翰墨全書〉研究》、王珂的《宋元日用類書〈事林廣記〉研究》、魏志遠的《禮秩與實用：從明代中後期的日用類書看儒家倫理民間化》。大陸部分共計43篇，其中以戴建國博士的《〈淵鑒類函〉研究》最為成功，第一章辨析類書義界，考鏡源流，談言微中，第二至八章分別從編修、版本、體例、類目、引文、方志文獻、學術方面展開考察，微觀與宏觀相結合，輔之以大量的圖表，為類書研究提供了一套精緻的「樣板房」。劉全波的《魏晉南北朝類書編纂研究》、王燕

華的《中國古代類書史視域下的隋唐類書研究》、賈慧如的《元代類書研究》、韓建立《〈藝文類聚〉編纂研究》、周生傑《〈太平御覽〉研究》、唐光榮的《唐代類書與文學》、李玲玲的《〈初學記〉引經考》、唐雯的《晏殊〈類要〉研究》、吳福秀的《〈法苑珠林〉分類思想研究》、馬維斌的《〈冊府元龜〉研究》、宋軍鵬的《〈物類相感志〉科技史料價值研究》、王碩的《〈翰苑〉研究》、汪卉的《〈職官分紀〉研究》、王映予的《宋代類書〈海錄碎事〉研究》、范雄華的《〈三才圖會〉設計思想研究》也各具特色。上述博士學位論文從各自的角度有力地推進了類書研究，尤其是在專書研究方面填補了空白，斷代研究也有了長足的進步，博士群體也成為類書研究的主力軍。美中不足的是，在類書的基本理論方面進展不大，瓶頸依舊存在，雖然不乏理論的閃光點，但還只是星星之火，沒有呈現燎原之勢。

臺灣地區博士學位論文共有 5 篇：閻琴南的《〈初學記〉研究》、吳清輝的《〈古今圖書集成〉相關問題研究》、傅世怡的《〈法苑珠林〉六道篇感應緣研究》、吳蕙芳的《明清時期民間日用類書及其反映之生活內涵──以〈萬寶全書〉為例》、郭正宜的《晚明日用類書勸諭思想研究》。吳蕙芳的論文出版時更名為《〈萬寶全書〉：明清時期的民間生活實錄》，從社會史的角度對明代通俗類書《萬寶全書》作了細緻的分析，是近年不可多得的佳作。

日本博士學位論文只有 1 篇，即阪本廣博的《〈経律異相〉の研究：梁代の仏教文化》。

第二，碩士論文。關於類書的目錄學研究有 6 篇：葉怡君的《類書之目錄部居探原》、楊靖康的《先唐時期典籍分類學源流考》、劉志揚的《中國古籍子部分類嬗變研究》、王家琪的《唐宋類書目錄體系研究》、殷旭的《四庫全書總目類書類提要研究》、楊晨的《〈四庫全書總目〉與〈中國叢書綜錄〉類目比較》。斷代研究有 7 篇：劉剛的《隋唐時期類書的編纂及分類思想研究》、雷敦淵的《隋代以前類書之研究》、潘冬梅的《中晚唐類書研究》、王利偉的《宋代類書研究》、胡文駿的《明代類書論略》、涂媚的《明代類書考論》、孫金花的《清代類書與中國傳統文化研究》。專題研究有 9 篇：桂愷的《中國古代類書編纂研究》、趙立凡的《唐宋類書出版對比研究》、孟越的《中國古代文獻秩序中的思想秩序建構機制研究》、楊婷婷的《從四部類書樂部看唐人音樂思想的特別樣態》、陳碧玲的《陸國與海國：傳統類書中的域外世界》、賴鴻的《歷代類書中琉球史料的整理和研究》、陳秋蘭的《初唐詠物詩與類書關係研究》、高

源的《清代「抄纂之書」中的科技文獻》。專書研究有 151 篇：王歡的《〈古今注〉研究》、何小宛的《〈經律異相〉詞彙專題研究》、李博的《〈經律異相〉校釋剳記》、高振超的《西夏文〈經律異相〉（卷十五）考釋》、黃麗明的《〈玉燭寶典〉研究》、石傑的《〈玉燭寶典〉與北朝歲時節日研究》、郭蕊的《〈錦帶書十二月啟〉校釋與研究》、孫麗婷的《〈編珠〉殘卷研究》、江秀梅的《〈初學記〉徵引集部典籍考》、藺華的《〈初學記〉與〈白孔六帖〉比較研究》、劉張傑的《〈初學記・樂部〉研究》、黎麗莎的《〈初學記〉詩賦收錄分類研究》、池佳靜的《〈初學記〉引〈漢書〉考》、戎冰的《〈初學記〉及其對唐詩的影響》、魏春燕的《〈初學記〉徵引史部佚書考》、寧普月的《〈初學記〉在宋代的流傳與接受》、王偉國的《〈白孔六帖〉之探討》、張雯的《〈白氏六帖事類集〉研究》、程策的《〈白氏六帖〉涉樂史料研究》、馬天穎的《〈白氏六帖〉徵引佚書考》、梁玲華的《〈北堂書鈔〉初探》、王飛飛的《〈北堂書鈔〉引經考》、呂玉紅的《〈北堂書鈔・樂部〉中的音樂文獻學研究》、蔣靜的《〈北堂書鈔〉引史部文獻考略》、曹珍的《〈北堂書鈔〉引子部文獻考略》、李亞麗的《〈北堂書鈔〉引集部文獻考略》、陳信利的《〈藝文類聚〉研究》、潘宜君的《〈藝文類聚〉引史部傳記類圖書研究》、孫翠翠的《〈藝文類聚〉所引「藝文」研究》、呂維彬的《〈藝文類聚〉詩賦收錄分類研究》、武良成的《〈藝文類聚〉引〈漢書〉研究》、鄭聲的《〈藝文類聚・樂部〉中的音樂史料研究》、黃柏淳的《〈藝文類聚〉及〈太平御覽〉詮釋數據的建立》、王慧靜的《〈藝文類聚〉婚儀禮俗之研究》、鍾嘉軒的《類書知識分類變化之自動分析與討論——以〈藝文類聚〉與〈太平御覽〉為例》、韓志遠的《〈藝文類聚〉賦類文獻研究》、李賀的《〈藝文類聚〉徵引子部文獻考證》、常捷的《李瀚〈蒙求〉研究》、王國棟的《傳統語文教材——〈蒙求〉與「類蒙求」的教育功能研究》、姚榮環的《〈蒙求〉及其續書研究》、鄭亦寧的《唐代童蒙讀物〈蒙求〉研究》、付丹丹的《〈蒙求〉道德教育思想研究》、潘峰的《〈龍筋鳳髓判〉律文探析》、劉娜的《〈龍筋鳳髓判〉研究》、周揚志的《張鷟及其〈龍筋鳳髓判〉文學研究》、徐銘澤的《〈龍筋鳳髓判〉真實案件研究》、王金躍的《〈歲華紀麗〉與唐代民眾歲時民俗》、陳昱珍的《〈法苑珠林〉對外典運用之研究》、吳福秀的《〈法苑珠林〉研究》、蔣瑋的《〈法苑珠林〉中的女性故事研究》、劉麗娜的《〈法苑珠林・感應緣〉中的鬼》、楊惠行的《〈法苑珠林・六度篇〉研究》、陳老福的《〈太平御覽〉引史籍考》、林海鷹的《〈太平御覽〉引〈釋名〉校釋》、王繼宗的《〈太平御覽〉引〈禮記〉考》、龔碧虹

的《〈太平御覽〉引〈史記〉考校》、趙思木的《〈太平御覽〉引〈說文〉考》、韓囡的《〈太平御覽〉引〈詩〉考論》、李文娟的《〈太平御覽〉引〈論語〉考》、趙宇麗的《〈太平御覽〉引漢賦研究》、王同宇的《〈太平御覽〉引用中醫藥書籍的整理研究》、馬維斌的《〈冊府元龜〉的撰修以及其中唐代部分的史料來源與價值》、劉玉峰的《〈冊府元龜〉中契丹史料輯錄》、劉景玲的《〈冊府元龜·外臣部〉有關東北史料輯校（一）》、王鑫玉的《〈冊府元龜·外臣部〉東北史料輯校（三）》、王丹丹的《〈冊府元龜·外臣部〉東北史料輯校（二）》、英秀林的《〈冊府元龜〉中的〈三國志〉異文研究》、蔣倩的《校訂本〈冊府元龜·掌禮部〉引「三禮」考》、潘倩的《〈冊府元龜〉類序研究》、張晟欽的《秘書學視野下的〈冊府元龜·幕府部〉研究》、楊振北的《〈續博物志〉研究》、劉沛的《〈釋氏要覽〉引書研究》、張麗的《〈分門古今類事〉引書研究》、李家鵬的《呂祖謙經濟思想研究——從〈歷代制度詳說〉分析》、張靜莎的《〈歷代制度詳說〉研究》、李沛的《〈古今事文類聚〉文體觀研究》、胡華平的《〈重廣會史〉研究》、施建才的《和刻本〈重廣會史〉引書研究》、魏小虎的《〈事類賦注〉的文獻學研究》、謝朱娟的《吳淑〈事類賦〉研究》、牛會娟的《陳元靚與〈歲時廣記〉》、王會超的《〈歲時廣記〉研究》、莊麗麗的《〈孔氏六帖〉研究》、廖容瑞的《〈皇朝事實類苑〉研究》、孫瓊歌的《〈宋朝事實類苑〉研究》、張克然的《〈侍兒小名錄〉研究》、劉磊的《〈群書考索〉所引宋代史料研究》、黃亭惇的《章如愚與〈群書考索〉中的人物與制度》、徐紫馨的《〈錦繡萬花谷〉前集研究》、董玉霞的《王應麟〈辭學指南〉散文理論研究》、韓興波的《〈玉海〉與南宋詞科考試研究》、連雨的《〈玉海〉音樂史料研究》、彭嬋娟的《〈玉海·藝文〉所引宋代文獻研究》、胡元洋的《〈玉海·音樂〉所載宋代音樂史料考校》、王猛的《〈玉海〉中的音樂文獻資料研究》、韓傑會的《〈小學紺珠〉與王應麟童蒙教育思想研究》、朱曉蕾的《〈古今合璧事類備要〉初探》、張赫的《〈新箋決科古今源流至論〉研究》、王龍睿的《〈小名錄〉研究》、許淑芬的《潘自牧〈記纂淵海〉之研究》、詹璧瑛的《潘自牧與〈記纂淵海·閨儀部〉中的女性形象》、王芳的《義楚〈釋氏六帖〉引書研究》、趙煥宇的《〈釋氏六帖〉引史書研究》、林威妏的《〈雲笈七籤〉文獻學研究》、阮程的《〈事林廣記〉研究》、喬志勇的《〈事林廣記〉研究》、張麗的《〈事林廣記〉美容醫藥文獻研究》、李佳佳的《和刻本〈事林廣記〉飲饌部分研究》、田薇的《陳元靚的〈事林廣記〉及其史料中的教育思想初探》、祝昊冉的《〈事林廣記〉俗字實例與正字理念研

究——以和刻本與至順本為例〉、李平川的《〈韻府群玉〉編纂體例研究》、郭星宏的《〈韻府群玉〉研究》、王淑靜的《馮琦與〈經濟類編〉》、江育豪的《徐元太〈喻林〉研究》、李曼的《〈永樂大典〉所存〈字瀿博義〉音切考》、王麗敏的《〈永樂大典〉徵引小說考略》、戴含悅的《〈文奇豹斑〉研究》、王豔雯的《〈原始秘書〉研究》、莊仁鳳的《陳耀文〈天中記〉研究》、劉曉彤的《〈山堂肆考〉初探》、楊雷的《〈古詩類苑〉詩歌分類研究》、周慧慧的《〈便民圖纂〉研究》、黎宇恒的《章潢〈圖書編〉研究——明中晚期的經世著作與西學東漸圖像交流》、潘肖薔的《章潢〈圖書編〉研究》、潘虹的《〈事物考〉研究》、周晶晶的《張岱〈夜航船〉研究》、李瑩石的《〈三才圖會〉中明代名臣像研究》、臧運鋒的《〈三才圖會〉域外知識文獻來源考》、李正柏的《三才圖會·器用卷研究》、徐上修的《〈三才圖會·衣服卷〉的纂輯及其綜合研究》、丁之涵的《明清〈四書〉專題類書研究——以江永〈四書典林〉、〈四書古人典林〉為例》、滕黎君的《論〈古今圖書集成〉及其索引的應用價值》、潘勇的《〈古今圖書集成〉的文獻整理研究》、詹惠媛的《〈古今圖書集成·經籍典〉體制研究》、郭韻雯的《〈古今圖書集成〉中的竟陵派》、姚玉的《〈古今圖書集成·箏部〉研讀》、周潔的《〈古今圖書集成·邊裔典〉東南亞古國資料校勘及研究》、田甜的《〈古今圖書集成·樂律典〉的編纂研究》、范玉廷的《〈古今圖書集成·神異典·妖怪部〉妖怪研究》、呂季如的《〈古今圖書集成·山川典〉山水版畫研究》、徐麗娟的《〈古今圖書集成·樂律典·歌部〉初探》、林易徵的《〈古今圖書集成〉自動化內容建構與出處擷取》、陳冠仲的《古籍影像與文本之對應——以〈古今圖書集成〉為例》、盧子揚的《殿版銅活字〈古今圖書集成〉的流傳與保護》、張一凡的《〈駢字類編〉研究》、施宇陽的《〈佩文韻府〉研究》、熊鷹的《〈佩文韻府〉研究》、鄭超的《古代類書中的器物設計史料研究——以〈淵鑒類函〉為例》、黃小霞的《事始物原書籍研究》、肖晶的《〈藝林匯考〉研究》。通俗類書研究有 10 篇：劉雲的《晚明日用類書的社會功用》、叢豔姿的《明代日用類書中「四禮」教化研究》、劉利美的《明代日用類書與庶民道德教育》、王洲的《明代日用類書中農業生產知識的傳播》、吳平平的《明代民間日用類書〈三臺萬用正宗〉研究》、若林俊秀的《明代綜合性日用類書研究》、張勝儀的《明代日用類書中的詞狀文書探究》、劉莎莎的《晚明民間日用類書諸夷門「遠國異獸」研究》、黃曉亮的《〈萬寶全書·書法門〉研究》、宋洋的《〈居家必用事類全集〉詞彙研究》。敦煌類書研究有 9 篇：王璐的《敦煌寫本

類書〈兔園策府〉探究》、任麗鑫的《敦煌類書敘錄》、宋麗麗的《敦煌寫本〈籯金〉俗字研究》、韓巧梅的《敦煌寫本〈珠玉抄〉研究》、彭婷婷的《敦煌類書〈勵忠節鈔〉用字研究》、黃欣的《敦煌道教類書文獻研究》、王金保的《敦煌遺書 P.3715「類書草稿」校注研究》、王馳的《敦煌寫本類書徵引史籍研究》、王祺的《敦煌寫本類書〈語對〉詞彙研究》。總體來看，專書研究一枝獨秀，其中少數優秀論文也達到了很高的專業水準。值得注意的是，敦煌類書研究的學位論文大多是由蘭州大學、西北師範大學、南京師範大學等敦煌學實力雄厚的研究機構完成的。此外，殷旭的《四庫全書總目類書類提要研究》題目遠遠超出了一個碩士生的要求，完全不適合碩士生來做。《四庫全書》中，類書類六十五部七千零四十五卷，文淵閣皆收錄，另外，類書類存目二百十七部二萬七千五百零四卷（內七部無卷數）。我們六人小組用了三年時間才勉強弄了120萬字的《四庫提要類書類匯考》與30萬字的《四庫提要類書類序跋彙編》，至於專門的研究只做了三分之一左右，尚有待展開。斷代研究與專書研究的一些題目過大，都是博士論文的題目，碩士生不應該越俎代庖。這種搶佔大題目的惡劣做法無疑是浮躁之風的體現。

二、課題研究的主要問題與代表性觀點

第一，關於類書的義界與範圍問題。張滌華《類書流別》認為：「語其義界，則凡薈萃成言，裒次故實，兼收眾籍，不主一家，而區以部類，條分件繫，利尋檢，資採掇，以待應時取給者，皆是也。」他據此將類書與總集、政書、叢書、稗編等劃清界線。胡道靜《中國古代的類書》認為具有「資料彙編」的性質，十分接近現代的百科全書，古代類書不僅可以作為瞭解古代知識全貌的一種工具，而且也是古代文獻資料的淵藪。他主張類書由類升部，與四部並列。劉葉秋《類書簡說》認為：「類書是一種分類彙編各種材料以供檢查之用的工具書。」方師鐸《傳統文學與類書之關係》將總集歸入類書，夏南強將政書、總集等也劃歸到類書之中，未免失之過寬。

第二，關於類書的起源問題。張滌華《類書流別》認為類書的遠源為抄撮之學（如《鐸氏微》）與古代字書（如《急就篇》），近源為雜家（如《淮南子》），而以《皇覽》為類書之開端。劉葉秋《類書簡說》認為《爾雅》開後代類書之先河。胡道靜《中國古代的類書》則認為類書與雜家之間存在一條分界線，《爾雅》、《呂氏春秋》只是類書的遠源，而不能視《爾雅》、《呂氏春秋》為類書。

　　第三，關於類書的歷史分期問題。張滌華《類書流別》認為類書最盛有三期，即齊梁、趙宋、明清，而以唐代併入第一期。楊鑄秋認為類書推衍於六朝，澎湃於唐宋，集大成於前清，而明代未被論及。胡道靜《中國古代的類書》分為曹魏和南北朝、隋代、唐代、北宋、南宋、元、明、清，而南宋以下部分在十年浩劫中亡佚。

　　第四，關於類書的作用與價值問題。張滌華《類書流別》有「五利」（便省覽、利尋檢、供採摭、存遺佚、資考證）「三病」（荒實學、難馮借、滋訛誤）之論。古代文獻，汗牛充棟，決非一人之力所能盡藏，所能盡讀。類書本是工具，利弊互存。瀏覽類書，好比吃快餐。但完全依賴類書，不讀原著，勢必又會營養不良。善用與否，存乎其人。胡道靜《中國古代的類書》總結了類書的兩大特殊作用：古類書可以用來校勘古籍和輯錄已佚的古籍遺文，古類書在今天清理文化遺產工作中的資料搜集階段起著「索引」的作用。前一點主要是學術史價值，清儒在這方面已經取得很大成績；後一點則主要是文化史、科技史價值，胡道靜列舉了不少成功的案例，如李儼整理中國古代數學史料，王嘉蔭整理中國古代地質史料，都曾利用類書來搜集資料。類書本身具有較高的文化史價值。如果將各個歷史時期有代表性的類書的音樂類彙編起來，就可以編成一部《中國古代音樂史料》。推而廣之，舉凡天文、地理、醫學、農學，皆可獨立彙編成冊。胡道靜特別指出：「清理文化遺產的逐個部門的普查工作，類書是被『集束地』來利用的。」

　　第五，關於類書的性質。如何給類書定性？歷來喜歡將類書與百科全書掛鉤，甚至徑直將類書視為百科全書，或者與近世辭典、百科全書同科，如張滌華《類書流別》斷言：「類書為工具書之一種，其性質實與近世辭典、百科全書同科，與子、史之書，相去秦越。」姜椿芳的《從類書到百科全書》、金常政的《百科全書論》二書論述的側重點在百科全書，對於類書的討論只是一筆帶過。姚麗亞的《中國古代最大的百科全書——永樂大典》一書模糊了類書與百科全書的界限。據不完全統計，探討類書與百科全書二者關係的論文多達三十餘篇，大致可分為三類：（1）混淆類書與百科全書；（2）比較類書與百科全書的異同；（3）討論類書與百科全書的淵源。華上《我國古代百科全書宋本〈藝文類聚〉影印出版》、方人《我國最早最大的百科全書——〈永樂大典〉》、錢玉林《陳元龍的〈格致鏡原〉——十八世紀初的科技史小型百科全書》、袁逸《我國古代大百科〈古今圖書集成〉》、武德運：《我國最早的一部百科全書

——〈永樂大典〉》文榕生《國別：當代百科全書、類書復分的難點》都把類書與百科全書混為一談，結論有誤。金常政《類書與百科全書》認為《皇覽》是我國類書之始，《爾雅》和《呂氏春秋》是百科類書的兩個淵源，並分析了中西方古代百科全書在形態和性質上各有不同的傳統，由此認定，類書就是中國古代的百科全書。葉乃靜《明清類書、叢書與法國十八世紀百科全書之比較研究》一文從思想背景、內容、編輯體例等層面比較了《永樂大典》《古今圖書集成》《四庫全書》《百科全書》的異同。劉辰《類書、叢書、百科全書及其比較》分析討論了類書、叢書、百科全書各自具有的規格樣式及與之對應的功能。黃順榮《〈永樂大典〉：類書還是百科全書》一文從類書與百科全書的定義、歷史、特點、內容、功用、編排等方面出發，得出《永樂大典》是類書而非百科全書的結論。總結類書與百科全書的三點不同：第一，類書輯錄前人文獻，「述而不作」，百科全書總攬各門學科的主要知識，「述而後作」；第二，類書是物以類聚，按照類目或韻部進行編排，主要以倫理為原則、事物形態為依據，百科全書基本上是按條目的字順進行編排，只有少數的分科分卷編排，以科學分類為基礎。第三，類書主要是輯佚和校勘古籍，也可以供人查考，百科全書是供人們查考和閱讀以獲取知識，類書的查考性強，百科全書的閱讀性和查考性都較強。政《類書是不是百科全書？》對外國研究百科全書歷史的學者認為中國古代的類書是百科全書的觀點予以駁斥。劉明《類書與百科全書的比較研究》則從知識分類體系、表述方式、編纂目的以及編纂者的指導思想、所起的作用等方面對類書與西方百科全書的異同之處進行了分析和比較。秦迎華《類書與百科全書》從淵源、功能、體例、類型四個方面分析了類書與百科全書的異同，認為類書並不等於百科全書。由於百科全書所存在的社會環境較為優越，加之其自身的合理性，由古代順利進化到近代和現代；由於我國社會條件的限制，兼之類書自身的先天缺陷，使其向近代和現代的轉化過程中夭折了。馮以新《類書與百科全書的比較》認為類書和百科全書都是彙集人類所有知識，並按照一定的順序排列組織，以供人們尋檢和瀏覽的工具書。但由於東西方歷史的差距，二者在編纂目的、編纂體例、分類原則上具有不同特點。金常政《從類書到百科全書》討論了我國現代百科全書如何繼承類書的有益傳統，吸收外國編纂百科全書的經驗，並有所創造，以求在世界百科全書之林中獨樹一幟，具有中國之特色。王世偉《中國百科全書起源考略》總結出類書與百科全書的五點不同：類書屬於資料書，百科全書屬於知識書；類書所輯內容

側重文史，百科全書是涉及社會科學和自然科學的各個領域；類書是原始資料的堆砌，重在「編」，百科全書是對已有的知識進行整理、編寫，重在「寫」；類書取材侷限於中國古籍，百科全書廣收博採古今中外的一切知識；類書的備科舉文章之助的索引功用以及校勘功用為百科全書所無，百科全書的啟蒙、自學功用也是類書所缺。相同點在於：類書和百科全書都收錄資料廣泛，規模宏大，同時具備存佚和急就的功用。另有少部分學者從源起的角度探討了類書與百科全書的關係，如金常政《從雜家之學到類書──中國古代百科全書的傳統》認為《爾雅》《呂氏春秋》均是古代類書的淵源，並指出類書的取材與編纂性質不足為百科全書所取。王世偉《中國百科全書起源考略》通過分析認為《爾雅》與類書均不能視作百科全書的起源，清末出現的一些準百科全書性質的文獻，才是中國百科全書的濫觴。

第六，關於類書研究的新視角。葛兆光還從思想史的角度敏銳地認識到類書的思想史價值：「很少有人把它用作學術史或思想史的資料，其實，這種鉅細畢舉而不加篩選的形式本身，就是省卻了主觀意圖的，由本來面目直接陳列的資料陳列，而它特有的分類方式，也恰好顯示了當時人的心目中，對他們面前的那個世界的分類，而分類正是思想的秩序。」他以《藝文類聚》、《無上秘要》、《法苑珠林》為例，透過類書的體例和分類來窺探七世紀中國思想世界的輪廓。這種從文獻到思想的寫法令人耳目一新，可惜還沒有引起學界的足夠重視。鄭振鐸、王重民等人認識到通俗類書的社會生活史價值。鄭振鐸指出：「斯類通俗流行之作，為民間日用的小冊子，隨生隨滅，最不易保存……研討社會生活史者，將或有取於斯。」王重民也預感到「講社會學史者，欲真知下級社會人生，不可不讀」通俗類書。他們的真知灼見在很長時間內沒有得到迴響，直到近年才引起關注。例如，吳承學教授在為其博士生張瀾《中國古代類書的文學觀念》作序時稱：「類書在文學思想史研究中具有特殊的價值與意義，類書文獻之排列與分類往往代表的是集體之意識，從文學研究的角度看，這些意識可能反映出文學與文體的思想觀念。與一般的文學批評專論或專著不同，類書不主一家，其批評觀念更能代表當時的集體意識與普遍知識。因此，通過類書來考察中國古代文學觀念具有相當獨特而且是無可代替的意義。類書之要，在其分類，分類可以反映出古人的知識體系觀念。雖然，詩文評與文學總集更集中地體現編著者的文學觀念，但綜合性類書中文學部類的設立不僅能夠反映出『文學』在古人心目中整個知識體系中的地位，而且，其編排

次序與體例也體現出當時的文學與文體學觀念。比如『文學』相關部類（文學、文章、儒學）的內容，自然反映出對『文學』內涵的理解，與今人視為文學文章學材料的歸屬都不盡相同。另外，這些部類中的文體歸屬與文體劃分，更直接反映出當時人的文體分類學觀念。不少類書會有意識地收入文學評論材料，這些資料的排列次序與門類歸屬也能夠體現當時的批評標準。選擇就暗含著一種價值評價，或者說就帶有批評的成分在內。知識分類的背後是一個整體的知識體系，這個體系有傳統與固有的框架，但在對知識類目的設置、具體文獻的選擇上，多少又反映出某些觀念。古人也認為有些類書的文獻取捨反映出編纂時代的文學風尚。類書對文獻的取捨標準確能反映當時的文學觀念。類書作為資料彙編性質的書籍，其文學觀念是隱在、潛藏、難以捉摸的。在詩文評中作者明確標舉自己的文學主張，在選本中編者所選的作品代表其美學理想，而類書的內容或只是……一種傳統的固有框架中的人類知識而已，與編者的審美理想未必有直接的關係，畢竟類書是以『全』為標準的。因而對類書進行文學批評研究時，不能單純就選人材料的內容衡量，應與文章選本的有意去取區別開來。」正是基於吳教授的「類書與中國文學觀念」的問題意識，張瀾以《事文類聚翰墨全書》與《古今圖書集成》兩種類書為中心進行研究，這一研究路數具有一定的示範意義。

三、同類課題獲得立項資助及研究情況

華中師範大學夏南強教授 2005 年主持過國家社會科學基金一般項目「類書文化研究」，該項目主要從橫向研究，對類書文化現象進行掃描，而縱向研究不夠；由於沒有對類書進行科學的分類，加上對類書的界定仍然堅持寬式標準，因此未能建立起令人信服的理論體系。

復旦大學王振忠教授以徽學研究著稱，他對明清以來徽州商業類書的研究也非常出色，得到同行專家的好評，並以優秀通過了結項。

北京師範大學張昇教授對《永樂大典》流傳與輯佚方面的研究也比較細緻，不愧為《永樂大典》研究領域的領頭羊。

蔣宗許、劉雲生等教授對《龍筋鳳髓判》的箋注可謂後出轉精，使此一法學名著得以通讀。

暨南大學王京州教授擬以《四庫全書總目》、《中國古籍總目》等目錄著作為基礎，專就類書進行綜括而翔實的提要式著錄，從而推出一部《中國古代類

書總目提要》。這種推動傳統學術的願望很好，勇氣可嘉，但從其學術經歷來看，他主要做古代文體學研究，缺少目錄學、版本學、分類學、辨偽學及語言文字學等方面的基礎訓練，缺少相關重大項目的歷練。從其開題報告來看，真的令人無語！

行政手段與商業化運作模式是毀滅當代學術研究的罪魁禍首！長此以往，中國學術不要再說什麼復興，只是加速滑坡，最後走向崩盤。博士興而學問亡，項目興而學問亡，帽子興而學問亡，磚家興而學問亡。學術興亡關係到所有學術共同體，絕非兒戲！悲矣夫！

其他方面的課題大多還在研究之中，難以管窺，不再一一評說，詳見下表。

項目號	項目名稱	課題類型	負責人	工作單位
05BTQ009	類書文化研究	一般項目	夏南強	華中師範大學
06BZS015	新發現的明清以來徽州商業類書研究	一般項目	王振忠	復旦大學
10BZS007	《永樂大典》流傳與輯佚研究	一般項目	張昇	北京師範大學
10XZW017	《北堂書鈔》整理與研究	西部項目	段曉春	西南科技大學
11FFX025	《龍筋鳳髓判》箋注	後期資助項目	蔣宗許	西南科技大學
11BTQ014	敦煌寫本類書《籯金》整理研究	一般項目	李強	蘭州大學
11CZS005	元代類書研究	青年項目	賈慧如	內蒙古大學
11CZW029	《唐詩類苑》研究	青年項目	楊波	河南省社會科學院
13BZW033	唐代類書《藝文類聚》與文學批評研究	一般項目	韓建立	吉林大學
13CTQ021	現存《永樂大典》涉醫文獻研究	青年項目	張雪丹	上海中醫藥大學
13CZS005	宋元日用類書所見民間社會研究	青年項目	仝建平	山西師範大學
13BZW033	唐代類書《藝文類聚》與文學批評研究	一般項目	韓建立	吉林大學
14FZW035	三禮館輯錄《永樂大典》經學文獻整理與研究	後期資助項目	張濤	上海市社會科學院
14BZW097	類書、叢書的編纂與中國古代小說的保存與傳播研究	一般項目	何春根	九江學院
14BZW087	日本東福寺藏宋本《釋氏六帖》與先宋涉佛文獻研究	一般項目	錢汝平	紹興文理學院

15BYY117	《事林廣記》非漢源名物詞研究	一般項目	閆豔	內蒙古師範大學
15BZW092	大典本宋代詩文文獻搜集、敘錄、整理與研究	一般項目	史廣超	鄭州航空工業管理學院
16BZW054	隋唐五代類書與文學理論批評之關係研究	一般項目	甘生統	青海師範大學
16AZS004	新發現日藏《事林廣記》校勘整理與研究	重點項目	陳廣恩	暨南大學
17BZW013	《白氏六帖事類集》整理與研究	一般項目	周相錄	河南師範大學
17CZX071	明代日用類書與儒家倫理民間化研究	青年項目	魏志遠	延安大學
18AZW017	中國古代類書總目提要	重點項目	王京州	暨南大學
18XTQ005	敦煌類書與相關傳世文獻比較研究	西部項目	高天霞	河西學院

此外，其他類別的項目（包括教育部的各類項目，省市級項目，各部委各高校的項目）難以統計，數量應該相當可觀，十餘年來，類書研究方面的項目應該說較以往大為改觀，支持力度也越來越大，這對於類書研究者來說無疑是福音。

第二節　分析評價與價值意義

一、分析評價

近 20 年的類書研究已經開始突破單一的文獻學研究路數，不少學者自覺地選擇了新的學術視角（如思想史、文化史、人類學、知識社會學、博物學等），取得了可喜的突破。總體上來看，從文化角度進行研究的成果還不多見，突破的空間較大，有待我們做進一步的探討。

第一，在類書研究方面需要從整體上提升理論水平。一門成熟的學科，如果只是停留在實證研究的層面而沒有系統的理論和方法論的提升，就不可能有規律性的認識和持續的傳承創新。正如劉乃和先生所指出的：「要把文獻工作當作一門學問，只作事務是不行的；要把文獻工作當作具有科學性的學問，只憑技術也是不行的。」「研究歷史文獻，不可避免地要涉及理論和觀點的問題。」迄今為止類書研究仍然有很多基本理論問題都沒有徹底解決，比如，類書的定義、定位問題，這個問題關係到類書研究的定位，是一個如何立論的根

本問題。如果沒有一個明確的綱領，實在無法開展進一步的研究。研究者往往從自身的研究側重點出發，各自為戰，自說自話，於是關於類書的定義也就千差萬別。關於類書數量的統計更是大相徑庭，多者達一千六百餘種，少者僅二三百種。在重視資料的基礎上，類書研究亟需建立一套系統完整的理論，對類書的流傳、演變、體例、流弊、功能、價值等問題做全面的分析，不至於使類書研究沒有獨立性，甚至成為其他學科的附庸。一般認為，類書「沒有自己的理論、思想和闡述」，其實這種說法是不夠準確的。類書固然是「摘自各書，哪條哪段都不能反映其所出之書的完整面貌」，但它們一經組裝成功，就獲得了整體意義，構建成了新的知識系統。應該從系統論的角度重新認識類書的價值！所有的類書都有自己的框架體系與知識結構，透過這些可以分析出編纂者的思想。何況有的類書有總序與小序，明明白白地表述了自己的學術思想。由於歷史的偏見太深厚，我們對類書的研究還處於初級階段。所有的類書都是可以深入詮釋的，即便是最通俗的類書也具有文化價值與思想價值。應該從更多的角度重新認識類書的價值，挖掘其豐富內涵。

第二，在類書解題方面需要改寫《四庫提要》。錢穆先生指出：「研究文化史要有哲學頭腦。」其實研究類書文化，除了需要史學的眼光之外，又何嘗不需要哲學頭腦？同時也需要博物學的情懷，唯獨可能要提防考據學的狹隘標準。四庫館臣正是以考據學的標準衡量群言，對類書多予以否定，對古代類書的真實價值嚴重低估。正宗的類書都嚴格遵循「天地人」的「三才模式」，這種貫通「天地人」的框架本身屬於中國傳統哲學的正宗體系，強調「天人合一」，並由此構建了中華傳統文化的主體框架。「三才模式」富有儒家哲學意味。因為儒家以貫通「天地人」為聖王標準，儒家為王先驅，所謂「天地境界」、「君子人格」、「經世情懷」全在此「三才模式」之中！現代學者將類書錯誤地視為「資料彙編」，這種「斷崖式降級」是對前人智慧的嚴重低估，甚至可以說是對類書的歪曲與蔑視！四庫館中的考據學家們把有著完整框架體系與知識結構的類書集體判定為「餖飣之學」，這正是心理學上講的「投射效應」，因為他們的著作往往缺少框架體系與知識結構，才是真正意義上的餖飣之學！因此，《四庫全書總目》類書類提要必須重寫。

第三，在類書整理方面創造新型的模式。《冊府元龜》《玉海》等類書的整理已經取得了可喜的成績，但基本上還是按照傳統的方式，或者標點，或者校證，與一般古籍整理並無二致。我們擬採用新的整理方式，將類書與詞典結合

起來，嘗試創造出一種新型的「類典」（以類書立目，以詞典解釋）。

二、學術價值

第一，在類書敘錄方面，除了內容解題之外，充分利用前人研究成果，對余嘉錫《四庫提要辯證》、胡玉縉《四庫全書總目提要補正》、李裕民《四庫提要訂正》、崔富章《四庫提要補正》、楊武泉《四庫全書總目辨誤》以及單篇論文所涉及的類書提要考證成果予以充分的消化吸收，在此基礎上，從「歷代著錄」、「原書序跋」、「原書凡例」、「評論資料」、「作者資料」等方面，多角度綜合考察，闡幽表微，重寫《四庫全書總目》類書類提要，重寫《續修四庫全書總目類書類提要》，補寫四庫未收入的類書的提要，力求客觀公正，盡力打造出一部信今傳後的《中國古代類書敘錄》。

第二，在類書整理方面，我們擬採用新的整理方式，將類書與詞典結合起來，嘗試創造出一種新型的「類典」（以類書立目，以詞典解釋），將傳統的類書資源轉換為現代的利器，計劃推出系列的「類典」。

第三，關於類書的研究，我們近十年作了大膽的嘗試與艱苦的探索，提出了一系列有關類書的新觀點，並對類書文化史、類書知識生產史、類書分類學等方面做了力所能及的闡釋，劉全波教授的《類書研究通論》一書也對類書輯佚學、類書版本學、類書出版史做了比較系統的闡釋。我們擬從文化的角度對古代類書展開新的研究，具體來說，從科舉學、設計學、制度史、博物學的角度觀照類書，如同几道強光照亮黑暗深邃的礦洞，肯定能開採出優質的礦藏。如此一來，類書研究可望在不久的將來取得較大的突破，特別是類書基礎理論研究的面貌會煥然一新。我們擬提出一系列新的理論，如「中國圖書雙系統論」「類書叢書互構論」「類書叢書互攝論」，等等。

三、社會意義

在全面復興中國傳統文化的時刻，本課題的提出具有重大的社會意義。中華文化，源遠流長；古代文獻，浩如煙海。類書是中國古代文獻中品種繁多、內容豐厚的特色資源，在中國文化史上也佔有重要的一席之地，它是中華傳統文化的重要資源。從古代類書中開發傳統文化資源，有利於提升中華民族的自信心，增強民族凝聚力和自豪感。因此，本課題的提出，可謂時代發展的大命題、文化發展的大命題、學術發展的大命題。具體表現在以下三個方面：

第一，時代發展的需要。類書是時代盛衰的表徵。盛世修典，往往首選類書。從魏文帝曹丕推出第一部類書《皇覽》，唐太宗、宋太宗、宋真宗、明代永樂大帝、清代康熙大帝等紛紛效法。往往一個新的王朝在其政治局面比較穩定時，出於「文治」的需要，封建統治者便組織學術力量編纂大型類書，作為王朝興旺發達的標誌。只有在太平盛世，才有可能舉全國之人力、物力、財力，編纂出諸如「宋四大書」、《永樂大典》、「康熙五大類書」以及《古今圖書集成》等煌煌大典。現在我們處在一個實現現代化的偉大時代，我們的綜合國力大大提升，是歷史上少有的太平盛世。近 20 年來，我們也一直在編纂中國特色、中國風格、中國氣派的新型類書——《中華大典》。我們必須繼承中國古代類書的傳統，總結歷史的經驗教訓，古為今用，服務當代。

第二，文化發展的需要。類書是文化集成型的知識工具。隨著國家現代化事業的不斷推進，深層次的文化問題日益受到普遍關注。所謂現代化，實質上就是人的現代化、文化的現代化。人的現代化是全方位、多層次的，文化乃是其中一個不可或缺的要素。文化的現代化也即傳統文化的現代化，其要點在於：立足於本民族固有的傳統文化並對其自身進行合理揚棄，對外來文化進行合理吸收，積極促成文化的融合和新型文化的形成。類書作為傳統文化的重要組織部分，其中擁有極其豐富的文化資源，包括當代所倡導的和諧文化。古代統治者從中揣摩「帝王之學」，今天我們也可以從中發掘博物文化。類書是古代的信息檢索工具。即使在信息檢索高度發達的今天，我們仍然可以從中學習很多有益的東西。

第三，學術發展的需要。類書是中國古代的「百科全書」（有別於西方的百科全書）。類書內容十分豐富，上至天文，下至地理，經史子集，三教九流，應有盡有，無所不有。中國學術文化的傳統，是做包羅萬象的綜合研究，不像今日的文史哲各科分家。但現在特別缺乏一種站在廣博立場上，對古代學術文化進行全面評述的綜合著作。人們已經不再滿足從現代學科分類角度去審視中國文化，而需要從整體關係上認識中國文化。中外學術研究早已呈現出一種整體綜合、交叉聯繫的研究趨勢。中國文化史的研究也發展到了一個新階段，即從新的文化角度（如科舉文化、設計文化、制度文化、博物文化等視角）探討類書。

〔說明〕我的研究生李帥幫助搜集資料，對本文也有所貢獻。

1978～2001 年三國史與《三國志》研究現狀的定量分析

　　1978 年以來，三國史與《三國志》研究取得了引人注目的成就。實事求是的思想路線為三國史與《三國志》學術研究創造出良好氛圍。在這種大背景下，原本發展滯後的《三國志》研究快速崛起。對於三國史與《三國志》研究取得的成就，海峽兩岸均有學者已從不同角度進行過總結和評述，但一般採用定性分析的方法。要考察、瞭解一個時期的學術研究狀況，既可以作定性的宏觀掃描，也可以採用定量的統計分析。定性分析固然能夠深入揭示問題的本質，而有些問題則必須通過定量分析才能解決。只有以科學計量學指標和定量數據揭示的三國史與《三國志》研究狀況，才能有效揭示該領域研究的發展大勢。

　　本文即試用文獻計量學的方法，對 1978～2001 年間中國大陸學術界公開發表的有關《三國志》研究的論文進行統計，利用近年來出版的光盤數據庫，輔以國際連線檢索和對相關書目、索引等工具書的手工檢索，對二十餘年來的三國史與《三國志》研究文獻進行了一次全面的統計分析，並試圖以此數據來說明三國史與《三國志》研究的現狀。本文的上限設在 1978 年，既參考了其他中青年專家的意見，也考慮到在此之前三國史與《三國志》的研究主要集中在曹操和諸葛亮等人物身上，並且都有相當鮮明的政治背景，與 1978 年以後的學術研究有極大的不同。對此類現象我們將另外加以專門考察。本文的下限暫設在 2001 年年底，這是出於統計上的方便，今後還會加以延伸增補。不當之處，敬請海內外行家賜教。

一、成果總量及分布

　　毫無疑問，過去二十多年裏中國三國史與《三國志》取得了顯著的進步。能表現研究進展狀況最直接的數據，是科研成果的主要載體——科學文獻數量的增長。為了從總體上把握過去二十多年三國史與《三國志》文獻的增長情況，我們以中國人民大學書報資料中心的《報刊資料索引 1978～2001 年》）、《中國期刊網》（1994～2002）、上海圖書館編《全國報刊總目索引》（光盤及紙本）以及各種書目、索引為信息源，按年度統計了三國史與《三國志》研究文獻的變化。統計結果如「表 1」所示。表中，1978 年《三國志》文獻僅有 15 篇，這雖然不能完全真實地反映當時三國史與《三國志》的數量規模，但它卻從文獻分類學的角度說明，經歷十年動亂，至改革開放之初，三國史與《三國志》的研究還相當薄弱。

表 1　三國史與《三國志》文獻年度分布

年　份	文獻量	年　份	文獻量
1978	15	1990	99
1979	33	1991	135
1980	65	1992	81
1981	100	1993	121
1982	122	1994	186
1983	145	1995	239
1984	157	1996	132
1985	182	1997	189
1986	119	1998	116
1987	110	1999	125
1988	134	2000	175
1989	84	2001	155

　　自 1978 年實事求是的學風重新得到確認以後，導致三國史與《三國志》研究的論文以較快的速度增長。從 1970 年代後期 38 篇／年達到了 1990 年代的平均 100 餘篇／年。1981 年至 1985 年逐年上升，在 1985 年出現一個高峰，1986 年至 1989 年有所下降，至 1989 年出現一個低谷，以後又再次走高，到 1995 年出現新一輪的高峰。

二、作者分布

　　三國史與《三國志》研究的繁榮離不開廣大專家的辛勤耕耘。為瞭解三國史與《三國志》研究者生產三國史與《三國志》文獻的「產量」，我們統計了《(1978～2001) 三國史與〈三國志〉研究論文目錄》（下稱《目錄》）的作者數據。根據國際慣例，對多作者文獻只取第一作者統計。因為《目錄》對其收入的文獻有一定選擇，同時也存在不區分同名作者、有某些錄入錯誤等問題，此處統計的發文量與實際發文量可能存在微小差別。

　　據初步統計，1978～2001 年間，發表過三國史與《三國志》研究論文的作者人數共有 1808 人。統計結果如「表 2」所示。

　　1978～2001 年間，發文超過 10 篇的三國史與《三國志》專家還有何茲全、張大可、吳金華、張廷銀、方詩銘、王曉毅、王永平、葉哲明、孫明君、李純蛟、李興斌、陳玉屏、周國林、趙昆生、袁濟喜、高敏、簡修煒、童超、裴登峰、譚良嘯、潘民中、徐日輝、黃曉陽、余鵬飛、李兆成等 34 人。發文量 5 篇以上的均列於「表 3」。發文量為 1 篇的作者通常稱為客串作者，共有 1408 人，占全部作者的 77.79%，他們小試牛刀，偶而發表一篇論文後大都不再造訪三國。發文量在 2 到 4 篇的作者通常稱為一般作者，共有 314 人，占全部作者的 17.37%，他們的情況大致有二，一是經過一段時間的研究後，學術興趣轉移到別的領域，很少再繼續進行研究，二是一部分後起之秀正處於研究的初期，正在蓄積力量，積極向核心作者群挺進。發文量 5 篇以上的共計 86 人，發表論文 841 篇，占全部論文的 27.86%，換言之，四分之一以上的論文是由不到 5% 的人完成的，他們是三國史與《三國志》研究領域的核心作者。

　　以陳寅恪、呂思勉、湯用彤等為代表的第一代學術大師，在 20 世紀前期披荊斬棘，開創了三國史與《三國志》研究的新局面，但他們在 1978 年以前大都早歸道山。以唐長孺、周一良、何茲全、王仲犖、繆鉞、徐復為代表的第二代大師，在 1978 年以後大多進入暮年，他們的學術成就主要集中在五十至六十年代，至世紀之交又大都告別人世。當然周一良、何茲全等大師還保持了相當旺盛的學術生命，他們繼續在此領域辛勤耕耘，引導後學。在此期作出突出貢獻的是第二代大師的學術接班人，如唐長孺的弟子高敏、黃惠賢、楊德炳等人，他們在唐先生開創的三國史專題研究的基礎上繼續向前推進，高敏在此期間完成 17 篇高質量的專題論文，另外還著有《秦漢魏晉南北朝土地制度研究》（中州古籍出版社，1986）、《魏晉南北朝社會經濟史探討》（人民出版社，

1987)、《魏晉北朝兵制研究》（大象出版社，1998）等書。繆鉞的弟子甚眾，尤以楊耀坤為翹楚，他雖然所寫論文不算太多，但很有質量，所撰《陳壽評傳》也頗見功力。張大可先生雖以《史記》研究名家，但在三國史研究方面也卓有建樹，發表了一系列獨樹一幟的專題論文，先後出版了《三國史研究》、《三國》斷代史等。

表2　三國史與《三國志》文獻的作者分布

發文量	人　數	發文量	人　數
1	1408	13	5
2	196	14	1
3	94	15	3
4	24	16	1
5	14	17	3
6	15	18	1
7	7	19	1
8	11	20	0
9	5	21	1
10	2	22～30	0
11	6	30 以上	2
12	8	40 以上	1

表3　高產專家一覽

作　者	發文量	作　者	發文量	作　者	發文量
馬植傑	12	馬強	8	王永平	16
王曉毅	13	王鑫義	7	方詩銘	14
方北辰	13	尹韻公	15	葉哲明	19
劉隆有	9	孫明君	21	朱大渭	6
許抗生	7	張廷銀	10	張作耀	8
沈伯俊	8	李興斌	11	張大可	17
李純蛟	11	余敦康	8	余明俠	5
何茲全	11	陳玉屏	12	吳金華	32
吳潔生	12	楊偉立	7	楊德炳	9
楊耀坤	6	周一良	5	周兆望	6

周國林	12	龐天佑	7	胡寶國	7
趙昆生	15	高敏	17	顧農	18
袁濟喜	12	袁剛	10	徐日輝	11
徐公持	8	黃惠賢	12	黃茂生	8
蔣福亞	13	童超	13	簡修煒	11
裴傳永	9	裴登峰	15	譚良嘯	36
黎虎	8	潘民中	12	王巍	6
馮金平	6	趙克堯	5	郭清華	5
田餘慶	9	鄭欣	6	李兆成	17
張亞新	6	張崇琛	8	陳連慶	6
繆鉞	6	於聯凱	5	陳顯遠	5
陳邇冬	5	張孝元	6	余鵬飛	13
劉京華	5	戴惠英	7	朱子彥	5
周達斌	6	施光明	6	賀游	7
晉宏忠	8	張旭華	5	孟繁冶	5
常崇宜	7	王汝濤	11	王瑞功	5
丁寶齋	9	趙炯	5	黃曉陽	12
劉國石	6	梁宗奎	5	楊代欣	6
何紅英	8	梅錚錚	6		

　　科學學中測評科學家的學術水平，除了看他的科研成果的數量多少外，還要看他科研成果的質量。文獻計量學用來定量測評科研成果質量的指標，有文獻被別人引用的頻率（即被引率指標），文獻被重要檢索刊物收錄的數量（即被摘率指標），等等。由於中國社會科學學術界至今沒有形成類似自然科學學術研究的引用規範，三國史與《三國志》研究文獻的引文數量稀少且引用行為不夠規範，三國史與《三國志》研究引文數據暫時無法用作評定三國史與《三國志》文獻質量的指標。為此，我們統計了中國人民大學書報資料中心《複印報刊資料專題目錄索引（1978～2001）》）的作者數據。該《索引》收錄的是《複印報刊資料》所複印報導過的文章。《複印報刊資料》系列刊物在我國社會科學界頗有影響，被其複印報導的文章一般被認為具有較高學術水平或資料價值。因而，這一數據可與被摘率一樣在某種程度上反映三國史與《三國志》研究專家的科研成果的質量。「表 4」列舉了依據這一檢索工具統計的被摘率較高的作者。

表4　高被摘率作者一覽

作　者	收錄量	作　者	收錄量	作　者	收錄量
張大可	5	趙昆生	4	張作耀	3
方詩銘	3	孫明君	3	王曉毅	3
吳金華	2	高敏	2	周國林	2
雷勇	2	葉哲明	2	楊德炳	2
朱靖華	2	王汝濤	2	裴登峰	2
施光明	2	李穎科	2	王永平	3
李純蛟	3	袁濟喜	2	蔣福亞	2
徐公持	2	顧農	2	梁中效	2

　　根據上表，不難看出，中國目前還沒有形成嚴格意義上的三國史與《三國志》研究的核心作者群。平均發文量還比較低，文摘率也普遍偏低。造成以上現象的原因主要是全力研究《三國志》的專家還非常少。大多數人僅以餘力為之。搞歷史的特別是搞魏晉南北朝史的一般都沒有把重點放在三國部分，搞文學、哲學的也是如此。當然，數量僅僅只反映一個方面，各學科之間的數字也缺少可比性。眾所周知，學術水準主要還是看論文質量，有的人雖然發表的文章不多，但質量很高，開拓了新領域，作出了新貢獻。

　　與此同時，我們還注意到一個非常可喜的現象，全國有一批年輕博士、碩士以《三國志》作為論文的題目，如延邊大學博士朴燦奎撰寫了以《〈三國志·魏書·高麗傳〉研究》為題的學問論文，選題相當專門。我們完全可以相信，在不久的將來，他們有望成為《三國志》研究領域的主力軍。

三、報刊分布

　　報刊是學術成果的主要編輯生產單位。在文獻管理部門，如圖書館或情報所，訂購一種報刊的定量指標主要是看該報刊刊登某一學科的學術文獻的數量，刊登某一學科文獻最多的若干種報刊，被稱之為核心期刊。根據文獻學家布拉德福的文獻分散定律，一個學科為數不多的一批核心期刊，就能包含該學科相當一批相關論文。這批核心期刊是文獻管理部門必須收藏的，也是專業人員需要經常閱讀的。瞭解三國史與《三國志》核心期刊，對三國史與《三國志》研究者掌握文獻信息源、提高閱讀效率，是很有幫助的。近年過度重視 C 刊，

直接將學術話語權與評判權交付 C 刊編輯與磚家，通過神操作直接將真正的好文章合法地排除在外，刊物成為一小撮牟利的平台，真正的學者尤其是新人日益失去了發表機會。悲夫！學術已死！

表5 三國史與《三國志》研究中文核心報刊一覽

序 號	刊 名	篇 數	累計載文量
1	許昌師專學報	71	71
2	成都大學學報	58	58
3	中國史研究	55	55
4	漢中師院學報	40	40
5	文史知識	39	39
6	史學月刊	39	39
7	歷史研究	32	32
8	文史哲	28	28
9	光明日報	23	23
10	鄭州大學學報	21	21
11	中國哲學史研究	20	20
12	江漢論壇	20	20
13	臨沂師院學報	19	19
14	學術月刊	19	19
15	齊魯學刊	18	18
16	中華文化論壇	17	17
17	四川師院學報	16	16
18	台州師專學報	16	16
19	江海學刊	13	13
20	史學史研究	13	13
21	武漢大學學報	12	12
22	古典文學知識	11	11
23	孔子研究	10	10
24	文學遺產	10	10

根據我們對《目錄》中收入的 3019 篇三國史與《三國志》文獻的統計，過去二十多年中，發表過三國史與《三國志》有關文獻的中文報刊發文量超過

10 篇的報刊列於「表5」。其中,《許昌師專學報》、《成都大學學報》、《漢中師院學報》、《文史知識》、《中國史研究》、《史學月刊》、《文史哲》、《齊魯學刊》、《歷史研究》、《中國哲學史研究》、《四川師院學報》、《臨沂師院學報》等 18 種報刊刊載三國史與《三國志》文獻數量均超過16篇。

四、選題分布

　　為了定量研究三國史與《三國志》在過去二十多年中的結構變化,我們根據《目錄》的主題分類並進行組織,將三國史與《三國志》按 8 個主題類目進行分年度統計。這 8 個主題分別為:政治、軍事、經濟、民族、社會生活、思想文化、歷史人物、文獻及其他(包括文學作品的賞析、研究動態等等)。將三國史與《三國志》文獻分為 8 個主題後,各主題文獻量的年度變化受隨機因素的影響,起伏波動較大。為了更清晰地觀察各項主題的變化情況,我們將 1978～2001 年劃分為六個時間段,各主題在不同時間段的文獻數量列於「表6」。

表6　三國史與《三國志》研究主題時間分布

數量 時間	政　治	軍　事	經　濟	民　族	社會 生活	思想 文化	歷史 人物	文獻及 其他
1978～1980	7	17	9	2	5	14	29	30
1981～1985	78	83	41	11	15	50	204	224
1986～1989	107	44	30	9	15	41	109	92
1990～1993	87	71	15	6	27	19	68	143
1994～1997	108	61	25	1	53	32	179	287
1998～2001	77	48	21	1	43	32	114	235

　　從表中可以看到,《三國志》研究的升降在很大程度上受到社會政治生活等非學術因素的影響。二十世紀七十年代末期,雖然已經出現重大轉機,但大家還處於觀望狀態,驚魂甫定,恍如隔世,人人守口如瓶,個個惜墨如金,因而對政治、思想文化領域的敏感話題仍然不敢放言高論。八十年代初期,大家如夢初醒,文化討論漸成熱潮,政治、軍事、思想文化皆成為熱門話題,諸葛亮、曹操再度成為討論的重點。耐人尋味的是,諸葛亮開始走下神壇,出現了一股貶抑諸葛亮的思潮,這似乎是對文革中的造神運動的一種反撥。八十年代後期,歷史人物的評說急劇下降,大家又把目光轉向政治方面。九十年代初期,討論的重點

又轉到文獻方面，與當時急劇升溫的「國學熱」不能說毫無關聯。總之，社會上流行什麼「熱」，三國史與《三國志》的研究就要受到相當程度的「感染」。

　　《三國志》人物研究的分布狀況也是學界頗為關注的課題，特將所見於《三國志》正傳與附傳的人物一一列表如下。

表 7　《三國志》人物研究分布

人　物	發文量	人　物	發文量	人　物	發文量	人　物	發文量
曹操	319	曹丕	34	曹叡	1	曹芳	0
曹髦	0	曹奐	0	卞皇后	0	卞秉	0
卞蘭	0	卞琳	0	甄皇后	0	甄象	0
甄暢	0	甄毅	0	郭皇后	0	郭表	0
毛皇后	0	毛嘉	0	毛曾	0	郭皇后	0
郭芝	0	郭立	0	董卓	6	李傕	0
郭汜	0	袁紹	9	袁譚	0	袁尚	0
袁術	1	劉表	9	劉琮	1	蒯越	0
韓嵩	0	鄧義	0	劉先	0	呂布	3
張邈	0	陳登	0	臧洪	1	陳容	0
公孫瓚	0	劉虞	0	鮮于輔	0	閻柔	0
陶謙	0	張楊	0	公孫度	0	公孫康	0
公孫恭	0	公孫淵	0	張燕	0	張繡	0
張泉	0	張魯	1	夏侯惇	0	夏侯楙	0
韓浩	0	史渙	0	夏侯淵	0	夏侯衡	0
夏侯霸	0	夏侯威	0	夏侯惠	0	夏侯和	0
夏侯績	0	曹仁	0	曹泰	0	牛金	0
曹純	0	曹演	0	曹洪	0	曹瑜	0
曹休	0	曹肇	0	曹纂	0	曹真	0
曹爽	0	曹羲	0	曹訓	0	何晏	9
鄧颺	0	丁謐	0	畢軌	0	李勝	0
桓範	0	夏侯尚	0	夏侯玄	2	李豐	0
許允	0	王經	0	荀彧	9	荀惲	0
荀俁	0	荀詵	0	荀顗	0	荀頵	0
荀霬	0	荀攸	0	賈詡	0	賈穆	0

袁渙	0	袁侃	0	袁霸	0	袁亮	0
袁徽	0	袁敏	0	張範	0	張承	0
涼茂	0	國淵	0	田疇	0	王脩	0
王忠	0	邴原	0	張泰	0	龐迪	0
張閣	0	管寧	0	管邈	0	王烈	0
張存	0	胡昭	0	崔琰	2	孔融	15
許攸	0	婁圭	0	毛玠	1	徐奕	0
何夔	0	何曾	0	邢顒	0	鮑勳	0
司馬芝	0	司馬岐	0	鍾繇	0	鍾毓	0
華歆	0	華表	0	王朗	1	王肅	4
孫叔然	0	周生烈	0	董遇	0	程昱	1
程曉	0	郭嘉	3	郭奕	0	董昭	0
董冑	0	劉曄	0	劉陶	0	蔣濟	0
劉放	0	孫資	0	劉馥	0	劉靖	0
司馬朗	0	趙諮	0	梁習	0	王思	0
張既	0	張緝	0	溫恢	0	孟建	0
賈逵	0	賈充	0	任峻	0	蘇則	0
蘇愉	0	杜畿	0	杜恕	0	阮武	0
鄭渾	0	倉慈	0	吳瓘	0	任燠	0
顏斐	0	令狐邵	0	孔乂	0	張遼	0
張虎	0	樂進	0	樂綝	0	于禁	0
張郃	0	徐晃	0	朱靈	0	李典	0
李通	0	臧霸	0	臧艾	0	孫觀	0
孫毓	0	文聘	0	桓禺	0	呂虔	0
許褚	0	許定	0	典韋	0	典滿	0
龐悳	0	龐會	0	龐淯	0	龐母娥	0
閻溫	0	張恭	0	張就	0	曹彰	0
曹楷	0	曹植	88	曹志	0	曹熊	0
曹昂	0	曹鑠	0	曹沖	0	曹據	0
曹宇	0	曹林	0	曹袞	0	曹玹	0
曹峻	0	曹矩	0	曹幹	0	曹上	0
曹彪	0	曹勤	0	曹乘	0	曹整	0

曹京	0	曹均	0	曹棘	0	曹徽	0
曹茂	0	曹協	0	曹蕤	0	曹鑒	0
曹霖	0	曹禮	0	曹邕	0	曹貢	0
曹儼	0	王粲	52	徐幹	2	陳琳	4
阮瑀	0	應瑒	0	劉楨	2	邯鄲淳	0
繁欽	0	路粹	0	丁儀	0	丁廙	0
楊脩	6	荀緯	0	應璩	0	應貞	0
阮籍	45	嵇康	141	桓威	0	吳質	0
衛覬	0	衛瓘	0	潘勗	0	王象	0
劉廙	0	劉劭	16	繆襲	0	仲長統	11
蘇林	0	韋誕	0	夏侯惠	0	孫該	0
杜摯	0	傅嘏	0	桓階	0	桓嘉	0
陳群	0	陳泰	0	陳矯	0	陳本	0
陳騫	0	薛悌	0	徐宣	0	衛臻	0
衛烈	0	盧毓	0	盧欽	0	盧珽	0
和洽	0	和迪	0	許混	0	常林	0
常峕	0	楊俊	0	杜襲	0	趙儼	0
裴潛	0	裴秀	0	韓暨	0	崔林	0
高柔	1	孫禮	0	王觀	0	辛毗	0
辛敞	0	楊阜	2	姜敘母	0	高堂隆	0
棧潛	0	滿寵	0	滿偉	0	田豫	0
牽招	0	傅容	0	傅弘	0	郭淮	0
郭統	0	徐邈	0	韓觀	0	胡質	0
胡威	0	王昶	0	王渾	0	王基	0
王凌	0	王廣	0	令孤愚	0	母丘儉	0
母甸	0	文欽	0	諸葛誕	2	唐諮	0
鄧艾	7	州泰	0	鍾會	3	王弼	43
華佗	20	吳普	0	樊阿	0	杜夔	0
邵登	0	張泰	0	桑馥	0	陳頏	0
朱建平	0	周宣	0	管輅	1	劉焉	0
劉璋	0	劉備	77	劉禪	5	甘皇后	0
穆皇后	0	張皇后	0	張皇后	0	劉永	0

劉理	0	劉輯	0	劉璿	0	諸葛亮	1162
諸葛均	0	諸葛喬	0	諸葛瞻	0	董厥	0
樊建	0	關羽	69	關興	0	關統	0
張飛	3	張紹	0	張遵	0	馬超	3
馬岱	0	黃忠	2	趙雲	2	趙統	0
趙廣	0	龐統	0	龐宏	0	龐林	0
法正	3	許靖	0	麋竺	0	麋威	0
麋照	0	孫乾	0	簡雍	0	伊籍	0
秦宓	0	董和	0	胡濟	0	劉巴	0
馬良	0	馬謖	18	陳震	0	董允	0
陳祗	0	黃皓	2	呂乂	0	呂辰	0
呂雅	0	杜祺	0	劉乾	0	劉封	0
孟達	0	孟林	0	孟興	0	彭羕	0
廖立	0	李嚴	2	李豐	0	劉琰	0
魏延	39	楊儀	2	霍峻	0	霍弋	0
羅憲	0	王連	0	王山	0	向朗	0
向條	0	向寵	0	向充	0	張裔	0
張毣	0	張郁	0	楊洪	0	何祗	0
費詩	0	王沖	0	杜微	0	五梁	0
周群	0	張裕	0	杜瓊	0	許慈	0
許勳	0	胡潛	0	孟光	0	來敏	0
來忠	0	尹默	0	尹宗	0	李譔	0
陳術	0	譙周	3	譙同	0	郤正	0
黃權	0	黃崇	0	李恢	0	李球	0
呂凱	0	王伉	0	馬忠	0	張表	0
閻宇	0	王平	0	句扶	0	張嶷	0
蔣琬	3	蔣斌	0	蔣顯	0	劉敏	0
費禕	0	姜維	13	梁緒	0	尹賞	0
梁虔	0	鄧芝	0	鄧良	0	張翼	0
宗預	0	廖化	0	楊戲	0	張表	0
鄧方	0	費觀	0	王謀	0	賴恭	0
賴厷	0	黃柱	0	楊顒	0	何宗	

何雙	0	吳壹	0	吳班	0	陳到	0
輔匡	0	劉邕	0	劉武	0	張處仁	0
殷觀	0	習禎	0	習忠	0	王甫	0
王佑	0	李邵	0	馬勳	0	馬齊	0
姚伷	0	李福	0	李朝	0	龔祿	0
龔衡	0	王士	0	馮習	0	張南	0
傅肜	0	傅僉	0	程畿	0	程祁	0
麋方	0	士仁	0	郝普	0	孫堅	0
孫策	4	孫權	46	孫亮	0	孫休	0
孫晧	0	劉繇	0	劉基	0	笮融	0
太史慈	0	太史亨	0	士燮	0	士徽	0
士壹	0	士䵋	0	士武	0	士匡	0
吳夫人	0	吳景	0	謝夫人	0	謝承	0
徐夫人	0	徐真	0	徐琨	0	步夫人	0
王夫人	0	潘夫人	0	全夫人	0	全尚	0
朱夫人	0	何姬	0	何邈	0	何植	0
滕夫人	0	滕牧	0	孫靜	0	孫瑜	0
孫皎	0	孫奐	0	孫賁	0	孫鄰	0
孫輔	0	孫翊	0	孫松	0	孫匡	0
孫泰	0	孫秀	0	孫韶	0	孫越	0
孫楷	0	孫異	0	孫奕	0	孫恢	0
孫桓	0	張昭	2	張奮	0	張承	0
張休	0	顧雍	2	顧邵	0	顧譚	0
顧承	0	諸葛瑾	0	諸葛融	0	步騭	2
步闡	0	周昭	0	張紘	0	張玄	0
張尚	0	秦松	0	陳端	0	嚴畯	0
斐玄	0	程秉	0	徵崇	0	闞澤	0
唐固	0	薛綜	0	薛翊	0	薛瑩	0
周瑜	8	周循	0	周胤	0	周峻	0
魯肅	15	魯淑	0	呂蒙	2	程普	0
黃蓋	0	韓當	0	韓綜	0	蔣欽	0
蔣壹	0	周泰	0	周邵	0	陳武	0

陳脩	0	陳表	0	董襲	0	甘寧	0
凌統	0	徐盛	0	潘璋	0	丁奉	0
丁封	0	朱治	0	朱才	0	朱紀	0
朱琬	0	朱然	0	朱績	0	呂範	0
呂據	0	朱桓	0	朱異	0	虞翻	2
虞氾	0	虞忠	0	虞聳	0	虞昺	0
陸績	0	陸宏	0	陸睿	0	張溫	1
暨豔	2	駱統	0	陸瑁	0	陸喜	0
吳粲	0	朱據	0	朱宣	0	陸遜	0
陸抗	0	孫登	0	孫英	0	謝景	0
孫慮	0	孫和	0	孫霸	0	孫基	0
孫奮	0	賀齊	0	全琮	0	全懌	0
全禕	0	全儀	0	全靜	0	呂岱	0
徐原	0	周魴	0	周處	0	鍾離牧	0
潘濬	0	陸凱	0	陸禕	0	陸胤	0
陸式	0	是儀	0	胡綜	0	胡沖	0
徐詳	0	吳範	0	劉惇	0	趙達	0
諸葛恪	1	諸葛綽	0	諸葛竦	0	諸葛建	0
聶友	0	滕胤	0	孫峻	0	孫綝	0
濮陽興	0	王蕃	0	樓玄	0	賀邵	0
韋曜	0	華覈	0				

　　從上表可知，諸葛亮研究可謂獨領風騷，多達 1162 篇，24 年間平均每年超過 48 篇。在湖北襄樊、陝西漢中、河南南陽、山東臨沂、四川成都等地都成立了諸葛亮研究會，先後召開了十餘次研討會，並出版了有關諸葛亮研究論文集，每次的論文集都有比較明確的主題。各地研究機構的有力推動，使得諸葛亮研究不斷向前發展。其次是關於三曹的研究，研究曹操的有 319 篇，曹丕的有 34 篇，曹植的有 88 篇，另外以「三曹」為題的有 11 篇，共 452 篇。嵇康也比較受重視，多達 141 篇。劉備、孫權行情顯然不及曹操，更不敢望諸葛亮之項背。值得注意的是，關羽崇拜在民間甚有市場，但學者們似乎沒有給予這位聖人太多的關注。總之，三國人物的研究分布極不均勻，絕大多數的人物無人問津。為什麼學者們僅將注意力幾乎全部投在諸葛亮等少數幾個人身上？諸葛亮的魅力何以有如此巨大？為什麼大家一哄而上都爭著炒諸葛亮等的冷飯？這種一邊倒的獨特現象確實值得深思。

五、結論

1978 年以來的三國史與《三國志》研究隊伍有 1800 餘人,研究論文逾三千篇,成績顯著。但是問題也有不少:

第一,目前還沒有形成嚴格意義上的三國史與《三國志》研究的核心作者群。客串作者,共有 1408 人,占全部作者的 77.79%;一般作者,共有 314 人,占全部作者的 17.37%;發文量 5 篇以上的核心作者共計 86 人,發表論文 841 篇,占全部論文的 27.86%。根據國際通行慣例,核心作者所發論文的總數一般應占 50% 以上。因此,我們認為,目前三國史與《三國志》研究的核心作者群還在形成之中。造成這一現象的原因有二:一是三國歷史複雜,頭緒繁多,梳理起來頗為吃力,粗粗涉獵者難以為功,只好打一槍就換地方。而長期守住這一陣地、集中全力攻三國的人屈指可數。二是泡沫學術的繁殖,使得這一領域也不可避免地受到影響。論題重複現象非常明顯,論點重新排列組合,改頭換面,貌似創新,實則了無新意,陳陳相因,對本學科的推動沒有貢獻,反而毒害了學術空氣。

第二,研究的升降在很大程度上還受到社會政治生活等非學術因素的影響。20 世紀 80 年代以來,「文化熱」,「改革熱」,「國學熱」,一浪接著一浪,人們都不自覺地將它們與三國研究聯繫起來。社會上流行什麼「熱」,三國史與《三國志》的研究就要受到相當程度的「感染」。三國史與《三國志》的研究似乎很熱門,很時髦,但並非真正的熱,嚴肅認真的純學術研究仍然鮮有問津。

第三,研究成果的分布還極不均勻,缺少整體布局,幾乎將全部注意力投在諸葛亮等少數幾個人身上。三國時期的政治,風雲變幻,波瀾壯闊;三國時期的經濟,革故鼎新,翻天覆地;三國時期的軍事,鐵馬金戈,氣勢恢弘;三國時期的外交,縱橫捭闔,引人入勝;三國時期的人物,英雄輩出,光彩照人。三國上一個富有生氣與活力的時代,是中國歷史上一個承前啟後的轉折點,值得我們從多方面進行研究,要研究的內容委實不少。煮酒論英雄,何止曹操與諸葛亮二人?諸葛亮研究可謂獨領風騷,多達 1162 篇,研究曹操的有 319 篇,而研究三國政治、經濟、軍事、外交、民族等問題的論文總量明顯偏低。總之,三國史研究,畸輕畸重,十分突出。

新的世紀需要有新的三國史與《三國志》研究。首先,將三國作為一個斷代來研究,還沒有真正提上日程,還缺少系統研究。大多數研究者沒有把三國

時期作為一個斷代的單元進行宏觀的研究，沒有把三國時期的政治、經濟、軍事、制度、外交、文化等等作通盤考慮，橫向比較，系統研究。

其次，《三國志》文獻基礎研究還不夠完善，一系列的整理工作如精校本、精注本等還沒有問世。

第三，三國史研究還需要進行新的綜合研究。長期以來，關於三國史方面的理論研究還非常薄弱。今後，在加強理論研究的同時，我們還要引進新方法，關注新資料（主要是出土文獻），尋找新角度，跳出舊框框，進行全新的思考與研究。

「思想與文獻視野下的江南史」
國際學術研討會綜述

2017 年 9 月 15 日至 17 日，「思想與文獻視野下的江南史」國際學術研討會在上海舉行。這次會議由上海社會科學院歷史所主辦，上海社會科學院歷史所古代史研究室、《傳統中國研究集刊》編委會、安徽大學徽學研究中心承辦。來自日本、中國臺灣、中國香港以及北京、天津、上海、廣東、浙江、江蘇、湖北、安徽、陝西等地的 50 餘位學者參加了此次研討會，圍繞歷史上江南士人思想的變遷、地方社會的實際運行狀況、江南的文獻整理與考古發現等問題展開了深入的討論。

一、士人學術思想與生活的變遷

在江南區域社會發展的歷史上，產生了很多重要的思想大家，明代王陽明無疑是其中最傑出的代表。在本次會議上有多位學者提交了與陽明文獻整理相關的論文，比如日本金澤大學名譽教授李慶先生、武漢大學中國傳統文化研究中心張昭煒教授和上海社科院歷史所秦蓁博士，他們從各個角度對當前學界關於陽明文獻的搜集、整理現狀及其存在的問題發表了獨到的看法，特別是李慶先生從「鄉紳論」的視角對王陽明及其家族進行了新的解讀。

來自臺灣地區的一批學者，比如「中研院」文哲所蔣秋華研究員、臺灣師範大學國文研究所陳廖安教授專擅經學，他們的文章專門從經學的角度探討了江南地區思想文化的變遷。臺灣清華大學詹海雲教授則通過清代初期全祖望的文學創作探討其文學觀念。香港嶺南大學中文系汪春泓教授錢謙益、

王士禎接受《文心雕龍》為例，重點分析了《文心雕龍》對於明末清初東南詩學的影響，認為錢氏以「佩實」來規範「銜華」，而王士禎則是以「銜華」為詩學之追求，所注重的是符合詩歌這一特殊文體的抒情性與審美性，「佩實」往往在秀句面前只體現於詩外的工夫，可見其詩學本體比錢氏更為超然獨立。

上海社科院歷史所研究員司馬朝軍等人則討論了江南史上另一位思想大家顧炎武考據方法的原則，並進行了反思。上海大學楊逢彬教授深入剖析了一種較為盛行而成功概率接近於零的字句考證法。

儒學在江南地區的傳播與影響是本次會議的一個亮點。暨南大學高華平教授、衢州學院吳錫標教授、上海社科院歷史所陳磊博士分別探討了不同時期儒學在江南地區的傳播發展情況。高華平教授重點介紹了孔門七十子中的子貢、子游、澹臺滅明以及孔子的再傳弟子馯臂子弓與江南的關係：子貢到江南游說吳王伐齊、吳晉稱霸，成功免除了魯國被齊國侵犯；澹臺滅明「南遊至江，設取予去就，從弟子三百人，名顯乎諸侯」；子游則把其與孔子相同的「大同」理想帶到了江南；馯臂子弓作為孔子的再傳弟子，是文獻記載的將《易》學南傳的第一人。「七十子」中游江南的孔子弟子的學術特點都在於「文學」，其思想特點是儒家而包含有道家思想的傾向，其傳播路線則是由齊魯而南下江南。這與江南吳越之地當時的地域文化特點是基本吻合的，反映了早期儒學傳播的時代特點。

衢州學院吳錫標教授指出，孔氏南宗自南宋初年南渡以來，「蔚為大宗，歷二十餘世，均足為鄉邦弁冕」，這是歷代政府大力推崇與支持、孔子後裔自強不息、江南社會文化積極影響以及廣大士人民眾崇敬擁戴等諸多因素綜合作用的結果。歷代政府的推崇與支持所體現的政治意識和國家意識，主要是通過歷代地方官員的努力得以實現的。文章詳細介紹了孫子秀、沈傑、左宗棠等歷代地方官員的支持與推動對孔氏南宗發展所起的歷史作用。

還有一批學者則是從思想文化的角度對士人的生活、交遊等情況作了深入的探討。比如臺灣「中研院」史語所陳鴻森研究員探討清代底層鄉紳朱文藻的生平與學術，重點分析了學術代工現象（即為他人代編代撰著作）。上海師大徐茂明教授專門研究了晚清王韜早年的思想與生活狀況，並對以往將王韜思想按照時間序列作出截然兩分的觀點提出了質疑。復旦大學出版社胡春麗博士則考察了清初松江士人王頊齡與江南文士的交遊狀況。

此外，南開大學歷史系何孝榮教授則對明初政治家姚廣孝的生平、思想及其影響作了重新的評估。上海社科院歷史所徐佳貴博士則通過梳理地方文獻，以溫州知識人為個案，對五四運動與所謂新文化傳播之間的關係作出了新的反思。

二、江南地方社會實態

本次會議的另一大特色是有大批學者通過自身研究對歷史上江南地方文化、宗族以及城鎮發展等提出了精彩的觀點。比如上海師範大學唐力行教授以蘇州評彈為例，對傳統文化的傳承和發展提出了自己的看法，認為傳統文化還是應該守住本位，在傳承的基礎上才能夠有所創新，並對當前的種種文化亂象進行了中肯的批評，進而提出了「保護性破壞」的新概念。復旦大學王振忠教授則通過新發現的徽州文書，對太平天國後徽州地區禮儀的重整作了全新的研究。南京大學范金民教授則通過對《聖駕五幸江南恭錄》一書的詳細解讀，為我們還原了康熙第五次南巡的鮮活的歷史場景。

江南宗族在歷史上的發展有其自身的特色。本次會議上復旦大學的馮賢亮教授仔細探討了嘉善曹氏家族的興衰及其與姻親、舉業之間的關係。而上海社科院歷史所的葉舟博士則細緻描摹了明代上海地區家族發展的狀況，進而認為明清江南宗族有其自身的發展模式，其特色的形成是與江南地區商品經濟的發展密切相關的。

關於歷史上江南城鎮的發展，本次會議亦收到數篇論文。如上海社科院歷史所王健博士的論文則是從整體上探討了清代前中期上海地區城鎮的變遷情形，認為在上海港崛起背景下的「東進南推」是其主要的特點。上海社科院歷史所高俊研究員則利用新發現的英文文獻，對開埠初期的上海歷史作了一些新的解讀。

與城鎮的發展相關，區域商幫也是本次會議的一個重要探討對象，其焦點則集中於「賈而好儒」的徽商。安徽大學徽學研究中心徐道彬教授討論了清代徽商家族的人文情懷及其對地方的文化貢獻，張小坡博士則討論了近代徽州同鄉會的構建與組織。安徽師範大學梁仁志博士以《「良賈何負閎儒」本義考》為題，對明清商人社會地位與士商關係問題作了重新的反思。

復旦大學哲學系教授、安徽大學徽學研究中心教授陳居淵先生在其《清代徽州漢學管窺》中指出，首先，徽州漢學萌發於明清之際，沒有明清之際學

人社集的經學活動，也就沒有徽州的漢學，而徽州漢學本身也不是可以孤立形成的，所以徽州漢學的出場，又是明清之際學術形態演變發展的結果。它不僅打破了自南宋以來徽州以朱熹理學為主體的學術格局，而且形成了不同於理學的新的漢學體系，其影響極為深遠。我們要瞭解清代學術的發展面貌，都離不開對徽州漢學形成的進一步研究。其次，從地域性學派的本身而言，徽州漢學也有一個自我完善的過程，從學術的發展而言，也是徽州漢學內涵不斷加深的過程。在這樣的一種過程中，既需要保持學派自身的同一，也需要與並時段的其他地域性學派保持同一，徽州漢學的特色與吳地漢學的特色的同一，並取得後來居上的壓倒性優勢，就在於它在學術取向的同一中，仍然能夠保持徽州漢學獨特的學術性格，並且形成了徽州學術的新傳統。再次，徽州學人走出徽州、滯留幕府的學術傳播，無論是直接的、面對面的，或者是間接的、書札形式的，但它所包涵的學術信息或學術資源都是共通的，他們處於同一個漢學價值座標系統之內，從而促成了以徽州、蘇州、揚州等為中心的地域性漢學群體互動的態勢，並由此向外輻射，遂漸形成了清代乾嘉之際以江、浙、皖三地為一體的江南漢學研究網絡。

三、江南的文獻整理與考古發現

宋元明清時期的江南不僅是全國政治、經濟、文化的中心，也是文獻生成的中心。故宮博物院故宮學研究所所長章宏偉研究員的專題論文探討了 16 世紀中期以後江南書籍出版業的發展狀況，他重點指出，16 世紀中期以後江南地區商業出版以席捲之勢勃發，出版機構風起雲湧，出版形式多種多樣，出版規模巨大，出書數量眾多，一時之間就確立了印本在中國歷史上的決定性地位，數量壓倒性地、不可逆轉地超過了在中國延續十多個世紀的抄本，從而使得書籍收藏變得容易，並且印本成為藏書家的主體藏品；而且出版的目標受眾明確，娛樂功能不斷加強，新的閱讀群體在不斷的構建，書商間競爭手段層出不窮……私人出版在中國整個出版業中佔據了主導地位，形成了絕對的優勢，成為當時重要的產業部門，商業化進展迅速，促進了文化的傳播與下移，影響十分深遠。16 世紀中期以後江南書籍出版業的勃興與當時社會發展大勢若合符節，並將其原因歸納為下列幾個方面：（1）市鎮的興起與消費社會的形成，（2）文人經商風氣濃鬱，（3）識字人口多，科考人數眾，（4）藏書家多，（5）刻書原料充足便利，（6）刊刻成本低廉，（7）相對寬闊的平原與優越的交通區

位。在閉幕式上，作為嘉賓發言，章宏偉研究員還重點介紹了宮廷與江南的互動關係，啟人深思。

自 2016 年開始啟動的《江蘇文庫》，計劃十年之間推出 3000 冊左右，無疑是江南文獻整理的盛世偉業。該文庫的總纂官由南京大學文學院程章燦教授擔任。程教授本來答應參會並重點介紹《江蘇文庫》的有關編纂情況，因為時間衝突，未能與會，未免留下了些許遺憾。浙江是江南文獻的另外一個大省，2011 年浙江整理出版《浙江文叢》。浙江大學文學院徐永明教授重點介紹了浙江集部文獻的整理情況，在本次會議上他還通過 GIS 技術對江南地方文獻的可視化和可檢索化作了有益的探索，引起了與會學者的廣泛興趣，必將能夠大大拓寬學界未來對於江南文獻的利用途徑。衢州學院魏俊傑博士是一位年輕的衢州地方文獻整理專家，他介紹了衢州古代著述情況，並做出了詳細考訂。上海社科院歷史所李志茗研究員介紹了其研究《趙鳳昌藏劄》的具體過程及其相關的心得體會。

青龍鎮遺址位於今上海市青浦區白鶴鎮。近年隨著考古發掘工作的深入開展，青龍鎮成為上海地方史上一個備受關注的焦點，被認為是唐、宋時期海上絲綢之路的重要港口之一。上海博物館陳凌博士從文獻記載再結合考古新發現，主要探討了青龍鎮的建鎮年代、興衰變遷的具體情形等等，並對學界已有的觀點提出了質疑，提出了一個大膽的假說——青龍鎮設立的所謂「天寶五年」很有可能是吳越天寶五年（912），而非唐天寶五年（746）。

江南史研究歷來是上海社會科學院的特色學科，業已取得了大量的研究成果。此次會議從學術思想與歷史文獻等視野切入，群賢畢至，收穫頗豐。多學科交叉，碰撞融合，相互啟發，異彩紛呈。與會學者也期待江南學國際論壇能夠定期舉辦下去，並吸納哲學、社會學、經濟學、宗教學等領域的學者參與進來，從而促成新的江南學術共同體的形成。

第四輯　書　評

黃侃與《黃侃論學雜著》

　　黃侃（1886～1935），字季剛，是舉世公認的清代古音學的殿軍與集大成者。早年師從章太炎，廣泛學習國學。後又拜劉師培為師，學習經學。黃侃與章太炎、劉師培並稱晚近三大國學大師。他畢生「量力守故轍」，與章太炎一起共同推進了清代樸學的研究，世人將他們的學問稱之為「章黃之學」。

　　黃侃論學著作生前發表的極少，僅有《文心雕龍劄記》、《日知錄校記》等寥寥數種。黃侃原來計劃五十以後著書立說，不幸的是，他就在臨近五十歲時邃返道山，終其一生缺少一部精心結撰的體大思精之作，最有代表性的著作還不得不推《黃侃論學雜著》一書。此書以音韻學著作占比較大的比重，有《音略》、《聲韻略說》、《聲韻通例》、《詩音上作平證》、《說文聲母字重音抄》、《廣韻的聲勢及對轉表》、《談添盍怗分四部說》、《反切解釋上篇》等。其中《音略》是黃侃音韻學說的綱領式論文。儘管收入本書的《說文略說》、《爾雅略說》、《禮學略說》、《漢唐玄學論》等文也多為心得之言，黃侃在經學、哲學、文學諸領域的成就也值得重視，但限於篇幅，我們重點評述他在古音學方面的成就及其影響。

　　如果把考據學比作是清代學術的皇冠，那麼古音學則是這頂皇冠上的「九眼天珠」。古音學主要研究上古漢語音韻的聲紐、韻部和聲調。如果古音不明，則無法洞悉文字訓詁、名物制度之奧秘，更無從深入瞭解古代社會；古音一旦大明，則必定促成古代文化的復興與學術範式的轉型。清代樸學正統，本來是通過古音以明古訓，因古訓以明古經。此風顧亭林開其端，《音學五書》奠定了顧氏清代樸學不祧之祖的崇高地位。江永、戴震、錢大昕、孔廣森、段玉裁、王念孫、江有誥、嚴可均、鄒漢勳、劉逢祿、朱駿聲、夏炘、張惠言、章太炎，前赴後繼，薪盡火傳，使古音學研究的接力棒代代相傳。古音學本是

口耳相傳之絕學，一躍而為近三百年學術史上最發達的顯學，在古韻分部方面幾乎到了登峰造極的地步，從而揭開了中國語言學史上最光輝的一頁。黃侃繼顧、江、戴、章諸君之後，又提出了「四大發明」，即「古韻二十八部說」、「古聲十九紐說」、「古音僅有平入二聲說」和「中古聲類分五十一類說」。

第一，古韻二十八部說。黃侃把古韻定為 28 部。28 部的韻目都是用「古本韻」標目。黃侃認為，凡是純一、四等韻都是古本韻。此說在音韻學界影響甚巨。

第二，古聲十九紐說。黃侃的古聲紐系統吸收了錢大昕「古無舌上」、「古無輕唇」和章太炎「娘日歸泥」等說法，他認為凡是在一、四等韻（即古本韻）中出現的聲紐就是「古本紐」，遂定上古聲母為 19 紐，即影、曉、匣、見、溪、疑、端、透、定、泥、來、精、清、從、心、幫、滂、并、明。此說目前尚存爭議，但郭錫良已經證明它在遠古時期的合理性。

第三，古音僅有平入二聲說。黃侃《音略·略例》說：「四聲，古無去聲，段君所說；今更知古無上聲，惟有平入而已。」他又撰《詩音上作平證》，舉《詩經》用韻平上二聲相押之例，以證上聲作平，古只有平入二聲，指出《詩經》上聲與平聲押韻的現象，意思是在《詩經》時代沒有上聲。但這個觀點幾成絕響，楊樹達、王力等力持異議，僅見黃永鎮持同情之理解。

第四，中古聲類分五十一類說。黃侃早年在陳澧《切韻考》所分中古聲類四十類的基礎上，將陳氏合為一類的明、微分為兩類，繼而他認為影、曉、見、溪、疑、來、精、清、從、心十紐應就其洪細各分兩類，遂改定中古聲類為五十一類。後來，曾運乾、陸志韋、周祖謨等也分別從審音的角度，並參用「統計法」或「系聯法」，各自得出了相同的結論，可謂殊途同歸。

黃侃的「四大發明」，構成了一個嚴整有序的音韻學系統，金聲玉振，集其大成。黃侃自稱其古韻部說得力於劉逢祿，古聲紐說得力於鄒漢勳，今音學得力於陳澧。由於他過早辭世，還沒有來得及詳細地闡述和論證自己的某些學術見解。但他這些提綱式的論著，業已具體而微，且得到了學術界的高度評價。錢玄同《古音二十八部音讀之假定》稱：「截至現在為止，當以黃氏二十八部之說為最當。」王力《清代古音學·黃侃的古音學》認為，「他是清代古音學的殿軍」，「他在古音學上的成就是不可磨滅的」。

《黃侃論學雜著》的版本有三，即 1936 年中央大學《黃季剛先生遺著專號》本，1964 年上海中華書局編輯所初印本，1980 年上海古籍出版社重印本。

乾嘉學術的醉心之作
——徐道彬《「皖派」學術與傳承》書後

　　乾嘉學術作為清代學術的主流，主要從考據學方面對中國傳統文化進行了比較全面的文獻整理，成就巨大，影響深遠。而以戴震為代表的皖派學者長期以來被學界推為乾嘉學術理念和治學風氣的引領者，職是之故，近代以降，古樸的「皖派」學術與時髦的「徽學」一道成為研究者關注的焦點與亮點。由江永、戴震引領的皖派樸學代表了清代學術發展的主流方向，而徽商和徽州學者在江南的活動，也使得當時作為經濟中心區域的揚州在學術上也深受皖派學風的薰染。民國學術之開山大師章太炎對戴震頗為推戴，而同時期的另外一位大師劉師培也曾指出，乾嘉及其以後的江南學者的經史考證之學，就是「戴學之嫡傳」和「江氏之三傳」。

　　有關乾嘉學術的研究一直是清代文史研究領域的重要方向，許多碩學通儒紛紛著書立說，熱鬧非凡。我在十年前也曾斗膽就乾嘉學派的劃分提出過一孔之見，挑戰過去吳皖二分、吳皖揚三分、吳皖揚浙四分等諸種舊說，主張劃分為民間學派與皇家學派，前者分吳、皖二派，後者即「四庫館派」（又稱「四庫全書派」）。多年來我也一直努力將「四庫全書派」的概念落到實處，然茲事體大，而雜事蝟集，迄今未能畢其工於一役，用是耿耿不寐，如有隱憂。同輩之中，北京大學中文系漆永祥教授率先破繭，先以《乾嘉考據學研究》一書蜚聲學壇，接著推出一系列有關惠棟、江藩的研究力作，對吳派學術研究用力較深，堪稱當今吳派研究之第一人。而皖派研究之第一人則當推安徽大學徽學研究中心的徐道彬教授。道彬兄遊學四方，轉益多師，學問淹通，慮周藻密，尤

為醉心於皖派學術研究，朝於斯，夕於斯，聚焦於此，多歷年所，辛勤著述，成就斐然。他整理過江永《四書古人典林》（安徽大學出版社 2011 年版），其博士論文《戴震考據學研究》（安徽大學出版社 2007 年版）一經問世即獲好評。最近我又欣喜地讀到了道彬兄的長篇力作《「皖派」學術與傳承》（以下簡稱《皖派》）一書。平心而論，這是海內外第一部全面系統研究皖派學術的精專之作，也是道彬兄傾全力打造的又一部經心之作。

　　《皖派》全書分為上、下篇，由黃山書社於 2012 年 3 月以精裝本隆重推出。上篇《徽州學者與清代學風》凡七章，作者從數量龐大的歷史文獻中鉤稽排比，梳理徽州特殊的地域環境和歷史變遷的淵源脈絡，通過對風土人情、人文學風、師承淵源和個人學術特色與影響諸方面的剖析與總結，理清了皖派學者在本土以及旅居之地的形成與傳播，尤其對徽州學者在西學東漸時期的應對態度做了較為深入而具體的展示。下篇《「皖派」學術在江南的傳承》凡十章，通過對段玉裁《說文解字注》、王念孫《廣雅疏證》、王引之《經傳釋詞》、焦循《孟子正義》、劉寶楠《論語正義》、錢繹《方言箋疏》、朱彬《禮記訓纂》、汪中《大戴禮記正誤》、江藩《戴氏考工車製圖翼》、阮元《經籍纂詁》等著作的深入剖析與總結，理清了江永、戴震、程瑤田、金榜、凌廷堪及績溪三胡之學的學術譜系，凸顯了乾嘉學者群體對皖派學術的傳承脈絡。該書在充分利用文獻考證的基礎上，通過資料的細密爬梳，總結了乾嘉學者對皖派學術的傳承軌跡，無論是對中國傳統思想文化，抑或對清代學術和徽州地域文化的研究，無疑都具有重要的學術價值。

　　從宋代的朱熹、明代的朱升到清代的戴震，以及由宋明理學而至清代樸學，清晰地顯露出徽州思想文化發展的主線。隨著時代發展，理學弊端凸顯，本土學人批判朱熹漸成風尚：姚際恒否定朱熹學術成就，未免過於偏激；江永矢志於禮學研究，置理學於不議不論之列，態度較為平緩；而戴震則用「以詞通道」的方法，從「理」字的根本上尋求朱子援引老、釋的思想軌跡，但他在有意抑或無意間打開了「欲」之魔瓶。當然，戴震的這種學術路數是一把雙刃劍，有利有弊，且利在當時，而弊在後世，實在值得現代學人做出深刻的理論反思，而不應該盲目跟風。戴震生前恥為人師，豈料後世之人多欲師事之，其學到了現代竟然誤打誤撞成為顯學，進而又淪為俗學，真可謂造化弄人。

　　《皖派》一書就清代學術中的一些重要問題，提出了自己的思考和觀點。如該書雖沿用「皖派」這一概念，道彬兄卻力圖以公羊之勇破藩決籬，淡化學

派意識，殊為難得。其他如乾嘉考據學的成因、學術區域差異的客觀性、文人與學者的對壘、考據學者的境遇、乾嘉學者的經世致用觀、皖派學術的啟示與影響等諸多問題，皆獨造精微，引人入勝。

《皖派》從地域文化史、社會經濟史和學術傳播諸方面進行交叉綜合研究，貫串徽商經濟與地域學術、傳統文化衍變與時代學術轉型的學術傳播等線索，描述了皖派學術對近世文化的影響，揭示了徽州學術由「小徽州」到「大徽州」的擴散軌跡，從而拓展了徽學的研究視域，富有新意。

康、乾時期徽州江永、戴震等學者，在傳統儒家求實精神的指導下，從文字聲韻和典章制度的考證入手，由訓詁以通義理，引領了有清一代學風的轉向。江永是清代學術由理學轉向樸學的關鍵性人物，以一介鄉儒蜷伏於窮山峻嶺之間，遠離喧囂，彷徨乎道德之域，逍遙乎學問之鄉，窮經明道，孜孜矻矻，死而後已。戴震、程瑤田輩已經走出大山，闖蕩京華，知道外面的世界很精彩，也很無奈，或退食徽州之僻壤，或歌吹揚州之繁華，或癡迷於科舉，或浮沉於商海，雖未能盡棄浮華，偶或授人以柄，但其意終在稽古以求是。乾嘉時代的中後期，程瑤田殷勤傳道，將皖派學術傳播到江南、京師等地。此一時期阮元以大吏而兼「漢學護法」，主持風會，扶輪風雅，樸學之風賴以不墜。金壇段玉裁、高郵王氏父子繼徽州之學而起，都深受其師戴震之啟發，青出於藍，後出轉精，共同開創了代表乾嘉學術最高水準的「段王之學」。

皖派學術及其傳承問題，是一個重大而複雜的學術工程，不可能在一本書內呈現桶底盡脫、圓通無礙之勢，還有若干問題在該書中未能充分展開，不過這些問題也早在道彬兄的計劃之中，他對皖派學術還有很宏大的計劃，值得特別期待。如戴震對理學的否定與破壞，這在當時具有一定的進步意義，但是長期以來似乎又被現代主流學術圈肯定得有點過頭。對「天理」的貶抑，對「人慾」的放縱，在「以理殺人」的時代無疑具有正面意義，但其後的負面影響也如影隨形，且不容低估。「天理」能殺人，「人慾」不能殺人乎？值此「人慾」橫流之時，我們如何才能跳出前人預設的怪圈？如何重建「天理」，收拾人心？吾輩究竟是戴震所說的「抬轎人」還是「轎中人」？讀書之人不明道傳道又干何事？樸學對理學之反動究竟是好事還是壞事？破壞大道真的是為了解放思想嗎？文化啟蒙為何與文化浩劫存在微妙互動？經濟發展之後為何更加缺少安全感？對於此類問題，我近年常常為之彷徨失所，迷茫不已，還望道彬兄有以教我。

　　總之，《皖派》一書不但對乾嘉學術的研究有所推進，而且對當下的徽學研究亦有所拓展。徐兄英年碩學，醉心學問，嘔心瀝血，精心結撰，為學界奉獻出一部體大思精之作，可喜可賀！陸游《題梅漢卿醉經堂》詩云：「它人爛醉錦瑟傍，君獨醉心編簡香。」徐兄專心致志，醉心故紙編簡，遠離佳人錦瑟，以江、戴為師，與古人為友，身居合肥，傳承皖派，優游斯文，故能香飄後世。放翁此詩莫非為道彬兄而題乎？「爛醉錦瑟傍」是它人之「人慾」，「醉心編簡香」乃吾輩之「天理」。或曰：「讀書明理，所明究為何理？」答曰：「天理也。」曰：「天理何在？」答曰：「其在吾輩心中乎？吾不得而知也，還是只管埋頭讀書吧。」我最後斗膽移花接木，竊錄放翁詩句以贈徐兄，聊答知音，或許不以為唐突吧？

深化史部研究的豐碩成果
——謝貴安教授「實錄研究書系」評介

一

筆者主要從事《四庫全書》與《四庫提要》的研究，對於四庫中史部書籍及其提要有所關注，在撰寫《四庫全書總目編纂考》一書時也曾反覆查閱過《清實錄》的高宗部分。近讀武漢大學歷史學院謝貴安教授所撰「實錄研究書系」（一套四冊，即《中國已佚實錄研究》、《宋實錄研究》、《明實錄研究》和《清實錄研究》，上海古籍出版社 2013 年版），對歷代實錄的面貌、特點和性質有了更加直觀的印象與更加全面的瞭解。鑒於實錄體史學的重要地位，不免心生諸多感慨。下面將學習心得與體會與大家分享，不當之處，敬請方家教正。

在《四庫全書》的分類體系中，未予「實錄」以一席之地，這是因為《四庫全書》所收之書皆為存世之作，而元以前的歷代實錄均已散佚，《明實錄》、《清實錄》皆修成於《四庫全書》編纂之前，又因事涉明清早期的隸屬關係遭到冷藏〔註1〕。惟一存世實錄著作即為韓愈所撰《唐順宗實錄》，此書原書已經失傳，刪節本曾被收入韓愈文集中，如宋刻本《詳注昌黎先生文集》外集卷

〔註1〕《四庫全書總目‧皇清開國方略提要》云：「實錄、實訓，尊藏金匱，自史官載筆以外，非外廷所得而窺。」按：歷代實錄往往秘不可見，僅供皇帝及其御用史官閱讀使用。編纂《四庫全書》之底本，往往征自民間，皇室內廷之書沒有得到充分利用，實錄更是密不示人。四庫館臣一方面以實錄作為衡量史書的主要標準，另一方面又壟斷實錄之書，這種看似矛盾的手法正是專制統治者愚民的法寶。

六至卷十便收錄了《順宗實錄》的一至五卷，四庫本《五百家注音辯昌黎先生文集》未收《唐順宗實錄》，但四庫本《東雅堂昌黎集注》則收錄了《順宗實錄》〔註2〕。此外，《四庫全書》還著錄了一部《建康實錄》〔註3〕。《四庫全書總目》對與「實錄」相關的書籍作了大量的評述〔註4〕，四庫館臣也曾大量參考歷代實錄資料〔註5〕，且利用《明實錄》〔註6〕、《清實錄》〔註7〕來考訂其他典籍。

在《四庫全書總目》的分類體系中，「實錄」也未獲得一席之地，但實錄之書在古代的官修和私修目錄中曾經獨立成類，是非常重要的官修史著。北宋慶曆間，王堯臣主持的官修《崇文總目》中特立「實錄類」，在史部的十三類中僅次於正史和編年而居於第三位。南宋晁公武在其私修目錄《郡齋讀書志》卷二專列「實錄類」，明確指出：「後世述史者，其體有三：編年者，以事繫日月，而總之於年，蓋本於左氏明；紀傳者，分記君臣行事之終始，蓋本於司馬

〔註2〕見《四庫全書》第 1075 冊第 511～531 頁。

〔註3〕唐代許嵩的《建康實錄》收入《四庫全書》別史類，但《四庫全書總目·建康實錄提要》經過甄別後沒有承認其「實錄」身份：「《新唐書志》載入雜史類，蓋以所載非一代之事，又不立紀傳之名，尚為近理。《郡齋讀書志》載入實錄類，已不免循名失實。馬端臨《經籍考》載入起居注類，則乖舛彌甚。至鄭樵《藝文略》編年一類，本案代分編，乃以此書繫諸劉宋之下，與《宋春秋》、《宋紀》並列，尤為紕繆。今考所載，惟吳為僭國。然《三國志》已列正史，故隸之於別史類焉。」

〔註4〕《四庫全書總目·靖康要錄提要》云：「今觀其書，記事具有日月，載文俱有首尾，決非草野之士不睹國史、日曆者所能作。考《書錄解題》又載《欽宗實錄》四十卷，乾道元年，修撰洪邁等進。此必《實錄》既成之後，好事者撮其大綱，以成此編，故以『要錄』名也。」《四庫全書總目·明本紀提要》：「紀明太祖事蹟，自起兵濠梁，迄建國金陵。皆分年排載，頗為詳備。蓋亦自《實錄》中摘出編次者。」《四庫全書總目·明大正記提要》：「（雷）禮明習朝典，以史學自任，而所記多採撮《實錄》，詳略未能得中，異同亦鮮能考據。」今按：《四庫全書總目》對這些可能抄自實錄的史書評價皆甚低，且都列入存目。

〔註5〕《四庫全書總目·明氏實錄提要》云：「『實錄』之名，古人通用。故涼劉昺有《燉煌實錄》；唐許嵩記六代之事，稱《建康實錄》；而李翱集有《皇祖實錄》，乃其大父之行狀。」

〔註6〕《四庫全書總目·代言錄提要》云：「是書乃其《東里別集》之一種，所錄皆在內閣撰擬碑冊詔誥之文。自永樂四年至正統九年，每篇末具標年月日，核諸《明實錄》，俱合。惟上皇太后尊號詔，標曰洪熙元年七月十五日，而《明宣宗實錄》是詔實載在七月丁丑。是月戊辰朔，丁丑則初十日也。……此類文字異同。頗可與實錄相參。」

〔註7〕謝貴安：《清實錄研究》，上海古籍出版社 2013 年，第 556～557 頁。又按：《四庫全書總目·平定三逆方略提要》有「伏讀《實錄》」之語。

遷；實錄者，近起於唐，雜取兩者之法而為之。」〔註8〕王應麟也認為實錄體是「雜取編年紀傳之法」〔註9〕而成。對於實錄體的這種特殊體裁，南宋陳振孫第一個作了描述，稱之為「編年附傳」〔註10〕。元、清兩朝實錄均去掉附傳，成為純粹的編年體，有人認為與兩統治者俱為少數民族有關，而謝貴安教授則認為，這實際上是史學功能區分的結果，因為元代在修纂實錄時，同時編纂了《后妃功臣列傳》；清代在修纂實錄時，同時在國史館修纂了一系列大臣傳，因此兩朝不再需要於實錄中重複立傳。此說洞察秋毫，可謂卓見。

簡言之，實錄在歷代史部中佔有重要的一席之地，是史部著作中一個傳承有緒、相沿千年的史書類別，是在檔案、起居注、日曆基礎上修纂而成的官方史著，每帝一錄，記述當朝皇帝的言行、政務和對奏疏的批示及處理。實錄修成後，又在其基礎上編纂當代的紀傳體國史。易代之後，新朝又在紀傳體國史基礎上修纂前朝的紀傳體正史，形成史料來源可靠、源流有致、史書體裁有別而一以貫之的官方史學體系。

二

《四庫全書總目》修成以前，中國就有許多官修和私修圖書目錄。漢代劉氏父子《別錄》、《七略》首創六分法，為班固《漢書·藝文志》所因襲。在魏晉時又出現了四部分類法，「魏秘書郎鄭默，始製《中經》，（西晉）秘書監荀勗，又因《中經》，更著《新簿》，分為四部，總括群書。一曰甲部，紀六藝及小學等書；二曰乙部，有古諸子家、近世子家、兵書、兵家、術數；三曰丙部，有史記、舊事、皇覽簿、雜事；四曰丁部，有詩賦、圖贊、汲冢書。」〔註11〕這裡的丙部就相當於後世的史部。宋元嘉八年，秘書監謝靈運編成《四部目錄》，齊永明中，秘書丞王亮、秘書監謝朓也編寫了《四部書目》，均沿襲了荀勗的四部分類法。南朝梁普通年間，阮孝緒在《七錄》中，雖然打破了四部分類的模式，但卻將史部置於經部之下，子部、集部之上，直接導致後來四部分類法中，將史部置於經部之後、子部和集部之前，從丙部上升到乙部的位置。唐初所修《隋書·經籍志》正式確立了經史子集四部分類的方法，在其史部中，便著錄了蕭梁時出現的實錄體史書。

〔註 8〕晁公武：《郡齋讀書志》卷二。
〔註 9〕王應麟：《玉海》卷四八，《藝文·實錄》。
〔註 10〕陳振孫：《直齋書錄解題》卷五，《起居注·建康實錄》。
〔註 11〕《隋書·經籍志一·總序》。

　　《隋書·經籍志》將史部分為十四類，即正史、編年、古史、雜史、霸史、起居注、舊事篇、職官篇、儀注篇、刑法篇、雜傳、地理、譜系篇、簿錄篇。實錄被繫於第四類雜史中：「《梁太清錄》八卷。」「《梁皇帝實錄》三卷，周興嗣撰。記武帝事。《梁皇帝實錄》五卷，梁中書郎謝吳撰。記元帝事。」這是史部目錄最早著錄實錄體史書，但當時對這種體裁的史書並不重視，僅僅置於雜史之中〔註12〕。這其實含有唐朝人蔑視分裂王朝蕭梁實錄的目光。但是，唐朝統一全國後，卻大肆纂修列帝實錄，將實錄體史書推到一個很高的位置。

　　《舊唐書·經籍志》將實錄列入起居注類，並開始著錄唐代的實錄著作，但由於史料不全，該書只著錄到《唐中宗實錄》。到北宋所修《新唐書·藝文志》中，便大規模著錄唐代列朝實錄。唐代從高祖開國到哀帝失祚，共歷290年，先後有高祖、太宗、高宗、武則天、中宗、睿宗、玄宗、肅宗、代宗、德宗、順宗、憲宗、穆宗、敬宗、文宗、武宗、宣宗、懿宗、僖宗、昭宗、哀帝21朝皇帝在位，共修有《高祖實錄》、《太宗實錄》、《則天實錄》、《哀帝實錄》等共29種。其中有一個皇帝一人修有兩種以上的實錄，晚唐諸朝實錄是由北宋補修完成的。唐代大規模修纂列帝實錄〔註13〕，其實有其深刻的政治意義在內。

　　根據謝貴安教授的研究，唐代重視實錄體的修纂，實際上是為了強化以皇帝為核心的中央集權制。對編年附傳體的實錄的重視，是達到這一目的的重要手段。「此前，學者一般都認為紀傳體是以人為中心的史學體裁，而編年體是以事件為中心的史書。其實，實錄體原本並不同於編年體，也是以人為中心的史書，它最大的傳主是皇帝，皇帝事蹟以編年的形式貫穿全書，其眾多的附傳則適時插入皇帝編年中，形成了較紀傳體更為緊密的君臣一體的史書形式，更加突出了皇帝的主導地位和大臣的附屬地位，是唐代以來中央集權制強化的明顯結果。已佚實錄雖已散失，但其不少附傳仍然保存至今。向我們陳說實錄體史書的體裁特徵和政治實質。」〔註14〕

　　繼唐之後，《宋實錄》的規模也很大。兩宋共有16朝皇帝（南宋末帝昰、

〔註12〕《四庫全書總目·別史類序》對此提出批評：「《隋志》乃分正史、古史、霸史諸目。然梁武帝、元帝《實錄》列諸雜史，義未安也。」
〔註13〕《四庫全書總目·唐大詔令集提要》云：「唐朝實錄今既無存，其詔誥命令之得以考見者，實藉有是書，亦可稱典故之淵海矣。」
〔註14〕《中國已佚實錄》，上海古籍出版社2013年，第438頁。

帝昺除外），北宋歷太祖、太宗、真宗、仁宗、英宗、神宗、哲宗、徽宗、欽宗九朝，南宋歷高宗、孝宗、光宗、寧宗、理宗、度宗、恭帝七朝，除南宋度宗和恭帝外，均修有實錄。據謝貴安教授考證，宋代共進行了 26 次修纂，纂成 14 朝實錄，有據可考的修纂官員共達 253 人，實際上參加修纂的人遠遠超過這個數字。〔註15〕宋代不僅沿襲唐代的做法，大規模修纂實錄，而且在其公私目錄中，首次將實錄獨立成類，列為正史、編年後的第三類，從理論上確立了實錄體的特殊地位。此後，遼、金、元、明、清均修纂過實錄，明清兩朝實錄由於距今較近，都完整地留傳了下來，成為實錄體史書珍貴的活標本。

三

　　實錄史書由於專記皇帝事蹟及其朝政，不免會產生「為尊者諱」和「為親者諱」的情況〔註16〕，這直接影響到實錄修纂的客觀性和史料價值，成為不得不回答的首要問題。對此，謝貴安教授在其「實錄研究書系」四書中，無一例外地給予了回應。

　　在《中國已佚實錄研究》第六節「唐實錄的曲筆與訛誤」中，謝貴安教授用了大量的篇幅對唐實錄修纂時的曲筆現象作了揭露，對皇帝和史臣的曲筆諱飾均作了剖析。如《高祖實錄》與《太宗實錄》二書，是太宗貞觀十七年所修，因此為太宗粉飾之處甚多，反不如唐初溫大雅的《大唐創業起居注》〔註17〕為實。溫大雅在高祖起兵時為記室參軍，主文檄，「則此書得諸聞見，記錄當真」〔註18〕。唐初的兩朝《實錄》為了「突出」李世民的形象，對其父李淵、其對手太子李建成和齊王李元吉進行了矮化和誣詆。據實錄記載，恭帝義寧元年七月李淵對造反的前途灰心喪氣，將北還太原，是李世民一人獨身而出，勸李淵停止北撤，繼續前進，終於奪得天下。但《大唐創業起居注》則明顯記載，是李建成與李世民一起勸阻的。再如，恭帝義寧元年李淵派李建成、李世民二人率兵攻打西河（即汾州）一事，《大唐創業起居注》記載比較客觀，是命大郎、

〔註15〕《宋實錄研究》，上海古籍出版社 2013 年，第 117 頁。

〔註16〕《四庫全書總目·高廟紀事本末提要》云：「大抵抄撮《實錄》之文。……此皆《實錄》之說，永樂諸臣之誣詞，非可以傳信者也。」

〔註17〕《大唐創業起居注》已收入《四庫全書》編年類。《四庫全書總目·編年類序》云：「實惟存溫大雅一書，不能自為門目，稽其體例，亦屬編年，今併合為一，猶《舊唐書》以實錄附起居注之意也。」

〔註18〕見《四庫全書總目·大唐創業起居注提要》。

二郎率眾討西河〔註19〕。但高祖、太宗《實錄》只說是命李世民徇西河。關於玄武門事變，《唐高祖實錄》說成是「太子建成、齊王元吉將起難」，逼著李世民動手的，還把玄武門之變說成具有武王伐紂意義的正義之舉。這些記載，都是貞觀朝史臣為李世民發動玄武門之變尋找合理的依據和藉口。〔註20〕

《宋實錄研究》則以整個第七章「《宋實錄》的曲筆與訛誤」的篇幅，對《宋實錄》中的曲筆現象進行了縝密分析，對周宋易代之際皇帝主導下太祖和太宗《實錄》的曲筆過程和事實一一剖析。由於《太祖實錄》是太宗在位時所修，因此該錄有兩項政治任務：第一項是通過事實，以避免後人形成宋朝篡奪後周政權的不良印象，竭力強化宋太祖趙匡胤被迫「黃袍加身」的印象；第二項是掩蔽太宗攘奪太祖皇位的真相，為此將太宗奪位事件，改寫成是受母親杜太后之命合法繼位。《宋太宗實錄》是太宗之子真宗所修，因此沿襲了《太祖實錄》的誣飾現象，並刻意貶低太宗皇位的挑戰者趙廷美、趙德昭等人的出生或人格，迴避他們遭到迫害的歷史事實。《宋實錄》中曲筆最甚的是事涉改革的《宋神宗實錄》和《宋哲宗實錄》，新舊黨爭導致神宗、哲宗《實錄》翻燒餅式的修改，互相誣詆對方，誇飾自己。作者用了大量的篇幅來梳理這一問題，最終縷清了新舊兩黨主修之下不同版本神錄的曲筆現象。對於宋代實錄問題，作者在大量研究的基礎上做出了一段總結：「《宋實錄》的曲筆，早期實錄如太祖、太宗之《實錄》，主要是君主主導下的曲筆，為的是隱諱本朝太祖、太宗在推翻前朝時的篡權罪行，粉飾兩個君主在政權和皇位交替之際的形象；後期實錄如神宗、哲宗《實錄》，主要是大臣主導下的曲筆，為的是通過黨爭來打倒政敵，樹立本派的形象。」〔註21〕這是相當精闢的研究結論。

雖然都是探討實錄的曲筆，但謝貴安教授在分析《清實錄》粉飾時卻有新的見解，既指出了該錄在政治上的誣飾，也剖析了它在文化上的粉飾，他指出：「《清實錄》的史料價值也因其早期實錄的不斷修改和曲筆，而深受痛詆，但這種粉飾，既有強化君權所產生的政治性的諱飾，也有適應漢化所形成的文化上

〔註19〕《四庫全書總目・大唐創業起居注提要》云：「書中所謂大郎即建成，二郎即太宗，於太宗殊無所表異。胡震亨跋謂：『大抵載筆之時，建成方為太子，故凡言結納賢豪，攻略城邑，必與太宗並稱。』殆其然歟？抑或貞觀十七年敬播、房玄齡、許敬宗等所修《高祖實錄》，欲以創業之功獨歸太宗，不能無所潤色也。……俱據事直書，無所粉飾。則凡與唐史不同者，或此書反為實錄，亦未可定也。」

〔註20〕謝貴安：《中國已佚實錄研究》，上海古籍出版社2013年，第234～237頁。

〔註21〕謝貴安：《宋實錄研究》，上海古籍出版社2013年，第453頁。

的粉飾。」〔註22〕又稱：「清室來自關外，本為遊獵民族，行為率真，文化質樸，前期所修實錄諱飾較少，但入關以後，漢化益深，後嗣帝王思為前帝諱飾，故太祖、太宗、世祖三朝《實錄》多有修改。」〔註23〕除了達到統一人名、地名的目的外，更重要的是刪潤那些不利於父祖的記載。清前三朝實錄在曲筆上有三個表現：其一是諱飾女真—後金政權對明朝的隸屬關係。順治改繕本《太祖武皇帝實錄》保留了初纂本的基本面貌，在描述女真—後金與明朝的關係時，仍然保持著臣屬的心態和卑順的語氣，稱明為「大明」或「大明國」，明帝為「萬曆皇帝」或「大明皇帝」，明帝的詔諭為「敕書」，並以得到明朝政府的冊封為榮。而康熙重修而成的《太祖高皇帝實錄》，則將這種關係「全行掩飾」，刪掉了努爾哈赤對明朝的恭敬詞語，改為對等的稱呼，刻意掩蓋曾經臣服於明朝的歷史真相。在乾隆朝重繕重繪的《滿洲實錄》中，改稱「大明」為「明」或「明國」；「萬曆皇帝」、「大明皇帝」為「明萬曆帝」、「明國君」；甚至將二者之間的君臣關係顛倒過來，將「奏大明」改為「傳諭」或「往詰」。其二是為後金政權欺壓蒙古部落而諱飾和曲筆。如康熙本《太宗實錄》將察哈爾稱汗，而乾隆本出於後金的立場，則將「汗」字刪去。康熙本稱察哈爾棄城而「回」，而乾隆本則用了貶義詞，稱察哈爾棄城而「遁」，有意突出後金的威力，貶低察哈爾的形象。乾隆本將蒙古文原文以及康熙本「後汝欲親見議和」一句中的「見」改為「來」字，有故意改變天聰皇帝和奧巴汗兩者之間關係的企圖。其三是粉飾清帝及清室的形象。清室之起源，《太祖實錄》稱其為天女之後，但為了將自己與稱霸中原的金朝建立聯繫，到《太宗實錄》中，開始自稱為大金國之後。《太祖武皇帝實錄》自肇祖孟特穆直到努爾哈赤，皆直書其名。不失滿洲舊俗，而康熙間改修而成的《太祖高皇帝實錄》除了在努爾哈赤及其列祖始見處寫明名字外，其他地方皆稱廟號，凡《武皇帝實錄》書作「太祖」和「帝」處一律改寫為「上」。《太祖武皇帝實錄》末尾處無贊論，而《高皇帝實錄》則補寫一段概括努爾哈赤生平並予以褒揚的贊論。《清實錄》有意隱瞞了太祖努爾哈赤對其弟舒爾哈齊和其太子褚英的處死過程，以維護努爾哈赤仁兄慈父的形象。

　　本書系的不凡之處，不在於揭露了歷代實錄修纂過程的曲筆誣飾現象，而在於同時指出歷代實錄的直書現象、記事的客觀性以及直書與曲筆的關係問題，這就為我們應用歷代實錄的史料起到了指導作用。

〔註22〕謝貴安：《清實錄研究》，上海古籍出版社 2013 年，第 682 頁。
〔註23〕謝貴安：《清實錄研究》，上海古籍出版社 2013 年，第 441 頁。

作者認為，歷代實錄雖然多有曲筆現象，甚至充斥政治鬥爭和黨派之見，但卻是限度、有局域的，只發生在特殊的實錄、特別的時段和特定的史實中。所謂特殊的實錄，是指實錄中的重災區，如《宋神宗實錄》、《宋哲宗實錄》、《明英宗實錄》、《明武宗實錄》等，因為牽涉黨爭和前後皇帝的鬥爭而毫不掩飾地貶低政治對手。所謂特別的時段，是指歷代早期實錄，如唐太祖、太宗實錄，宋太祖、太宗實錄，明太祖、太宗實錄，清太祖、太宗實錄，這些實錄因事涉推翻前朝和權力爭奪，而存在較多的粉飾和誣詆〔註24〕，如唐之於隋，李世民之與李淵、李建成；宋之於周，趙光義之與趙匡胤；明之於宋林兒，朱棣之於建文帝〔註25〕；清之於明，後金之於蒙古諸部等，都極盡粉飾自己，誣詆對方，但是除此之外，其他的實錄，相對而言曲筆之處就不太多，未曾泛濫成災。所謂特定的史實，是指某些實錄中某些史實，為其今上和史臣所諱飾和誣詆，如《清聖祖實錄》中，將噶爾丹之死處理成走投無路仰藥自盡，而事實上卻是病死。對於《清實錄》的曲筆，長期以來，學者們緊糾不放，民國人抨擊「《清實錄》為長在推敲之中，欲改即改」〔註26〕。謝貴安教授則認為，這種修改，有一部分實際上是「漢化」的結果，是文化上的粉飾，而非政治上的諱飾。「漢化」現象是清朝大一統文化建立過程中的必然趨勢。作者斷言：就整部《清實錄》來看，「誣飾之處雖然泛濫，但畢竟有限，基本上發生在太祖、太宗、世祖三朝實錄中，以及其他實錄的敏感部分，至於其他的絕大部分史料，均為中性史實，無需諱言，因此該錄也就保持了基本上的可信」〔註27〕。作者曾將《清實錄》與清《上諭檔》作過仔細比勘，發現大多數的內容都基本相同。謝貴安教授言必有據、嚴謹求實的研究，有助於糾正史學中的虛無主義〔註28〕，並確立對中國古代文獻與歷史事實的基本信念。

四

謝貴安教授對實錄體史學的系統探究，對於我們研究《四庫全書》的篡改

〔註24〕《四庫全書總目·弇山堂別集提要》云：「蓋明自永樂間，改修《太祖實錄》，誣妄尤甚。其後累朝所修《實錄》，類皆闕漏疏蕪。」
〔註25〕謝貴安：《明實錄研究》，上海古籍出版社2013年，第363～364頁。
〔註26〕孟森：《讀清實錄商榷》，《明清史論著集刊》下冊，中華書局2006年，第688頁。
〔註27〕謝貴安：《清實錄研究》，上海古籍出版社2013年，第682頁。
〔註28〕《四庫全書總目·馭倭錄提要》云：「國史所載，正未必盡為實錄也。」毛澤東斷言正史只有一半是真的，有人甚至全盤否定上古史。

問題也頗有啟發意義。長期以來，論者早就提出「實錄不足從」〔註29〕的觀點。與此類似的是，《四庫全書》的可信度一直是困擾著我們的一大難題。毋庸諱言，《四庫全書》確實存在文本篡改現象，也因此備受質疑，有人因此全面否定《四庫全書》的價值。在這裡，我們不妨轉換思路，模擬一下謝貴安教授的話語予以解釋：

> 《四庫全書》的這種篡改，除了政治上的諱飾之外，還有一部分實際上是「漢化」的結果，是文化上的粉飾。「漢化」現象確實是清朝大一統文化建立過程中的必然趨勢。就整部《四庫全書》來看，誣飾之處在某些部類雖然泛濫，但畢竟有限，相對集中在宋金之際與明清之際兩個時段的史部文獻與集部文獻，至於其他的絕大部分文獻，多為中間地帶，不涉干礙，無需諱言，因此《四庫全書》也就保持了基本上的文獻可信度。

這是我因閱讀謝貴安教授的系列著作之後產生的知識遷移。當然，這是另外一個重大課題，決非三言兩語可以說清楚。至少，我們已經從謝貴安教授的論著中獲得了某種靈感。或許在不久的將來就可以解開四庫學研究史上的一個死結。

謝貴安教授的治學歷程，對於後來者尤其具有啟發意義。謝教授早年師從著名歷史文獻學家張舜徽先生，升堂入室，深造自得。他從 1986 年開始整理《明實錄》資料，獨力編纂了 110 萬字的《明實錄類纂・湖北史料卷》一書，對明代實錄形成了鮮活的感性認識，並積累了豐富的研究資料。在整理過程中，他敏銳地發現了一個當時為人忽視的角落，即 1949 年以後國內尚無專門研究《明實錄》的論文和著作，在歷史文獻與史學史的研究領域中這無疑是一方亟待開發的寶地。1990 年他以《明實錄研究》為題撰寫博士論文，焚膏繼晷，廢寢忘食，他完成了一部高質量的論文並順利通過答辯，此後陸續修改，精益求精，先後推出了《明實錄研究》的三個版本（臺北文津版、湖北人民版與上海古籍版）。一舉成名之後，他沒有就此止步，而是在具體研究明代一朝實錄的基礎上，又萌生了對整個實錄體史學進行系統考察的想法。自博士階段就開始研究《明實錄》，緊緊地 hold 住實錄體史學不放，不是像「游擊隊員」那樣打一槍換一個地方，而是堅守高地，瞄準目標，真正做到了「紮硬寨，打死仗」，展開了一場長達近 30 年的陣地戰與持久戰。在

〔註29〕朱彝尊《南京太常寺志跋》：「《實錄》出於史臣之曲筆，不足從也。」

一個浮躁的時代，大家都熱衷於搞「短平快」，既能「多快好省」，又能「力爭上游」，結果引發了學術大滑坡。他卻反其道而行之，以超乎常人的毅力，淡泊明志，寧靜致遠，不務聲華，困守書齋。宋人趙汝楳在《周易輯聞》中指出「大抵處困者貴安」，「鼎貴正，正則不傾；鼎貴安，安則不搖」。謝貴安從中發現了自己名字的理據，且不無自我解嘲地說：「這無疑在鼓勵筆者在漫漫的學術征程的跋涉中永不動搖，像鼎一樣地厚重不遷，堅忍不拔。」正是憑著這種「厚重不遷，堅忍不拔」的精神，他在實錄體史學這一畝三分地上辛勤勞作，只問耕耘，不問收穫，終於打出了一口口深井，為學界奉獻出一套豐厚的系列作品。他在一本書的後記中不無動情地說：「當年接觸實錄時才24歲，今天完成『實錄研究書系』時已年過半百；研究的陣地也從桂花飄香的桂子山，移到了櫻花爛漫的珞珈山。我最燦爛的青春和最美好的年華都奉獻給了實錄研究，有些人或許以為不值，但我無怨無悔。」這是一個成熟學者的肺腑之言，也是一個「知天命」者的經驗之談。我想，假如我們多一個謝貴安式的學者，中國學術的薪火傳承就會多一分力量。如果年輕的朋友選擇了以學術為志業，你們最好也要從謝貴安先生身上學習一個真學者所應具備的「鼎」級品質——「厚重不遷，堅忍不拔」，選擇一個屬於自己的陣地，努力打拼三十年，開闢出一片新天地！

平心而論，該書系在實錄探索上所做的突出貢獻，無疑是史部研究中的重大收穫，對深化史部研究功不可沒。當然，在閱讀該書系時也發現了一些細微瑕疵，除了文字的打印錯誤外，還偶有史料用錯之處，如《中國已佚實錄》第194頁第二段第一行，稱「憲宗時，陸淳亦喜讀《唐實錄》」，其實，喜讀《唐實錄》的是唐憲宗，而非陸淳（作者在贈筆者的書中已做了自我糾正）。但瑕不掩瑜，這不過是明珠上的一點點微塵而已。

綜觀全局，謝貴安教授以其淵博的學識、嚴謹的態度，歷時三十年，精心結撰而成一套多達四部、長達225萬字的煌煌巨著，對歷代實錄作了如此系統而完善的探討，實屬罕見。

善本書志的「沈氏模式」

一

據程煥文教授《加拿大多倫多大學東亞圖書館藏中文古籍善本提要‧序》
介紹：

> 一九九二年，我國著名古籍整理專家沈津先生赴哈佛大學哈佛
> 燕京圖書館做訪問學者，其後被延聘為古籍室主任，專門從事中文
> 古籍整理。在沈津先生的示範帶動下，近十餘年來，北美東亞圖書
> 館的中文古籍整理面貌為之一新。沈津先生繼往開來，先後撰著《美
> 國哈佛大學哈佛燕京圖書館中文善本書志》（上海辭書出版社，
> 1999）和《中國珍稀古籍善本書錄》（廣西師範大學出版社，2006），
> 於是，北美東亞圖書館中文古籍整理長期低迷的氣象為之一變，各
> 館競相仿傚，延聘專才，開始編撰中文善本書志，陸續有李國慶編
> 著《美國俄亥俄州立大學圖書館中文古籍書錄》（廣西師範大學出版
> 社，2003）、陳先行主編《柏克萊加州大學東亞圖書館中文古籍善本
> 書志》（上海古籍出版社，2005）等問世。

此外，《加拿大多倫多大學東亞圖書館藏中文古籍善本提要》（廣西師範大學
出版社，2009 年版）等書又相繼出版，其影響不可謂不大矣。這就是善本書
志「沈氏模式」的由來。

沈津先生為何要「鼓吹」「沈氏模式」呢？據他在《加拿大多倫多大學東
亞圖書館藏中文古籍善本提要‧序》一文中自述其緣故：

> 三年前，喬曉勤先生來哈佛燕京館，談及想將鄭裕彤館所藏「慕

氏藏書」撰成善本提要事。對此，我極為贊成。記得前幾年，我和
國內某省館古籍部負責人聊天，他告訴我，他一直想把館藏善本書
目編出來，但做了好多年還是不行。於是，我給了他一個建議，那
就是在已有的基礎上去寫善本書志，而且早寫比晚寫好。因為對於
一個藏書卷帙縹緗、佳槧珍籍美富的圖書館來說，如想將館藏的重
要資源予以詳細揭示，那善本書志的撰寫，將是該館最為艱巨的挑
戰。編一部館藏善本書目已屬不易，而寫作善本書志則是難上加難，
並要有持久作戰的概念，當然將來的成果、貢獻也是顯然不同的。

在那已逝去的一百年裏，各種形式的圖書館經過幾代人的努
力，有的也曾創造出令人豔羨的輝煌，一些書目、索引、圖錄、解
題、工具書，以及有關圖書館著述等，也都出自圖書館員之手。然
而，重要的圖書館（無論是公家或大學）卻鮮有反映自己館藏的善
本書志面世。

先師顧廷龍先生是提倡寫作善本書志的，他的日記中即有「刻
意編一精彩藏書志，以壓眾編」的記載。在他主持的合眾圖書館，
曾請潘師景鄭先生撰寫館藏善本書志數百篇，後因事沒有繼續下
去。六十年代初，顧先生主持上海圖書館工作，又將寫作館藏善本
書志之事提上日程，但僅完成數十篇宋元刻本的書志即告停擺。而
一九九九年，北京圖書館研究館員冀淑英先生致津的信中，也提起
一九五八年時趙萬里先生曾考慮在《中國版刻圖錄》出版後，將寫
作北圖善本書志事列入計劃，可惜的是，沒多久，就因各種思想運
動不斷，無法再進行了。

實際上，對善本書的揭示上，許多國家的學者都是非常重視的，
如日本的書志學研究就導致了《圖書僚典籍解題》、《國立國會圖書
館所藏貴重書解題》、《慶應義塾圖書館藏和漢書善本解題》等書的
出版。津雖草芥小民，人微言輕，但這些年來，卻一直鼓吹善本書
志的寫作。前不久，在山東大學舉辦的「古籍整理研究與中國古典
文獻學學科建設國際學術研討會」上，我提供的論文也是講善本書
志的。我把前些年出版的拙著書志看作提供一種模式，並作為一塊
小石子，盼望引出國內的重要圖書館將擁有的傲人資源逐步予以揭
示，並供學界利用及研究。

顧廷龍、潘景鄭、趙萬里等先生均為我國圖書館界著名的版本目錄學大師，他們在各自的領域所取得的成就得到舉世公認。就善本書志而言，王重民先生率先垂範，其《中國善本書提要》及其《補編》是現代版本目錄學家的典範之作。薪盡火傳，他們的未竟之業又在沈津先生這一代手中得到發揚光大。沈先生多年來「一直鼓吹善本書志的寫作」，為學界提供了善本書志的新模式。作為目錄學的研究者，我對於前輩學者的勞績表示極大的尊重，對於沈先生提供的「一塊小石子」予以觀摩，以期引起學界更大的關注，產生更多更好的善本書志。

二

在《美國哈佛大學哈佛燕京圖書館中文善本書志》、《中國珍稀古籍善本書錄》的基礎上，沈津先生主編的《美國哈佛大學哈佛燕京圖書館藏中文善本書志》由廣西師範大學出版社於 2011 年隆重推出，煌煌六巨冊，每卷卷首附錄大量的書影，裝幀精美，賞心悅目。

我們先提供子部雜家類的一條完整的提要：

清康熙刻本蓉槎蠡說

《蓉槎蠡說》十二卷，清程哲撰。清康熙五十年（1711）程氏七略書堂刻本。四冊。半頁十一行二十一字，左右雙邊，白口，單魚尾。框高 17.6 釐米，寬 12.6 釐米。題「歙程哲聖跋」。前有清康熙五十年王士禛序。

程哲，字聖跋，別字蓉槎，安徽歙縣人。幼穎悟嗜學，師事王士禛。博考深思，經史百家，靡不究覽，收蓄書籍金石文字甚富。宮潮州同知。七略書堂為其室名，刻有《羅鄂州小集》、《林茂之詩選》、《帶經堂全集》等書。《（道光）歙縣志》卷八有傳。

此書雜記見聞及讀書所得。王士禛序云：「聖跋此編，抱博辨之才，具論斷之識，則古昔稱先王要之以毋雷同，毋剿說，問亦出曼倩之諧語，效彥輔之清言，但期曲達己意，以求合乎義理之歸而後止。雖於朝章國故弗遑殫悉，殆所居之地使然。至於前言往行，大可供畜德之助，細亦可佐多識之功。」而《四庫全書總目》則稱：「其書雜掇瑣聞，不甚考證，大抵皆才士聰明語耳。」

此本有扉頁，刻「蓉槎蠡說。七略書堂藏板」。並鈐「七略書堂」

印。「玄」字避帝諱。

　　《四庫全書總目》子部雜家類存目著錄。《中國古籍善本書目》著錄中國國家圖書館等十七家館藏。《四庫全書存目叢書》子部 115 冊即據中國科學院圖書館藏此本影印。鈐印有「桂林胡氏書巢圖書」、「濰郭申堂架藏」、「尺五樓呂氏聚書印」、「尺五樓」。

　　由此可見，該書志的結構模式為：首先介紹版刻特徵，其次介紹作者，其次介紹作品，最後介紹藏版、著錄及藏書印等。全書大體按照此體例編纂。此模式的優點在一頭一尾，尤詳於版刻特徵與收藏情況的描述，是地地道道的版本目錄。其缺點是中間部分對作者與作品的解析相對較為薄弱，大體抄撮前人序跋與目錄解題，對於學術源流的考辨相對較少。「辨章學術，考鏡源流」歷來是傳統目錄學的優良傳統，可惜這一傳統在現代並沒有得到很好的繼承，圖書館界絕大多數的現代目錄學家皆不認同傳統做法，拱手將此任務交給各門各類的專家，基本上喪失了傳統學術的話語權。「沈氏模式」對「辨章學術，考鏡源流」做了力所能及的努力，與現代目錄學家自覺地拉開了距離，這也是特別值得肯定的地方。

　　下面我不憚繁瑣，再舉兩個實例，以此證明「沈氏模式」不同凡響的學術價值。

　　[例一] 子部雜家類「清乾隆刻同治印本讀書雜述」條云：

　　《中國古籍善本書目》著錄清康熙三十八年恪素堂刻本，上海辭書出版社、遼寧省圖書館、陝西省博物館三家館藏。《續修四庫全書》第 1135 冊影印本底本與此本同版，著錄為清康熙四十年恪素堂刻本。影印本卷末有任孫李景賢跋，為此本所無，跋云：「憶先大夫易簀時，視景賢泣而言曰：爾祖閣學公，自諸生歷卿貳，於書無不觀，尤究心濂洛關閩諸書。上窺孔孟思曾心傳，博涉四部七略，衷於聖賢，實諸踐履，務期可以自治治人……一生著作皆省身經世得力寅語。彪西范前輩編《國朝理學備考》，千里走書索入編，以卷隘僅刊什之二三。吾嘗欲謀垂不朽，而今賫志以歿，真遺恨也，小子識之。景賢扶淚曰：敢不卒事。迄今宦粵西十載，距先大夫歿廿六年矣，日惕惕懼不卒先志。前年奉檄道經歷里門，始裒集全書，諸體悉備，而《讀書雜識》一帙，尤有功世道……惜年久傳觀，遺編散失，論斷五經全史，止存其半。然並此而不輯之世，景賢罪蓋

重矣。爰於霜江風帆，耳目暇豫，校繹三閱月，綱領部次，炯炯可識。依文測義，釐為十卷。惟恨先大夫不及見書之成。景賢捧書授剞劂氏，所以流涕覆面不禁也。辛巳秋七月上澣任孫景賢敬跋龍州官署。」

　　此序末署「辛巳」，未標帝號，此「康熙四十年恪素堂刻本」之所據。按，此辛巳當為乾隆二十六年辛巳，而非康熙四十年辛巳。此書為李鍇讀書涉世有所得而箚記之，迄無刻本，景賢父子矢志刊刻，終由李景賢搜羅遺編，釐為十卷，刻於龍州官署，其時景賢之父亦已去世二十六年矣，景賢序中言其事甚詳。而任棟序中有云：「宴叔胚胎前光，行大用矣。寶公遺書逾拱壁。蓬窗寒江，據几剪燭，釐《讀書雜述》為十卷，將以付梓。」「公歿已數十載，宴叔一朝發遺書，詔後人而傳千載。」李鍇卒於康熙四十六年，此本之刻，在其卒後數十載，則其非康熙四十年明矣。至《中國古籍善本書目》著錄之康熙三十八年刻本，疑亦即此乾隆二十六年本。

[例二] 子部雜家類「清康熙刻本倘湖樵書」條云：

　　《四庫全書總目》子部雜家類存目除著錄此書外，又著錄有來集之撰《博學匯書》十二卷，稱：「凡讀書所得，隨筆記錄，不分門目，惟以類相從，鱗次櫛比，俾可互證。」今《四庫全書存目叢書》將《倘湖樵書》與《博學匯書》皆加影印，前者底本為浙江圖書館藏清乾隆來廷楫倘湖小築重刻本，後者底本為首都圖書館藏康熙二十二年倘湖小築刻本。來廷楫為來集之玄孫，其《倘湖樵書》即據此本重刻者，目錄題下有「元孫廷楫重鎸」字樣。重刻本於次序文字稍有變動，如卷一「雁臣鳲婦」條，此本列在倒數第四條，重刻本移至倒數第十一條；「睡方」一條，重刻本無；末條「世降」，重刻本作「世風」，等等。

　　此本與康熙二十二年倘湖小築刻本《博學匯書》相較，則兩書內容完全相同，而且兩書用的還是同一套書板，斷板等特徵均一致，卷前毛奇齡序、來集之自序亦同。從版刻情況看，《博學匯書》應刷印在前，而《倘湖樵書》改版在後。《博學匯書》各卷卷端作「博學匯書初（二）編卷之幾」，此本改作「倘湖樵書初（二）編卷之幾」。《博學匯書》卷端題下作「蕭山毛奇齡大可氏論定；來集之元成父

纂輯」，此本改刻為「蕭山來集之元成父纂輯」，其改刻之跡於卷十
一最為顯明。《博學匯書》版心作「匯書初（二）編」，此本則全部
巧妙地改「匯」為「樵」，成了「樵書初（二）編」。此外，《博學匯
書》行間刻有圈點，此本全部鏟去。如此，同一套書板，即變身為
二書。四庫館臣未察，將它們作為兩部不同的書收入存目。

例一由末署「辛巳」推斷「此辛巳當為乾隆二十六年辛巳，而非康熙四十
年辛巳」，合情合理。例二康熙刻本《倘湖樵書》為康熙二十二年倘湖小築刻
本《博學匯書》之改板，有理有據。如此精審之考辨，較之王重民等先生，亦
無多讓矣。

三

提要之學，源遠流長，大家輩出，代有傳人，早已成為專門之學。至 20
世紀更是群星璀璨，流派紛呈。筆者斗膽以為，「現代提要四大家」當為王重
民、謝國楨、張舜徽、潘景鄭，他們分別是版本鑒定派、史料考訂派、學術考
辨派、綜合創新派的代表人物。新世紀以來，來新夏先生的《清代筆記隨錄》
光大了史料考訂派，傅璇琮先生主編的《續修四庫全書總目提要》以繼承學術
考辨派為旨歸。沈津先生的「沈氏模式」則發展了版本鑒定派，他主編的一系
列精彩書志，於黃茅白葦之中，可謂翹楚。至於綜合創新派，當下似乎難以為
繼，有志者當奮起直追，取各派之長，而各去其短，力爭做到守正出新，綜合
創新。

論史志目錄的書寫方式及其學術價值
——兼評《二十五史藝文經籍志考補萃編》

中國傳統的圖書目錄主要分為三大類別,即官修目錄、史志目錄、私家目錄。史志目錄是指古代正史、國史及典志體史書中的「藝文志」或「經籍志」,以及清代以來對歷代正史中所缺藝文志的補纂之作,還包括後人對正史藝文志(或經籍志)的考證、注釋與補遺之作。二十五史中有藝文志(或經籍志)的有《漢書‧藝文志》、《隋書‧經籍志》、《舊唐書‧經籍志》、《新唐書‧藝文志》、《宋史‧藝文志》、《明史‧藝文志》、《清史稿‧藝文志》七種,其餘各史都沒有藝文志(或經籍志)。入清以來,始有學者致力於為二十五史補編藝文志的工作,先補遼、金、元三代,其後補漢、三國、晉、五代,漸及其他各代。可以說,自清以來,學者對史志目錄的重視及其學術價值的認識在不斷提高,如清儒王鳴盛就認為:「目錄之學,學中第一緊要事,必從此問途,方能得其門而人。」〔註1〕又說:「凡讀書最切要者,目錄之學。目錄明,方可讀書;不明,終是亂讀。」〔註2〕金榜也說:「藝文志者,學問之眉目,著述之門戶也。」〔註3〕蓋因圖書典籍是學術文化的主要載體,是以目錄學被視為讀書治學的入門階梯。此外,章學誠更是概括出了史志目錄可以起到「辨章學術,考鏡源流」、「即類求書,因書究學」的作用。

〔註1〕王鳴盛:《十七史商榷》,上海:上海書店出版社,2005年,第1頁。
〔註2〕王鳴盛:《十七史商榷》,上海:上海書店出版社,2005年,第45頁。
〔註3〕王鳴盛:《十七史商榷》,上海:上海書店出版社,2005年,第162頁。

一、史志目錄的書寫方式

自班固《漢書・藝文志》以來，史志目錄不斷發展，成為我國古典目錄學中一個非常重要的門類。眾所周知，《漢書・藝文志》是依據劉歆《七略》而修成的，但刪其敘錄（即後世之「解題」、「提要」）部分，創立了以記「一代所藏」為特點的正史藝文志的體例；《隋書・經籍志》繼之，使史志目錄記「一代所藏」而包括歷代著述的方法進一步確定下來。後之《舊唐書・經籍志》、《新唐書・藝文志》、《宋史・藝文志》，以及《通志・藝文略》、《文獻通考・經籍考》等皆沿用此法。但自《明史・藝文志》僅錄有明「一代所著」以來，正史藝文志的記載方式就有了分歧，後來《清史稿・藝文志》亦沿其例，僅收錄清人著述；而自清以來為二十五史所補編的藝文志（或經籍志）亦只收錄「一代所著」。

史志目錄到底該記載「一代所藏」，還是「一代所著」呢？在關於這個問題上，唐代的史學家劉知幾從斷代史的立場出發，認為正史中的書志應當記載本朝與人事相關的史料，而《藝文志》羅列歷代典籍，不合斷代史的體例，應當刪掉；且前代藝文志已經記載了，後代又重複記載，再加後代圖書日多，若收錄古今圖書則所佔篇幅勢必越來越大，也不符「史體尚簡」的原則。如一定要保留，則當只錄本朝人的作品。他在《史通・書志・藝文志》篇曰：

> 夫古之所制，我有何力，而班《漢》定其流別，編為《藝文志》。論其妄載，事等上篇。《續漢》已還，祖述不暇。夫前志已錄，而後志仍書，篇目如舊，頻煩互出，何異以水濟水，誰能飲之者乎？……後來繼述，其流日廣……藝文則四部、《七錄》、《中經》、秘閣之輩，莫不各逾三篋，自成一家。史臣所書，宜其輒簡。而近世有著《隋書》者，乃廣包眾作……騁其繁富，百倍前修。……愚謂凡撰志者，宜除此篇。必不能去，當變其體。近者宋孝王《關東風俗傳》亦有《墳籍志》，其所錄皆鄴下文儒之士，讎校之司。所列書名，唯取當時撰者。習茲楷則，庶免譏嫌。〔註4〕

對於劉知幾的看法，後人從史志目錄的功用上提出了反駁的意見。如明代胡應麟在《經籍會通》中即指出：

> 原夫藝文之為志也，雖義例仍乎前史，實紀述咸本當時。往代

〔註 4〕劉知幾著、浦起龍通釋：《史通通釋》，上海：上海古籍出版社，2009 年，第 56～57 頁。

之書，存沒非此無以考；今代之蓄，多寡非此無以徵。……且前人
製作世日以寡，後人著述世日以增，遍讀歷朝諸志，卷軸簡編靡有
同者。粵自晉、唐而下，懿君賢弼亡弗究心，考文大典意在斯乎？
劉知幾《史通》以為附贅懸疣，雷同一律，而大譏隋史之非，此疏
鹵之譚，匪綜覈之論。即《後漢》一書，藝文無志，而東京一代典
籍茫然，他可概矣。〔註5〕

張舜徽《史通平議》亦云：

藝文則世有增減，皆足以明學術之升降，見著述之盛衰，何可
不詳述本末，以供後人稽覽。而知幾所弊，尤在藝文。不悟人才升
降，取鏡學術；學術考校，全資藝文。而《漢》、《隋》二志，可藉以
辨章學術、考鏡原流者，為用尤宏，而未可徒以簿錄視之也。〔註6〕

劉咸炘則批評劉知幾「明於紀傳而暗於表志，囿於斷代而昧於通史」〔註7〕，
其於《史通駁議》云：

此說本非。……六代不詳藝文，以致王、阮之法不傳，《隋志》
本名《五代史志》，因五代無志，故撰此以補其闕，非徒逞繁富，而六
代目錄竟賴以存，言校讎者實焉。史無藝文，則書之存佚、學之源流
不能綜考，此大有關係。劉氏不通校讎之學，徒見其目錄，以為前後
相循，略無意味，是不足與辨也。宋孝王書乃方志之法，非史法
也。……且即如劉說，斷代不當復書，則通史不在所譏，班補馬闕，
乃以斷代補通史，《隋志》又本用通史法，何乃譏之邪？〔註8〕

　　由上可知，史書中的藝文志（或經籍志）當以記載「一代所藏」為正體，
這是「以斷代補通史」，有其特殊性。其意義不僅在於記載了一個時代的藏書
情況，而且通過對這些藏書的記載，可以考察典籍在後世的流傳情況，以及學
術發展的源流，並反映某個時代的學術文化風貌。是以欲知周、秦、西漢的學
術及典籍，捨《漢書·藝文志》不行；欲考先唐的學術及典籍的概況，非《隋
書·經籍志》不可。又因為並不是歷代正史都有藝文志（或經籍志），而這些

〔註5〕胡應麟：《少室山房筆叢》，上海：上海書店，2009年，第38頁。
〔註6〕張舜徽：《史學三書平議》，武漢：華中師範大學出版社，2005年，第378頁。
〔註7〕黃曙輝編校：《劉咸炘學術論集·史學篇》，桂林：廣西師範大學出版社，2007
年，第466頁。
〔註8〕劉咸炘：《劉咸炘學術論集·史學篇》，桂林：廣西師範大學出版社，2007年，
第478頁。

記載有一代藏書的史志目錄便就有了「補闕存古」之功用。像《元史》不立《藝文志》，只在列傳中載其著述，若後史只記一代著述，那麼無傳之人的著述便無由可考了。

也正因為如此，在《明史》只錄明人著述這一點上，有識之士皆不以為然。杭世駿在《千頃堂書目跋》中不無遺憾的說道：

> 黃俞邰（即黃虞稷——引者注）徵修《明史》，為此書以備藝文志採用，橫雲山人（即王鴻緒——引者注）刪去宋、遼、金、元四朝，剌取其中十之六七為史志，史館重修，仍而不改，失俞邰初旨矣。元修三史，獨闕藝文，全在《明史》網羅，如《後漢》《晉》不列此志，《隋志》獨補其闕，不必定在其朝也。〔註9〕

全祖望在乾隆重修《明史》時，給明史館寫信提意見，其《移明史館帖子一》云：

> 古人於藝文一門，必綜匯歷代所有，不以重複繁冗為嫌者，蓋古今四部之存亡所由見焉。……《漢志》所有，至隋而佚其半；《隋志》所有，至唐而佚其半。其卷數或較前志而少，則書之闕可知；或較前志而多，則書之攛改失真可知。〔註10〕

《移明史館帖子二》開篇又云：

> 藝文不當專收本代之書。〔註11〕

總之，正如劉咸炘在《目錄學·著錄第一》中所言：「一代史志本記一代所藏，非記一代所著，是以謂之藝文志、經籍志。六藝群經，後世豈有所作邪？」〔註12〕因為「六經」是中國學術的根本，歷代學術正是圍繞著六藝群經而展開，歷代王朝亦以此來「弘道設教」，是以史志目錄記一代所藏，可以考見一代之學術風貌，亦可體現歷代治化之一貫（經學經世）的學術傳統，承載著「學術之宗」和「明道之要」的意義內涵。

再者，我們從《明史·藝文志》的序言中，也可以看出《明史·藝文志》

〔註 9〕吳壽暘：拜經樓藏書題跋記，上海：上海古籍出版社，2007 年，第 90 頁。

〔註10〕全祖望著、黃雲眉選注：《鮚埼亭文集選注》，濟南：齊魯書社，1982 年，第 359 頁。

〔註11〕全祖望著、黃雲眉選注：《鮚埼亭文集選注》，濟南：齊魯書社，1982 年，第 361 頁。

〔註12〕劉咸炘：《劉咸炘學術論集·校讎篇》，桂林：廣西師範大學出版社，2010 年，第 268 頁。

之所以只錄一代所著，也並非是採用劉知幾的說法，而只是因為「前代陳編」不足憑信，且「贗書錯列，徒滋訛舛」，故而只錄明代著述，以傳其信。其文云：

> 四部之目，昉自荀勖，晉、宋以來因之。前史兼錄古今載籍，以為皆其時柱下之所有也。明萬曆中，修撰焦竑修國史，輯《經籍志》，號稱詳博。然延閣廣內之藏，竑亦無從遍覽，則前代陳編何憑記錄？區區掇拾遺聞，冀以上承《隋志》，而贗書錯列，徒滋訛舛。故今第就二百七十年各家著述稍為釐次，勒成一志。凡卷數莫考、疑信未定者，寧闕而不詳云。〔註13〕

而《清史稿‧藝文志》「茲仿《明史》為志，凡所著錄，斷自清代」，可以說是模仿錯了。至於為諸正史所補的藝文志（或經籍志），因為歷時久遠、文獻不足徵的緣故，故而只能從相關文獻中輯考一代所著，畢竟補志與原志不同，可視為史志目錄書寫的一種「別體」。誠如清人曾樸在《補後漢書藝文志並考自序》中所言：

> 昔劉知幾譏班固《藝文志》古今雜糅，失斷代之體，欲變其例，仿宋孝王《墳籍志》，但紀當時著述。國朝史學家多非之，謂此例行而古書存亡之跡從此泯矣。樸以為此誠非作史之通言，然若以後人補前史之不及，仿錢文子《補漢兵志》、熊方《補後漢年表》之例，推之以補歷代史之無藝文志者也，則此例大可用也。〔註14〕

二、史志目錄的學術價值

關於史志目錄的學術價值，本文擬就從以下三個方面來論述：

（一）辨章學術，考鏡源流

「辨章學術，考鏡源流」，是中國古典目錄學與中國古代學術史的優秀傳統，但這一口號則要到清代中期的章學誠才被正式提出。章氏在《校讎通義敘》中說：「校讎之義，蓋自劉向父子部次條別，將以辨章學術，考鏡源流。」〔註15〕而由班固《漢書‧藝文志》所開創「史志目錄」則是繼承了劉氏父子

〔註13〕 王承略、劉心明主編：《二十五史藝文經籍志考補萃編》第二十五卷，北京：清華大學出版社，2014 年，第 195～196 頁。

〔註14〕 王承略、劉心明主編：《二十五史藝文經籍志考補萃編》第八卷，北京清華大學出版社，2011 年，第 1 頁。

〔註15〕 章學誠著、葉瑛校注：《文史通義校注》，北京：中華書局，1985 年，第 945 頁。

「辨章學術，考鏡源流」的傳統。1917年張爾田為孫德謙的《漢書藝文志舉例》作序，比較史志目錄與官修目錄、私家目錄的不同，認為「三者惟史家目錄其體最尊」，因為「《班志》之部居群籍也，考鏡源流，辨章舊聞，不訢訢侈談卷冊，與藏家目錄殊；不斷斷於論失得，與官家目錄亦異。蓋所重在學術。」〔註16〕「所重在學術」一句，可謂道出了史志目錄的根本作用。蓋浩如煙海且紛繁蕪雜的書籍文獻若不經分類整理則雜亂無章，其中蘊含的思想內涵則得不到彰顯。故需通過辨別學術異同而將其分門別類，使其所蘊含的學術思想得到彰顯；並通過考察比鑒，而溯其源流正變。鄭樵《通志·校讎略》說：「類例既分，學術自明，以其先後本末具在。」〔註17〕這其實是通過「部次條別」書籍的方式，由目錄分類來構建學術體系及其發展歷史。

那麼，怎麼通過目錄來「辨章學術，考鏡源流」呢？章學誠在《校讎通義·互著》中云「蓋部次流別，申明大道，序列九流百氏之學，使之繩貫珠聯，無少缺逸，欲使人即類求書，因書究學。」〔註18〕不管是《漢書·藝文志》的「六分」（六藝略、諸子略、詩賦略、兵書略、數術略、方技略），還是《隋書·經籍志》的「四分」（經、史、子、集），我們都可以從各部類的序而推知各家學術之大略，從各部類所錄書籍之順序而推知其源流正變，進而「即類求書，因書究學」。此外，我們還可以從不同的藝文志（或經籍志）相比照來考察歷代學術之變遷。以《漢書·藝文志》、《隋書·經籍志》為例：經部方面，《隋志·經籍志》多了讖緯類，蓋自西漢末年以來讖緯之學盛極一時，在東漢被稱為內學，尊為秘經，《隋書·經籍志》將其列入經部，則肯定其與經典的經緯關係。史部方面，《漢書·藝文志》把史類附於《春秋》類之後，而《隋書·經籍志》則獨立為一部，並分十三類，可見自馬、班以來史學之巨大發展。子部方面，《隋書·經籍志》把《漢書·藝文志》的諸子、兵書、數術、方技四類合為一部，可見自漢武帝「罷黜百家，獨尊儒術」後，其他諸子的學說的衰弱；而道家的著述卻多了不少，可見魏晉時期玄風大暢，老、莊之學興盛，故而注解之書多了。集部方面，《隋書·經籍志》分楚辭、總集、別集三類，與《漢書·藝文志》的「詩賦略」相比，就能感覺到魏晉以下文學觀念的轉變和別集、總集編纂的高潮，也體現了魏晉以來文學的自覺。又如《新唐書·藝文

〔註16〕開明書店輯印：《二十五史補編》第二冊，上海：開明書店，1936年，第1697頁。

〔註17〕鄭樵：《通志二十略》，北京：中華書局，1995年，第1806頁。

〔註18〕章學誠著、葉瑛校注：《文史通義校注》，北京：中華書局，1985年，第966頁。

志》集部總集類著錄了十多部研究與注釋《文選》的著作，因為唐代科舉考試
要考詩賦，所以士子們都把《文選》當作教科書來學習，這表明唐人很重視學
習《文選》，而且研究《文選》在唐代成了專門的學問。再如《明史·藝文志》
經部創立「四書類」，可見明代「四書」地位之提升，與「五經」並列，成為
帝王經世的教典，科舉考試的教科書；子部將名、墨、法、縱橫等諸子百家著
作附入「雜家類」，可見明代名、墨、法、縱橫幾家之學不被時人重視，著作
稀少，難以為繼，而將其附於「雜家」或亦有視其為「雜學」之意；集部總集
類收入制舉類著作，可見當時編印科舉考試用書之流行。

（二）折衷六藝，宣明大道

　　我們前面說史志目錄重在「辨章學術，考鏡源流」，但這並不是最終目
的。章學誠在《校讎通義·原道》云：「著錄部次，辨章流別，將以折衷六藝，
宣明大道。」〔註19〕班固正是因為有感於「仲尼沒而微言絕，七十子喪而大義
乖」，造成「群言紛亂」，才「愛著目錄，略述洪烈」而作「藝文志」的。正如
我國古代的史書，最終還是落腳在「資治贊化」一樣；史志目錄作為史書中一
部分，同樣也離不開這個宗旨。這個我們從「藝文」、「經籍」的命名上就可以
看出來。

　　先看「藝文」，顧實《漢書藝文志講疏》釋之曰：

　　　　藝，六藝也。孔子曰：「六藝之於治，一也。」司馬遷曰：「中
　　國言六藝者，折衷於夫子。」賈誼曰：「《詩》、《書》、《易》、《春秋》、
　　《禮》、《樂》六者之術，謂之六藝。」鄭玄作《六藝論》。文，文學
　　也。《論語》曰：「文學，子游、子夏。」秦李斯請悉燒文學、《詩》、
　　《書》、百家語。故藝文者，兼賅六藝百家之名也。〔註20〕

劉咸炘在《漢書知意》中的解釋更為直接：

　　　　群書皆文，而以六藝為宗，故名藝文。〔註21〕

從這些解釋中，我們可以看出「藝」為六藝，即六經也，《漢書·藝文志》歸
為「六藝略」，還包括《論語》、《孝經》、小學之屬；置之於諸類之首，則明治

〔註19〕章學誠著、葉瑛校注：《文史通義校注》，北京：中華書局，1985 年，第 952
　　　　頁。
〔註20〕王承略、劉心明主編：《二十五史藝文經籍志考補萃編》第四卷，北京：清華
　　　　大學出版社，2011 年，第 11 頁。
〔註21〕黃曙輝編校：《劉咸炘學術論集·史學篇》，桂林：廣西師範大學出版社，2007
　　　　年，第 194 頁。

道之所由出，並示尊崇也。「文」，則為群書典籍之泛稱，如《論語》「博學於文」、「文獻不足徵」之「文」。「藝文」則明六藝為學術之宗，其他群書（史書、子書與集部之書）當折衷於六藝。正所謂「六經皆先王之政典也」（《文史通義·易教上》），而「陰陽、儒、墨、名、法、道德，此務為治者也」（《史記·太史公自序》）、「百家殊業，而皆務於治」（《淮南子·泛論訓》）。由此可知，「資治贊化」是「辨章學術」之目的。

至於「經籍」，有廣義與狹義之分。從廣義（即其所記載）來看，「經」為經部之書，以六經為主體，與「藝文」之「藝」同，亦有「經天緯地」、「經常之道」之意；「籍」則泛指群書典籍，而又以「經」為宗。「經籍」與「藝文」的內涵基本相同，都是指儒家經典以及群書典籍，並強調儒家經典在政治、文化以及道德層面的重大意義與宗主地位。清儒周中孚云：「若藝文即經籍之異稱。《舊唐志》稱經籍，《新唐》改為藝文；《通志略》稱藝文，《通考》改為經籍；《宋史》仍復為藝文，至皇朝敕撰《明史》亦不改。」〔註22〕

就狹義來看，「經籍」則特指經部典籍。如《隋書·經籍志序》云：

　　夫經籍也者，機神之妙旨，聖哲之能事，所以經天地，緯陰陽，正紀綱，弘道德，顯仁足以利物，藏用足以獨善，學之者將殖焉，不學者將落焉。……其王者之所以樹風聲，流顯號，美教化，移風俗，何莫由乎斯道？……其教有適，其用無窮。實仁義之陶鈞，誠道德之橐籥也。其為用大矣，隨時之義深矣，言無得而稱焉。〔註23〕

又云：

　　雖未能研幾探賾，窮極幽隱，庶乎弘道設教，可以無遺闕焉。夫仁義禮智，所以治國也；方技數術，所以治身也。諸子為經籍之鼓吹，文章乃政化之黼黻，皆為治之具也。〔註24〕

從《隋書·經籍志序》的「經籍」來看，皆特指經部典籍，故有「經天地」、「緯陰陽」、「正紀綱」、「弘道德」等語；其他書籍不過經部典籍之輔助，故云「諸子為經籍之鼓吹，文章乃政化之黼黻」。群書典籍雖有經、史、子、集之分，但都是為了「弘道設教」，「皆為治之具」。其「辨章學術」的目的，還是

〔註22〕周中孚：《鄭堂箚記》，上海：商務印書館，1937年，第1頁。
〔註23〕王承略、劉心明主編：《二十五史藝文經籍志考補萃編》第十三卷，北京：清華大學出版社，2013年，第3頁。
〔註24〕王承略、劉心明主編：《二十五史藝文經籍志考補萃編》第十三卷，北京：清華大學出版社，2013年，第5頁。

為了「宣明大道」。

　　總之，史志目錄不是單純為了記載圖書名目而作，而是為了「辨章學術，考鏡源流」，進而「即類求書，因書究學」，再進而「折衷六藝，宣明大道」，由此亦可見古代聖賢以學術指導政治之構想。

（三）全面系統，頗資考證

　　我國古代的藏書是以官藏為主，余嘉錫在《古書通例》中說：「蓋一代之興，必有訪書之詔，求書之使。天下之書既集，然後命官校讎，撰為目錄。修史者據為要刪，移寫入志，故最為完備，非藏書家之書目所可同年而語。」〔註25〕從來源上看，史志目錄是以官修目錄為藍本（有些還不止依據一部官修目錄，且往往有新的補充）、間亦參考私家目錄而修撰成的。因此，所收錄的圖書數目不僅超過私家目錄，也超過同時期的官修目錄。比如，《漢書‧藝文志》是依據《七略》而修成的，但班固又增補了劉向、揚雄、杜林三家五十篇。《隋書‧經籍志》是依據《隋大業正御書目錄》和《七錄》而修成的，四部通計亡書 4191 部（據姚振宗考證實有 4757 部），49467 卷，再加上附錄的佛、道之書 2329 部，7414 卷，其數量不僅超過了《隋大業正御書目錄》，也超過了魏晉南北朝任何一部官、私目錄。《舊唐書‧經籍志》之於《古今書錄》，《新唐書‧藝文志》之於《開元四部書目錄》，《宋史‧藝文志》之於《崇文總目》、《中興館閣書目》、《中興館閣續書目》等，皆莫不如是。

　　但史志目錄有其體例，對官、私修目錄也不是生搬硬抄，而是作了符合史體的改造。與官修目錄和私家目錄相較而言，史志目錄是作為史書的一個組成部分，正如姚名達《中國目錄學史》所云：「附麗於史籍以行，蓋所謂史志也」〔註26〕，所以它更強調「史」的特質，凡在所收錄時期內的著述，無論存、佚，都在著錄之列，因此能相對比較全面，能反映某一時期收藏或著述的情況，以及書籍的嬗變存佚等情況，具有重要的作用。且以往的公、私目錄大多亡佚，惟史志目錄附史而存，今人得觀歷代圖書之大概，則多賴史志目錄之保存。

　　再者，史志目錄有其體例，雖在圖書分類與歸屬上小有出入，然前修後續，拾遺補缺，具有較強的連續性。因此，利用史志目錄，可以考察典籍在後世的流傳情況，以及學術發展的源流，並反映某個時代的學術文化風貌，對古

〔註25〕劉夢溪主編：《中國現代學術經典‧余嘉錫卷》，石家莊：河北教育出版社，1996 年，第 159 頁。
〔註26〕姚名達：《中國目錄學史》，上海：上海古籍出版社，2002 年，第 168 頁。

書的考辨以及古代學術的研究很有幫助。比如，想要瞭解一個時期的學術及其發展狀況，最有效可行的辦法就是把某一時期的作品彙集起來，進行整體的考察（即分門別類，又聯繫會通）；重要的人物及其作品，還要參照前、後，觀其源流，即知其所承，又識其影響。又如在古書的辨偽方面，明人胡應麟在《四部正訛》中云：「凡核偽書之道：核之《七略》以觀其源，核之群《志》以觀其緒，核之並世之言以觀其稱，核之異世之言以觀其述，核之文以觀其體，核之事以觀其時，核之撰者以觀其託，核之傳者以觀其人。核茲八者，而古今贗籍亡隱情矣。」〔註27〕余嘉錫在《目錄學發微》中將目錄學的功用概括如下：「一曰以目錄著錄之有無，斷書之真偽」；「二曰用目錄考古書之分合」；「三曰以目錄書著錄之部次，定古書之性質」；「四曰因目錄訪求闕佚」；「五曰以目錄考亡佚之書」；「六曰以目錄書所載姓名、卷數，考古書之真偽」。〔註28〕這些功用於史志目錄更是完全具備，且全面系統。

三、史志目錄的魏巍豐碑

正因為史志目錄全面系統，且對古書考辨與學術研究有重要作用，因此不少學者都希望能將二十五史中的藝文志、經籍志及其補編、考證之作彙編在一起，以便考察、利用。來新夏先生在《古典目錄學》一書中公開呼籲：「如果我們把正史藝文志和經籍志，加上各種補志，再加上金建德的《司馬遷所見書考》的《敘論》和《清史稿·藝文志》進行整理彙編，那就構成了我國自古以來一部比較完整而正規的圖書總目了。由於各時代的國家目錄多已亡佚，因而這一套較為完整的史志目錄便成為瞭解歷代著述、藏書情況的重要依據了。」〔註29〕喬好勤先生也在《中國目錄學史》中指出：「如果把原有的正史藝文志和後來的補撰連貫起來，就成了從上古到清初的中國古籍的總目。」〔註30〕其實，彙編二十五史中原有的史志目錄以及後人的考補之作，自清代開始，就陸續有人在做。較為熟知的有日本文政八年（1825 年）日本學者編刻的《八史經籍志》，收書 10 種；清陳善《歷代史志書目輯錄》九十三卷，惜今已不傳；清姚振宗於光緒年間撰《快閣師石山房叢書》，收書 7 種；民國 21 年（1932

〔註27〕胡應麟：《少室山房筆叢》，上海：上海書店，2009 年，第 322 頁。
〔註28〕劉夢溪主編：《中國現代學術經典·余嘉錫卷》，石家莊：河北教育出版社，1996 年，第 21～23 頁。
〔註29〕來新夏：《古典目錄學》，北京：中華書局，1991 年，第 32 頁。
〔註30〕喬好勤：《中國目錄學史》，武漢：武漢大學出版社 1992 年版，第 77～78 頁。

年）洪業領編《藝文志二十種綜合引得》；民國 23 年（1934 年）楊家駱編《歷代經籍志》，收書 17 種；民國 25 年（1936 年）上海開明書店出版《二十五史補編》，收書 31 種；之後又有上海大光書局鉛印本《中國歷代藝文志》，收書 10 種；1955～1959 年間商務印書館陸續出版的《十史藝文經籍志》，收書 25 種；2009 年國家圖書館影印出版的《歷代史志書目叢刊》，收書 73 種。

譬如積薪，後來居上。最近，由王承略、劉心明兩位教授主編的《二十五史藝文經籍志考補萃編》（以下簡稱《萃編》）收史志目錄 84 種，由清華大學出版社 2011～2014 年間陸續出版，是目前收錄最為齊全的史志目錄叢書。與此前的彙編之作相比，《萃編》收書全面，校勘精良，編排合理，體例完善，又改豎排為橫排，採用新式標點，不僅便於今人閱讀、利用，惠及學林，更有「摸清學術家底，傳承中華文化」之功。一經問世，洛陽紙貴，學界更是好評如潮，有口皆碑，如張雲先生認為是「史志目錄最大規模的編纂與整理」，李兵先生認為是「史志目錄整理與研究的里程碑」，邱進友先生認為「我國古代史志目錄集成之作」，著名文獻學家徐有富先生更推此套叢書「集史志目錄之大成」，諸如此類，不勝枚舉。我們認為，此套叢書必將衣被學林，澤被後世，可謂是史志目錄的巍巍豐碑，對瞭解我國歷代著述、藏書情況以及古代學術研究意義重大。《萃編》為相關研究提供了最優質的學術資源。下面還是以我們自身的研究經歷來個現身說法吧。我們主攻官修目錄（尤其以《四庫提要》為重中之重），兼顧史志目錄與私家目錄。我們前些年搞了一個「地下工程」——《漢志通考》，先從《諸子略》做起。在撰寫《漢志諸子略通考》書稿的過程中，飽嘗大海撈針之苦，深感資料搜集之不易。剛好去年在完成初稿不久，我們欣喜地收到了此套大書，隨即參考利用，應該說它為我們進一步修改完善書稿提供了莫大的便利。今後我們在完成《漢志通考》的剩餘部分時，特別是在做《四庫提要文獻通考》時，自然就會少走彎路，直接而充分地吸收利用此套《萃編》中的寶貴資料。「千金之珠，必在九重之淵。」相信從事古代文史研究的同行都會從此寶庫中獲取豐厚的資料，各取所需，有如探囊取物，有得珠之樂而無探驪之苦。由此而論，《萃編》將大大促進相關領域的研究水準。《萃編》取得的成就已是有目共睹，有口皆碑。比起那些成天顧影自憐、自我膨脹且拼命炒作、不斷「露崢嶸」的「明星學者」與空頭大亨，王承略團隊無疑要高大上得多，因為他們是一支敢打硬仗的隊伍，是一批真正的實幹家，是當今學界真正的呂梁。王承略教授天賦甚高，少年時代即考入武漢大學，就讀

於圖書館學系，在目錄學、文獻學方面深植靈根。本科畢業之後，在曹之先生的大力舉薦之下，有幸成為著名目錄學家王紹曾先生唯一的衣鉢傳人，完成了碩士學位論文《論清季目錄學家姚振宗》，同時萌發了整理史志目錄的「戰略構想」。畢業留校之後，他襄助王先生作了大量的研究工作，磨礪了心性與學問。後來他又師從著名詩經學專家董志安先生，攻治《詩經》，成就斐然。繼而拓展到史學領域，對《後漢書》等重要典籍進行集解。近年又與著名學者鄭傑文教授一道主持國家重大項目《子海》。三十年來，他遊弋四部，為學多變，每轉益進，學與時進。我們殷切期待他在史志目錄的整理與研究方面不斷取得新的突破，在傳統學術研究方面取得更加輝煌的戰果。王承略教授在電話中告知，他們再接再厲，不久又將推出《二十五史藝文經籍志考補續編》，將更加精密，值得期待。

最後需要補充的是，由於史體尚簡，故史志目錄一般不載提要、版本、題跋等，惟重在體現學術源流而已，故而在圖書方面只能給我們提供一個基本的、初步的線索。若想進一步瞭解書的提要、版本等，還得需要求助於《郡齋讀書志》《直齋書錄解題》《四庫全書總目》《鄭堂讀書記》之類帶解題的目錄和《讀書敏求記》《增訂四庫簡明目錄標注》《書目答問補正》《販書偶記》之類記版本的目錄。此外，還有《愛日精廬藏書志》《藏園群書經眼錄》之類兼記題跋的。總之，史志目錄比較綜合、全面，是查考古籍文獻、瞭解歷代著述情況的主要依據，其他目錄則各擅勝場，皆能從某一方面彌補史志目錄的不足。

中國近三百年學術史研究的新路徑
——吳根友《戴震、乾嘉學術與中國文化》評介

一

　　「中國近三百年學術史」是中國學術史中的一個特殊指稱，特指從明末清初至清末民初的這近三百年學術史。這主要是由於民國時期梁啟超、錢穆二人先後著有同名的《中國近三百年學術史》，二書各自從不同的角度展開對這段學術史的研究，影響深遠，都成了清代學術研究的經典著作。儘管「中國近三百年學術史」的上下限迄今還存在分歧，但幾乎成為清代學術史的代名詞。而學界在對這段學術史的研究之中，又以對「乾嘉學術」的研究最為核心。臺灣知名學者林慶彰先生曾主編《乾嘉學術研究論著目錄（1900～1993）》（「中央研究院」中國文哲研究所籌備處 1995 年版）一書，從中可以鳥瞰 20 世紀乾嘉學術研究的大致情況。

　　近百年來，學界在對這段學術史的研究方面，新的研究成果不斷湧現。首先，從思想史的角度出發，代表性的觀點主要有下列四種〔註1〕：

　　（1）「道學反動說」。梁啟超在《清代學術概論》（1920）、《中國近三百年學術史》（1925）中明確將 1623 年至 1923 年這三百年作為一個特殊的思想史單位，將其本質概括為「道學的反動時期」。梁啟超認為，清代學術的基本精

〔註1〕吳根友、孫邦金等：《戴震、乾嘉學術與中國文化》，福建教育出版社 2015 年版，第 1～154 頁。

神在於「以復古為解放」。而復古又分為四個步驟：首先復宋之古，使人從陽明心學中解放出來；其次復漢唐之古，使人從程朱理學中解放出來；再次復西漢之古，而使人從許、鄭家法中解放出來；最後復先秦之古，使人從一切傳注中解放出來。而這種「復古」之所以能起到解放的效果，則是根源於清代學術中的科學研究精神。梁啟超特別重視清代的這種研究方法與科學精神，因此他又將以戴震為代表的皖派學術看作是清代學術的真精神之所在。

（2）「哲學啟蒙說」。侯外廬對於戴震與乾嘉學術的研究，是與他對中國「早期啟蒙思潮」的整體思想認識緊密結合在一起的。針對梁啟超、胡適二人肯定「乾嘉漢學」的方法中有科學精神的觀點，侯氏提出「乾嘉漢學」只有讀書的一定的邏輯要素，並不代表科學方法。針對乾嘉漢學的學術內容而言，侯氏也是批評多於肯定。他不認為戴震的「由詞通道」和通過古代典章制度的研究就能把握社會規律，而且他認為這種對古代典章制度的研究甚至連歷史學也不是。繼此之後，蕭萐父有關明清之際早期啟蒙思想與乾嘉學術特徵的看法，在思想原則上基本與侯外廬的思想觀點相同，但在語氣上少了一些政治批判的味道，增加了學術分析與批判的成分。特別是他與弟子許蘇民合撰的《明清啟蒙學術流變》（遼寧教育出版社 1995 年版）一書圍繞「個性解放的新道德」、「批判君主專制的初步民主思想」、「科學精神」三大主題把明清學術的發展劃分為三個階段，認為從明代嘉靖至崇禎，具有西方文藝復興時期「人的重新發現」與「世界的重新發現」的特徵；從南明弘光、永曆到清康熙、雍正，提出了批判君主專制的民主要求；而從清乾隆到道光二十年，中心是學術獨立和學術研究中的知性精神的發展。三個階段前後遞繼，漸次遞進，構成此期思想發展的主要脈絡，是對「哲學啟蒙說」的微觀考史之有力佐證。

（3）「內在理路說」。錢穆的歷史學進路更偏重於學術史，兼顧思想史；而余英時的歷史學進路更偏重於思想史，兼顧學術史。錢穆站在傳統文化本位的立場上拒絕使用現代性的觀念解釋明清之際的新思想觀念。余英時因為長期深入西方現代學術的核心，故能在比較思想文化的宏觀視野下，觸及明清學術思想中的現代性問題，但他似乎刻意地要恪守家法，不去討論明清學術中的現代性思想萌芽的問題。余英時針對馬克思主義學者從社會政治、經濟變動的視角論明清學術、思想變化的「外緣」路徑，特地提出了「內在理路說」。余英時《論戴震與章學誠》一書認為，戴震與章學誠是清代學術史與思想史上

兩大高峰，他們的出現，在他看來代表了清代儒家智識主義的興起，是儒家學術思想由「尊德性」向「道問學」這一學術轉向的表徵與邏輯結果。他進而認為，清代考據學的興起，僅僅從外在原因諸如滿清入主中原等方面來考察，並不能完全把握到其真正原因。學術思想的發展變化，還應有其自身的「內在理路」。「內在理路說」曾經「引無數英雄競折腰」，但它把錯綜複雜的歷史現象簡單化，把辯證發展的歷史過程形式化，又未免失之於簡。

（4）「理學餘緒說」。熊十力、馮友蘭等現代新儒家基本上將明清哲學看作是宋明理學的餘緒。現代新儒家均以宋明新儒學的道德形上學作為思想或學術的標準來衡量後來思想者的思想與學術成就。凡是遠離宋明新儒學思想傳統及其思維方式的成就，他們給予的評價都不高。這一共同的學術立場是現代新儒家研究範式的一個特點，它與以現代性為宏大敘事框架來考評明清時期新思想價值的梁啟超—胡適，侯外廬—蕭萐父等人的範式形成鮮明對照，甚至與錢穆—余英時的史學進路也有很大不同。

平心而論，《戴震、乾嘉學術與中國文化》（福建教育出版社 2015 年版）一書在歸納總結前人的成就與不足方面下了很大的工夫，重點分析了上述四種範式的成敗得失，盤查家底，清理場地，為深入研究清代學術打下了堅實的基礎。在學術淵源上來看，該書不是無本之木、無源之水，而是接過「哲學啟蒙說」的接力棒而進行的一場學術接力賽。這是一種真正意義上的「接著說」。

其次，從學術史的角度出發，代表性的人物與著作主要有：

張舜徽先生在清代學術史研究方面用力甚深，撰寫了《清代揚州學記》、《顧亭林學記》、《清人文集別錄》、《清人筆記條辨》等系列著作，已經有學者對於他在清代學術史方面的貢獻作了專題研究。

楊向奎先生《清儒學案新編》（全八卷，齊魯書社 1985～1994 年版）功力深厚，勝義紛呈，是一部 20 世紀後期屈指可數的不朽之作。如果說張舜徽先生「國學大師」的桂冠是由其眾多的門人弟子追認的，那麼楊向奎先生以其卓越的學術貢獻，生前就完全無愧於「國學大師」這一崇高的稱號。

陳祖武先生主持撰寫了《乾嘉學派研究》（河北人民出版社 2005 年版）與《乾嘉學術編年》（河北人民出版社 2005 年版）。《乾嘉學派研究》力主在乾嘉學派這一大的學派之下並無小的派別，甚至對吳、皖二分也予以否認，可謂別具隻眼。

　　王俊義先生對陳祖武先生的研究稍持異議，他的代表作《清代學術探研錄》（中國社會科學出版社 2002 年版）對於清代學術史也提出了很多獨到見解。尤其值得稱道的是，俊義先生是一位極為難得的當代伯樂，他以滿腔的熱情扶持了大批的學術人才。

　　北京師範大學歷史系英年早逝的羅炳良教授從史學史的角度出發對乾嘉學術進行了獨特的探索，《18 世紀中國史學的理論成就》（北京師範大學出版社 2000 年版）認為 18 世紀中國史學存在兩大趨勢，即考據的發展趨勢與理論的發展趨勢，《清代乾嘉史學的理論與方法論》（蘭州大學出版社 2004 年版）與《清代乾嘉歷史考證學研究》（北京圖書館出版社 2007 年版）等書對於清代學術史也頗有貢獻。

　　漆永祥《乾嘉考據學研究》（中國社會科學出版社 1998 年版）在吳、皖之外分出「錢派」（即錢大昕家學派）；他對吳派學術的整理與研究用力較深，業已推出多種專書。

　　徐道彬《戴震考據學研究》（安徽大學出版社 2007 年版）、《皖派學術與傳承》（黃山書社 2012 年版）對皖派展開了新的探索，筆者曾經撰文評介（見《徽學》第八輯）。

　　此外，王達敏《姚鼐與乾嘉學派》（學苑出版社 2007 年版）、劉奕《乾嘉經學家文學思想研究》（上海古籍出版社 2012 年版）、陳居淵《漢學更新運動研究——清代學術新論》（鳳凰出版社 2013 年版）等也是近年有關清代學術史研究的專精之作。至於各種對乾嘉學術中專人、專書的個案研究更是層出不窮，不勝枚舉。我們偏重於學術史，兼顧思想史；而根友教授更偏重於思想史，兼顧學術史，他雖然對有關清代學術史的論著多所關注，但在做綜述時基本上將這一塊淡化處理了。因為學術史的著作難以歸納出範式，容易堆砌材料，既費力又不討好。但從書後的參考文獻來看，我們不難判斷，根友教授並沒有迴避上述學術史著作，甚至他的學術視野遠比一般的專而又專的學術史專家要寬廣得多。

　　職是之故，在眾多的乾嘉學術研究成果之中，根友教授主撰的《戴震、乾嘉學術與中國文化》一書能夠脫穎而出，成為這一專業領域湧現出來的一匹黑馬，絕非偶然。該書以其寬廣的視野與深厚的功力，對以戴震為代表的乾嘉學術展開了比較全面、系統的探討，是一部極具學術創新意義的厚重之作，為我們重新認識中國近三百年學術史提供了新的路徑。我們不厭其煩地追溯已有

研究範式與代表性研究成果，正是為了確定參照系，便於從學術史的角度判斷《戴震、乾嘉學術與中國文化》一書的學術價值與創新程度，同時也儘量為了彰顯學術批評的深度與廣度。

二

吳根友教授主撰的《戴震、乾嘉學術與中國文化》一書在中西哲學比較的宏大視野下，立足中國自身學術傳統，吸納近現代哲學觀念，為中國近三百年學術史的研究開出了一條新的路徑。這主要體現在以下三個方面：

第一，在視閾上學思融合。

所謂「學思融合」，就是在研究視閾上打通學術史與思想史。學術史與思想史在很長時間內井水不犯河水，甚或被視為水火不容，各說各話。該書首次做到了「視閾融合」，從根本上扭轉了這一局面，且立足於中國哲學史的整體視野，首次將乾嘉學術的學術特徵界定為「18世紀中國哲學的語言學轉向」，並指出其內涵為：「借助廣義語言學中的字、詞、句法的訓詁與分析等手段，來對此前的宋明傳統的思辨哲學進行批判，力求恢復對古代經典原初意義的準確解釋。」〔註2〕這一論點是在繼承侯外廬、蕭萐父為代表的「早期啟蒙說」的基礎上，通過對乾嘉考據學中思想性成就的深入考察而得出的。這與梁啟超的「道學反動說」、余英時的「內在理路說」以及現代新儒家否定乾嘉學術的思想性等研究範式均有很大不同。該書在肯定乾嘉學術的考據學成就的同時，也肯定了這種通過語言學手段來研究哲學義理的方法論，探究了考據學的思想史意義，讚揚了以戴震為代表的乾嘉學術在人道主義思想方面的貢獻，挑戰了「乾嘉時代無哲學」的成見，凸顯了乾嘉哲學「語言學轉向」的整體特徵。

該書將乾嘉學術的哲學形上學的形態概括為「道本論」，這是清代「新義理學」區別於宋明理學中「氣本論」、「理本論」、「心本論」三派思想體系的顯著特徵。該書拋開哲學界普遍以宋儒的道德形上學為唯一哲學思想形式的「成見」，從中國傳統學術內部固有概念與觀念出發，深入探究乾嘉考據學中的思想及其思想方式，發掘了包裹在考據學的形式之中的新義理，提出了乾嘉學術哲學形上學的「道本論」追求，具體考察了戴震、章學誠、錢大昕、凌廷堪、焦循、阮元等學者的「道論」思想，認為乾嘉時代「道論」思想注重凸顯

〔註2〕吳根友、孫邦金等：《戴震、乾嘉學術與中國文化》，福建教育出版社2015年版，第506頁。

「實體實事」和人倫日用法則之「道」,雖然在形式上有回歸先秦《易傳》道論思想傳統的表象,但在具體內容上卻有其獨特的時代特徵,這就是以「氣化流行,生生不息」的「天道」為追求合理情、欲之滿足的感性生活提供哲學的形上學根據。

該書又將乾嘉學術的研究方法概括為「人文實證主義」,其基本涵義是「通過文字、訓詁、制度、名物的考訂的廣義語言學方法追求經典解釋過程中的客觀性」〔註3〕,18 世紀中國哲學的語言學轉向正是要通過「人文實證主義」的方法來重新解釋先秦儒家經典中的形上學問題,從而反對宋明理學家對先秦儒家經典的種種「誤解」。用戴震的話說就是「由字以通其詞,由詞以通其道」,通過訓詁考據的方式尋求經典之中的義理,這就是乾嘉學術中哲學形上學「訓詁明而後義理明」的語言學解釋學範式。但該書同時還指出,戴震的這種經典詮釋方式,雖然從表現上看強調以「無我」的客觀態度追求經典原義,但是戴震並沒有放棄以「有我」的理性思辨精神加以綜合條貫,並最終實現主客觀的視域的融合、主客體的有機統一。這也正是戴震哲學思想之所以能夠高出同時代其他學者的原因。可見,追求經典原義並不是「人文實證主義」方法的最終目的,對於戴震這樣的一流考據學家來說,通過人文實證的考據方式探求經典原義,其目的仍是闡發其個人具有近代人道主義氣質的新人文理想。

該書還將乾嘉學術的成就概括為「古典人文知識的增長」。該書從「泛化的哲學史觀」出發,提出「古典人文知識」的概念,將乾嘉學術中的經史考據、文字音韻訓詁等語文學研究成果納入其中,在新的視角下考察乾嘉學術的當代社會價值,認為乾嘉學者細部工作的意義雖不宏大,但作為一種人文知識的積累,經過知識群體的分工協作,仍能有所貢獻,在擴展了乾嘉時代的知識視野的同時,還為現代學術分科的新知識系統提供了學科基礎。乾嘉學術的這些古典人文知識的增長,為清末民初中國傳統學問(知識)體系迎接西方學問(知識)體系,提供了更為適宜的文化土壤。該書認為以戴震為代表的乾嘉學術,在繼承晚明以來新人文精神的思想基礎上,以考據學的方式表達了中國傳統學術、思想近代化的訴求,代表了中國學術、思想發展的新方向。

該書從以上四個層面對乾嘉學術的研究,都是具有創新意義的。此外,書

〔註 3〕吳根友、孫邦金等:《戴震、乾嘉學術與中國文化》,福建教育出版社 2015 年版,第 341 頁。

中還對一些具體問題提出了新看法，如對戴震與惠棟關係的考辨，否定了錢穆提出的「戴震於揚州見惠棟以後，學術、思想為一變」的說法，認為以戴震為代表的皖派學術並未受到以惠棟為代表的吳派學術的影響。在討論中國傳統典籍與學問（知識）的分類體系時，認為中國傳統學問或知識系統的基本精神是「以治道為中心」，來安排各種學問門類與知識體系。發人所未發，可謂入微之論。

第二，在方法上中西結合。

該書在研究乾嘉學術時，能夠採用新的研究方法，是該書能夠為中國近三百年學術史研究提供新路徑的原因所在。這主要體現在以下兩個方面：

首先，該書能夠立足於中國哲學的發展歷史，採取「泛化的哲學史觀」，將哲學視作一種對真實狀態的追求，認為乾嘉時代的考據學是一種新的哲學形態，並將乾嘉考據學作為中國哲學史中的一個階段來考察，也就是所謂的「中國哲學的語言學轉向」。這一方法論上的創新，使該書既不同於傳統的單純從考據學成就來探討乾嘉學術的著作，也有別於以「道德形上學」的義理哲學來審視乾嘉學術義理學成就的著作，而是立足於乾嘉學術自身的思想、學術特色，從人類對真實狀態的追求的認知哲學角度，重新發掘乾嘉學者考據成果中的哲學思想，考察乾嘉學術體現的「道論」思想與語言哲學，為我們深入瞭解乾嘉時期哲學成就提供了新思路，也為此後的乾嘉學術研究開闢了新的道路。

其次，該書能夠立足於世界歷史與世界哲學的宏大視野，採取「中西比較哲學」的方法，借鑒西方學術概念，重新審視乾嘉學術的實質。如該書在借鑒20世紀初西方哲學的「語言轉向」的基礎上，將乾嘉學術定位為「18世紀中國哲學的語言學轉向」；借鑒現代西方實證主義哲學的觀點，將乾嘉學術中的經史考據方法稱為「人文實證主義」的方法；還從西方知識論的角度，將乾嘉學術中的語文學研究成果等看作一種「古典人文知識」，將乾嘉學術在這方面的成就界定為「古典人文知識的增長」。

可以說，該書之所以能夠在論點上多有創獲，就是因為其在研究方法上的創新。假如沒有這種既立足自身學術發展歷史，又借鑒西方學術成果的研究方法，取得如此輝煌的研究成果是不可想像的。

第三，在結構上迴環往復。

該書篇幅較大，分上、中、下三冊，共有六編、三十六章。第一編為「20

世紀明清學術、思想研究的歷史反思」，第二編為「戴震、皖派漢學與古典人文知識的增長」，第三編為「乾嘉時代的史學研究與知識分類問題的探究」，第四編為「學派、問題意識及其相互關係與歷史轉折」，第五編為「戴震、乾嘉學術與中國近代諸人文學科之關係」，第六編為「比較文化事業下的乾嘉學術及其歷史定位」。

第一編是對整個 20 世紀明清學術、思想研究的回顧與反思，將這一時期的研究從總體上分為梁啟超—胡適、錢穆—余英時、侯外廬—蕭萐父以及現代新儒家四種研究範式，分析其研究成果的利弊得失；並對除此之外的 1950 年後港臺其他學者、日美漢學界學者、近百年來其他學者在明清學術、思想方面的成果也進行了評述。可以說，本編對明清學術思想的研究回顧與綜述雖然並非窮盡性的，但已經相當系統與全面，其中對各種研究範式以及研究成果的反思也為該書的研究指明了方向——「21 世紀的明清學術、思想研究，應當繼承並消化侯—蕭一系的研究成果，領會其方法與精神，在世界歷史與中國歷史自身特點二重視角交互作用的視野下，推進並深化明清學術、思想的研究。」〔註 4〕

第二至五編是全書的主體部分，主要從「以戴震為代表的皖派漢學的『道論』思想和語言哲學」、「乾嘉學術的經史研究」、「皖派與吳派、揚州學派關係及學術爭論」以及「戴震、乾嘉學術對及中國近代人文學科的影響」四個方面展開論述。其中第二編對「以戴震為代表的皖派漢學的『道論』思想和語言哲學」的研究最能代表該書的觀點與成就，也是全書最為核心的部分。第三、四兩編則進一步對「惠棟吳派」、「錢、王、趙史學考證」、「章學誠歷史文化哲學」、「《四庫全書總目》的知識分類」、「崔述疑古思想」以及乾嘉時期學派之間的關係、學者之間的爭論等方面的問題展開論述，進一步深化了對「乾嘉學術」的整體認識。可以說，第二、三、四編從整體上很好地展示了以戴震為核心的乾嘉學術的狀況。第五編是討論乾嘉學術對中國學術文化的影響，從思想精神、學術方法、現代人文學知識積累與近代人文社會科學諸學科形成的多重角度，揭示了現代中國人文學術分科的民族性特色。雖然本編的研究還有較大的發展空間，但其關於乾嘉學術對章太炎、王國維等人學術影響的研究，已經較好地反映了乾嘉學術對中國近代學術的影響。

〔註 4〕吳根友、孫邦金等：《戴震、乾嘉學術與中國文化》，福建教育出版社 2015 年版，第 105 頁。

第六編可以視作全書的結語部分,這部分主要在中西思想文化比較的視野下,探討了「乾嘉學術」的精神、創新與侷限以及歷史定位。在乾嘉學術與歐洲啟蒙思想的對比中,肯定了乾嘉學術在反抗倫理異化、追求道德解放等方面的貢獻;在對乾嘉學術的侷限性進行深刻反思的同時,也肯定了乾嘉學術中「實事求是」的科學精神、「崇尚學術」的求真精神以及關懷下層、批評現實的人文主義理想。並在此基礎上提出,從「世界歷史」與「比較現代化」理論的雙重視角來考察乾嘉學術與中國現代文化的關係,是 21 世紀明清學術、思想研究之中必需的視角與途徑,這對學界未來在清代學術、思想研究的方向與路徑方面具有指導意義。作為全書的結語,本編不僅從理論上對乾嘉學術的研究做了細緻深入的思考,揭示了乾嘉學術與近現代中國學術文化的深層關係,而且在此基礎之上,為清代思想文化研究指明了新的方向,同時也為「中國近三百年學術史」的研究提供了新的路徑。

從以上對該書篇章結構內容的大致分析來看,面對如此龐大的篇幅,作者在對全書的安排上仍做到了結構嚴謹,布局得當,體現了作者在布局上高超的結構能力。一般著作的結構採用章節體,多為三級或四級結構,而本書則多出一級,章上面還有編,每編之間,迴環往復,好像圍繞著清代學術這一主峰修築了一條盤山公路,將我們一步步引向深處與高處。

古人詩云:「曲彈白雪陽春調,調有高山流水聲。」細讀此書,頓起高山流水之歎。可以說,該書並非一般意義上的、在知識層面對乾嘉學術的進一步深化研究,而是在繼承蕭萐父先生「早期啟蒙說」的基礎上,從理論層面對乾嘉學術進行整體性反思之後,對乾嘉學術從哲學思想層面所作的全面深入的研究,極具學理之創新意義。作者大膽地從新的角度、以新的方式闡述了中國傳統文化向近現代轉化的內在理路,這是一條值得充分肯定的新路徑。

三

吳根友教授經常打比方說,學術研究好比帶兵打仗,我們決不能步北洋水師的後塵,平時玩花拳繡腿,華而不實,關鍵時刻不堪一擊,最終全軍覆滅。這真是警世通言!當代學術界日益北洋水師化,已病入膏肓,無可救藥,令人痛心!近年吳根友教授儘管行政、科研雙肩挑,但他「從容不迫地在學術與行政之間穿行」,閉門著述,「為伊消得人憔悴」,「優游涵泳於學術與思想的天地之中」,令人驚佩不已!

當然，該書篇幅龐大，是一部120多萬字的皇皇巨著，在具體內容上難免會有一些瑕疵。這主要體現在兩個方面：第一，對乾嘉學術的溯源性研究略顯不足。雖然該書中部分章節對乾嘉學術作了一定的溯源性研究，如第三編第一章「全祖望的經史研究與乾嘉學術的關係」，但對清代初期其他學者與乾嘉學術的關係則論述不多，對中國近三百年學術史「中心人物」顧炎武（亭林通常被稱為清學的不祧之祖、開山祖師）與乾嘉學術的關係沒有設立專章，對黃宗羲、王夫之等人與乾嘉學派哲學思想淵源問題的討論也只是點到為止，未能作更為細緻的探討。第二，對乾嘉學術的傳承研究略有偏頗之處。在討論乾嘉學術對中國近代學術的影響時，未能對作為清代學術殿軍的黃侃、楊樹達、陳垣等「中心人物」與乾嘉學術的關係進行專章探討。黃侃等人才是真正繼承乾嘉學術精神和方法的正統派，在書中卻沒有提供一席之地；反而將顧頡剛、傅斯年等背離乾嘉學術精神的反動派設立專章，難免啟人疑竇。書中還將王力的學術成就納入其中，並做了專題論述，但事實上王力只不過擅長搭架子，其學術思想並無創新，根本談不上博大精深，且與乾嘉學派相去甚遠，王力一再表明他與崇尚乾嘉學術的舊派人物（如章太炎、黃侃等人）井水不犯河水，與傳統學術切割得乾乾淨淨。

當然，相對於全書對乾嘉學術系統、全面、深刻的研究與反思，以及它開啟的中國近三百年學術史研究的新路徑而言，上述這些具體內容方面的缺失不過是白璧微瑕而已。此外，我們在反覆閱讀該書的過程中也產生了一點新的思考，例如，「18世紀中國哲學的語言學轉向」到底是向上一路還是向下一路？「古典人文知識的增長」是否跳出了「為學日益，為道日損」的怪圈？在學術史、思想史的書寫中，中心人物與邊緣人物如何分配權重？在對學者成就的評價上，學術評價的細則如何確立？學術評價體系如何確定？清代學術是否存在「學術共同體」？為何清代學派遠比明代為少？中國學術史的學科體系如何完善與更新？諸如此類，都是需要進一步思考的問題。

在當下如此浮躁的時代，亢龍應有悔，群龍卻無首。這一無序狀態反而為新生代提供了一點點生存縫隙與發展空間。吳根友教授訓練出了一支學術團隊，走出了一條具有珞珈哲學特色的新路徑。我們相信，他們一定會再接再厲，在專題研究與人物研究方面不斷推出新的系列成果，在乾嘉學術方面做出更多特色鮮明的學術妙果。